臺灣歷史與文化^{研究輯刊}

二 編

第 23 冊

嘉義地區民間故事研究

胡景雯 著

花木蘭文化出版社

國家圖書館出版品預行編目資料

嘉義地區民間故事研究／胡景雯 著— 初版— 新北市：花木
蘭文化出版社，2013〔民 102〕
目 2+188 面；19×26 公分
（臺灣歷史與文化研究輯刊 二編：第 23 冊）
ISBN：978-986-322-247-7（精裝）
1. 臺灣文學　2. 民間故事
733.08　　　　　　　　　　　　　　　　　102002855

ISBN-978-986-322-247-7

9 789863 222477

臺灣歷史與文化研究輯刊
二 編　第二三冊　　　　　　ISBN：978-986-322-247-7

嘉義地區民間故事研究

作　　者　胡景雯
總 編 輯　杜潔祥
出　　版　花木蘭文化出版社
發 行 所　花木蘭文化出版社
發 行 人　高小娟
聯絡地址　235 新北市中和區中安街七二號十三樓
　　　　　電話：02-2923-1455／傳眞：02-2923-1452
網　　址　http://www.huamulan.tw 信箱 sut81518@gmail.com
印　　刷　普羅文化出版廣告事業
初　　版　2013 年 3 月
定　　價　二編　28 冊（精裝）新臺幣 56,000 元　　　版權所有‧請勿翻印

嘉義地區民間故事研究

胡景雯　著

作者簡介

胡景雯，1979 年出生於臺灣嘉義，國立臺中教育大學社會科教育學系學士，國立臺北教育大學
語文與創作學系語文教學研究所碩士。曾任臺中東平、四維國小教師，現任臺北市日新國小教
師。研究領域為民間文學，因熱愛自己的家鄉，故研究面向著重區域性的民間文學，並希望能
藉此保存家鄉的歷史記憶與樸實的文化價值。

提　　要

　　嘉義地區位於臺灣西部一隅，卻同時擁有豐富的山林與海洋資源，自古又有「臺灣鄒魯」
的美名，顯見其自然環境與歷史人文的獨特，因而使流傳於其間的民間故事相當具有研究價值。
本書就其從民間所採集的第一手文學資料，區分為神話、傳說、故事與笑話等四部份加以論述，
並試著歸結本地民間故事的特色與價值。

　　本書共分為五章。第一章「緒論」，說明研究的動機、目的、方法與範圍；第二章「嘉義的
自然人文與民間故事」，敘述本地的地理環境、人文歷史、人口來源與信仰及嘉義地區民間故事
整理的概況，以作為論述下列各章節之背景條件；第三章「嘉義地區的神話與傳說」，包含神話、
人物與歷史傳說、地方風物傳說、神鬼傳說與其他傳說。神話傾向以解釋大自然現象為主，傳
說則流傳許多本地著名的歷史人物、名勝古蹟、土特產與宗教信仰等民間故事；第四章「嘉義
地區的故事與笑話」，包含幻想故事、動物故事、生活故事、機智人物故事與笑話。故事與笑話
充滿了當地的風土情味，相當具有親切感與趣味性；第五章「結論」，分為特色與價值兩部分加
以論述。歸結嘉義地區民間故事的特色為鮮明的地方色彩、濃厚的人文精神、嚴謹的家族觀念、
務實的信仰觀念以及取之有道的金錢觀念；而嘉義地區民間故事的價值則具有文學、娛樂、教
育與觀光等四個層面。

目次

第一章 緒 論

第一節 研究動機與目的

一、研究動機

父親從小就為筆者說床邊故事，甚至為我和妹妹錄製一捲又一捲的錄音帶，就怕我們在他加班時聽不到這些動人的故事。拜父親之賜，在耳濡目染之下，除了愛聽故事，更愛坐在圖書館的地板上細細品嘗故事書中清晰的人物形象與曲折情節的流轉。長大之後，才赫然驚覺當我們對國外的「三隻小豬」、「傑克與神奇的豌豆」耳熟能詳時，對我們故鄉，我們歷代祖先生活在這塊土地上所發生的故事，以及所遺留下來珍貴的文化資產竟毫無知悉。

文化與生活是密不可分的，我們現在的生活是由過去逐步累積而來，當我們遺忘過去，現在就會失根。文化的認同不僅在於血脈的相承，更在於那份對當地的認同與心理歸屬感。如果說世界文化的融合是必然的趨勢，那麼當我們在融合的文化中無法找到自我定位時，對於未來又豈能有所期待？楚人失弓，楚人得之，這是理所當然，但若是由他人來挖掘我們文化傳統並為我們下文化定位，我們豈不靦顏於歷代先祖？因此，從民間文學汲取我們的生活背景與文化傳統，讓民間文學的養分繼續傳承並灌溉下一代便是非常迫切而且有意義的事情了。

陳益源對民間文學的重要性曾做了這樣的論述：

> 台灣民間文學的採集與發現，其意義不侷限於文學本身：由文學出

發，深入民俗，乃至民心，台灣當代生活的面貌藉此獲得呈現，民眾的心理和願望也流露期間。這不僅是一項文學活動，一項文化活動，同時也是一項社會運動。〔註1〕

民間文學的重要性不僅在於它的「文學」面，更在於它的「文化」與「社會」面。文學可以是其中的一個探討面向，但是這個面向背後所牽涉到的文化內涵卻可能更為深刻，更貼近民心，更值得研究。

嘉義古名諸羅山，漢人在此地的拓墾可追溯至明天啓四年（西元 1624年）。顏、鄭拓臺時期，嘉義便納入拓臺十寨之中〔註2〕，並開啓大陸移民開墾台灣的濫觴〔註3〕。有清一代，嘉義市在台灣南部與鳳山市並駕齊驅，是僅次於府城的重要都市。到了日領時期，因為阿里山的林業與嘉南平原的糖業，而被日人視為產業都市，是當時的第四大都市，不可謂不風光。從地理上說，嘉義地區位置濱海，地勢低平，又位居嘉南平原之中部，平原遼闊，與南北聯絡無阻隔，居南北之要衝〔註4〕，移民開發的歷史綿長，漢人社會成形較早。

在文化方面，居住在嘉義地區的大陸移民以漳州人最多，後來又加入了泉州移民，可由地區中興盛且繁多的各式廟宇中窺見一二。民國三十八年，政府遷移來台後，又加入了大陸各省的新移民，筆者本身就接觸了這兩種子然不同的生活習慣與傳統觀念，由此可見其文化兼容並蓄的現象，雖與大陸臍帶相連，卻又因為種種先天與後天的因素互有感染、影響並產生區域之間的差異性，增添了嘉義地區的文化特色。

時事遷移，嘉義地區褪盡鉛華，成為幾乎被人遺忘的邊陲都市，那麼反映在民間故事上，可否察知其先天、後天因素對這塊土地的影響？回頭查證歷史、地理、文化上的因素，可否得出嘉義地區的特色與價值呢？鑑古以知今，期望筆者的研究能對後進研究嘉義地區提供一參考依據，並對本地的鄉土文教事業有所提升與幫助，才不枉其「台灣鄒魯」〔註5〕美名。

〔註1〕 陳益源，《台灣民間文學採錄》（台北市：里仁書局，1999）：1。
〔註2〕 第四寨為今天的南竹里；第七寨大小槺榔為今天的大鄉、大葛、仁和三里；第八寨龜仔港即之順安里；第六寨設於布袋大坵田；第二寨即在今之鹿草村；第三寨在今之竹山村。參見：江寶釵，《嘉義地區古典文學發展史》（嘉義市：嘉市文化，1998）：24～25。
〔註3〕 林衡道、楊鴻博，《鯤島探源》（永和市：稻田出版社，4冊，1996）：634。
〔註4〕 江寶釵，《嘉義地區古典文學發展史》（嘉義市：嘉市文化，1998）：22。
〔註5〕 清領時代，諸羅地區科舉選甲人士冠於全國，文風鼎盛之程度，號稱「台灣鄒魯」。參見江寶釵，〈走過的痕跡──嘉義地區文學的採集、調查、整理與

二、研究目的

本論文的研究目的主要在：

（一）了解嘉義地區的自然人文背景

嘉義地區的開發很早，明朝海盜林乾即以當時的嘉義縣水上鄉為根據地，與當地的漁民、原住民進行貨物的交易〔註6〕。嘉義地區擁有得天獨厚的地理環境與天然資源，早期以稻米、甘蔗與樟腦為主要作物，並外銷出口，是一個典型的農業與林業都市。就目前的都市發展來說，緣於各種因素影響，而未能趕上其他都市的現代化，是以尚處於較為封閉的環境，而這樣的背景必然蘊含了豐厚的傳統文化與精采的民間故事，筆者亦想從中了解其對民間故事的影響為何。

（二）掌握嘉義地區的民間故事類型

嘉義地區的民間故事相當豐富，而且涉及層面廣泛，有許多故事同中有異，異中有同，但文本本身的分類頗為雜亂且未見統一，甚至有同一故事分列在不同類型，筆者欲以胡萬川的分類方法加上其他學者的分類參考依據加以重新歸類，期使釐清嘉義地區故事的基本類型。

（三）分析嘉義地區民間故事的內涵，並從中求得地區特色與價值

嘉義地區的閩南語故事有些傳承自大陸，有些卻極具地方特色；有些富有娛樂性，有些則極具教育性，而其中所蘊含的文化意義與民心願望必然有其源頭與傳承的因由，而民間文學的再生與往後的應用也由此而生，這是民間文學之所以生生不息而益加珍貴的原因。

（四）提升嘉義地區的鄉土教育事業與居民認同感

這幾年學界對於民間文學的區域性研究相當盛行，地區性的民間文學研究對於當地文教事業的發展與居民在地認同感的強化都有幫助。鑑於嘉義地區人口外流日益嚴重〔註7〕，以及各地區皆有民間文學學者灌注心力、投注研究的狀況之下，嘉義地區雖然已有符合科學性的的民間文學田野調查成果，

研究概述〉，《漢學研究通訊》，19.2（台北，1990）：194。

〔註6〕 林衡道、楊鴻博，《鯤島探源》，（永和：稻田出版社，1996）：634。

〔註7〕 嘉義縣人口自 1992 年開始人口數呈現負成長，2008 年達到最高，每月減少 0.07%～0.09%不等，參見人口統計新聞網：http://mypaper.pchome.com.tw/news/fr123。（瀏覽日期：2008/06/28）

卻尚未有學者對其採錄成果作深入的探討,實為遺憾。因此筆者希望以個人之力,探討故鄉珍貴的文化資產,除了提供後進學者有參考資料之外,期望對本地的文教建設有所助益,更能讓故鄉的人認識自己、肯定自己,更深愛這塊生於斯、長於斯的土地。

第二節 文獻探討

一、民間文學的定義

關於台灣民間文學的蒐集應該始於清代,剛開始是個人的蒐集,康熙年間黃叔璥的《台海史槎錄》中,便紀錄了原住民的三十四首「番歌」;其後有人陸續記載,只是皆為作家隨筆中零星的紀錄〔註8〕。

到了日治時期,日本為推行殖民政策以做為治臺施政之參考,立即展開調查台灣的風俗習慣,並曾致力於原住民的生活習慣調查。日人蒐集台灣民間故事較有成就者,如一九一五年川合眞永編輯的《臺灣笑話集》〔註9〕、一九一七年平澤丁東編著的《臺灣の歌謠と名著物語》〔註10〕與一九二一年片崗巖的《臺灣風俗誌》〔註11〕等。而台人用中文開始整理民間文學,始於昭和六年(西元 1931 年)《新民報》的歌謠徵集;個人則始於李獻璋的《台灣謎語錄纂錄》〔註12〕。至於民間故事的蒐集與整理,在賴和先生等有識人士的提倡呼籲之下,台灣民間文學的挖掘與討論已漸漸有了積極的開展,不久之後,便有了《第一線》雜誌,「民間故事特輯」的出刊(西元 1935 年)。後來,李獻璋更在這些刺激與鼓勵之下,於西元 1936 年出版了《台灣民間文學集》〔註13〕,此書在民間文學的蒐集與整理上具有其指標性的意義。

〔註8〕 陳建中,〈民間之歌,民族之詩——日據時期民間文學採集與新文學運動之關係初探〉,胡萬川等編,《民間文學與作家文學研討會論文集》,(新竹市:清大中文系,1998):24。

〔註9〕 川合眞永,《台灣笑話集》,(台北:台灣日日新報社,1915)。

〔註10〕 此書又名《六十年前台灣民俗文學》,全以日文寫成,閱讀對象以日人為主。平澤丁東,《臺灣の歌謠と名著物語》,亞洲民俗社會生活專刊 78~79,(台北:東方文化,1976)。

〔註11〕 鄭阿財,〈台灣民間故事的傳承與變衍的文化意義〉,胡萬川編,《台灣民間文學學術研討會論文集》,(南投:省文化處,1998):35。

〔註12〕 林文寶,〈台灣民間故事書目——並序〉,《東師語文學刊》,5(1992):217~307。

〔註13〕 胡萬川,《民間文學的理論與實際》,(新竹:清大,2004):210。

　　台灣戰後，許多知名學者，如婁子匡、施翠峰、江肖梅等，在民間文學採錄與相關著作上獲得不少成就。1989 年，遠流公司出版了由王秋桂、陳慶浩主編的《中國民間故事全集》四十冊，其中第一冊即爲「台灣民間故事集」，可說是書面台灣民間文學之集大成者，爲台灣民間文學者提供了極爲豐富而又便利的資料〔註 14〕。

　　近年來，由於民間文學觀念的轉變〔註 15〕，自 1992 年開始，由胡萬川開風氣之先，與臺灣民間文學界的著名學者和研究生實地參與田野調查工作，並以原音紀錄的方式，將台灣各地的民間文學鉅細靡遺的採錄下來，使台灣民間文學研究工作有了紮根於民間的採錄文本。此種科學化的調查方式，建立了具體的資料庫，對後進的學者研究台灣民間文學無異給了最大的助益，也提供了新的研究方向與資料。

　　由上述可知，台灣民間文學的採輯早自清康熙年間已開始，到了日據時期達於鼎盛〔註 16〕，近年來更重新興起了一股研究的風潮。那麼，「民間文學」究竟是什麼呢？胡萬川曾在〈台灣民間文學的過去與現在〉一文中指出了民間文學的定義及所包含的類別：

　　　　民間文學又稱「口傳文學」或「口語文學」等，指的是古往今來民
　　　　眾口口相傳的神話、傳說、民間故事、歌謠、諺語一類。是爲有文
　　　　字以前就存在的東西，存在於人間已相當的久遠。〔註 17〕

　　關於民間文學的定義，各家說法紛紜，以下列舉幾位現代具有代表性研究者的看法。首先，施翠峰認爲：

　　　　在沒有文字或雖有文字而不善於應用的民族，常發揮其智力於故
　　　　事、歌謠、諺語、謎語等方面，這種口傳的東西，被稱爲口承文學、
　　　　口碑文學或民間文學……。〔註 18〕

鄭振鐸在《中國俗文學史》中提到：

〔註 14〕 鄭阿財，〈台灣民間故事的傳承與變衍的文化意義〉，胡萬川編，《台灣民間文
　　　　學學術研討會論文集》，（南投：省文化處，1998）：35。
〔註 15〕 這十年來，台灣民間文學研究者有感於此類資料的輯錄往往會加入採編者主
　　　　觀的想法，同時由田野的口頭轉述，成文字紀錄時的潤飾，每每失去民間文學
　　　　素樸的語言風格與特色，甚至變成文人的再創作。參見胡萬川，《民間文學
　　　　的理論與實際》，（新竹：清大，2004），200～201。
〔註 16〕 林文寶，〈台灣民間故事書目——並序〉，《東師語文學刊》，5（1992）：218。
〔註 17〕 胡萬川，《民間文學的理論與實際》，（新竹市：清大出版社，2004）：1。
〔註 18〕 施翠峰，《台灣民譚探源》，（台北市：漢光文化，1985）：3。

> 俗文學就是通俗的文學，就是民間文學，也就是大眾的文學。……
> 是不登大雅之堂，不爲學士大夫所重視，而流行於民間，成爲大眾
> 所嗜好，所喜悦的東西。〔註19〕

陳慶浩、王秋桂在《中國民間故事全集》中的〈出版前言〉曾說：

> 民間文學是大眾集體創作的口頭文學，最能反映一個民族的精神。
> 它是人類最早的文學和歷史，是智慧和經驗的結晶。……早期寫下
> 來的文學和歷史，大多是口頭文學的紀錄。民間文學和書面文學一
> 直是並存的，前者在佔人口絕大多數的平民階層中廣爲流傳，而書
> 面文學只通行於占人口極少數的知識分子中。〔註20〕

中國學者高國藩認爲民間文學的概念是：

> 中國民間文學是從我國遠古以來就已經產生的，在廣大人民群眾中
> 流傳的不知名的文學創作，它們有的是在廣大人民群眾口頭上流傳
> 著，有的是在遼闊的農村，和城鎮普通民眾中間，在民間唱本、故
> 事小說、民間手抄本上流傳著，這就是民間文學。〔註21〕

　　由近十幾年來，各學者對民間文學所下的定義中可以得知，民間文學的
所屬對象從不識字的群眾擴及爲一般普羅大眾，故事流傳的形式從專屬於口
頭創作到包含一般民間歌本或手抄本，範圍可說是愈來愈廣。分析前人之定
義，筆者總結民間文學爲：自古至今，由廣大群眾口頭創作、講唱與他們思
想、感情有關的事物，且流傳形式不拘又與傳統作家文學相對的一種文學類
別。

二、民間文學類別與民間故事界義

　　民間文學包含了多種的流傳形式與類別，一般流行於民間的口頭文學，
從其表達的方式來看，大致上可分爲四類：一、口頭講說的散文故事，二、
口頭吟詠的詩歌，三、說唱結合的戲曲，四、說唱加表演的的小戲。而其中
以說唱故事最受民眾喜愛，也流傳最廣。筆者根據朱介凡、婁子匡《五十年
來的中國俗文學》〔註22〕、曾永義《俗文學概論》〔註23〕及胡萬川〈何謂民

〔註19〕鄭振鐸，《中國俗文學史》，（台北：商務印書館，1986）：1。
〔註20〕陳慶浩、王秋桂，《中國民間故事全集》（台北：遠流，1989）：3。同樣論述
　　　　亦可見於陳益源，《民俗文化與民間文學》，（台北：里仁，1997）：164。
〔註21〕高國藩，《中國民間文學》，（台北市：台灣學生書局，1999）：1。
〔註22〕朱介凡、婁子匡，《五十年來的中國俗文學》（台北：正中書局，1963）：6～18。

間文學〉的整理成果〔註24〕，歸納如下表：

表 1-2-2-1　民間文學類別分析表

作　者	類　別	內　容
杜定友	1.有韻	歌謠：總集、童謠、民歌、情歌、田歌、漁歌、織工歌、雜歌、各地歌謠。
	2.無韻	寓言、民間傳說、民間故事（人物、兩性、鳥獸、鬼怪、奇聞、異聞、趣事、各地故事）。民間諺語、對聯、謎語遊戲。
賈芝	1.群眾口頭創作	民歌、民謠、快板、史詩、長篇敘事詩、民間故事、傳說、神話、童話、寓言、笑話、諺語、俗語。
	2.民間曲藝	相聲、墜子。
	3.民間戲曲	各種文戲與地方戲。
朱介凡、婁子匡	1 講說的	神話、傳說、故事、寓言、笑話
	2.講唱之間的	歌謠、諺語、謎語
	3.歌唱的	俗曲、說書、鼓詞、彈詞、寶卷
	4.閱讀的	通俗小說
	5.演唱的	地方戲曲
張紫晨	1.口頭創作	散文的：神話、傳說、故事、寓言、笑話 韻文的：歌謠、敘事詩、諺語、謎語
	2.民間說唱	兩百六十多個曲種
	3.民間戲曲	
鍾敬文	1.神話	
	2.傳說	
	3.民間故事	幻想故事、生活故事、民間寓言、民間笑話
	4.民間歌謠	勞動歌、儀式歌、時政歌、生活歌、情歌、兒歌。
	5.史詩	
	6.民間敘事詩	
	7.民間諺語	

〔註23〕曾永義，《俗文學概論》（台北：三民書局，2003）：25～37。
〔註24〕王正雄主編，《民間文學的採錄與整理》（台中：台中縣立文化中心，1994）：1～8。

譚達先	1.散文故事	神話、傳說、童話、動物故事、生活故事、笑話、寓言
	2.歌謠類	勞動歌、儀式歌、政治歌、生活歌、情歌、故事歌。
	3.諺語	
	4.謎語	
	5.民間曲藝	
	6.民間戲曲	
段寶林	1.民間故事	神話、傳說、生活故事、寓言、童話、笑話等散文作品
	2.民間詩歌	民歌、民謠、諺語、民間長詩、繞口令、謎語等韻文作品
	3.民間曲藝和民間戲曲	
姜彬	1.散文	神話、傳說、民間故事、民間寓言、笑話
	2.韻文	民間歌謠、敘事詩、史詩、諺語
	3.韻散文	民間說唱、民間戲曲
高國藩	1.古代神話 2.民間傳說 3.民間童話 4.民間笑話 5.世俗故事 6.動物故事 7.古代韻文 8.長篇民歌 9.短篇民歌 10.古代講唱 11.民間曲藝 12.謎語 13.諺語 14.歇後語 15.對聯 16.民間戲劇	
胡萬川	1.散文故事	神話 傳說：人物、史事、地方山川勝跡、動植物、土產工藝等。 民間故事：幻想故事、動物故事、鬼狐精怪故事、生活故事、機智人物故事、寓言。 笑話
	2.韻文歌謠	儀式歌：訣術歌、節令歌、禮俗歌、祭典歌。 生活歌、情歌、勞動歌、歷史傳說歌、兒歌
	3.諺語、歇後語	
	4.謎語	

曾永義	1.俗語、諺語、歇後語、慣用與、口頭成語 2.謎語 3.對聯 4.遊戲文字 5.寓言 6.笑話（寓言、嘲諷、勸戒、詼諧、猥藝）7.神話、仙話、鬼話、精怪 8.傳說：地方風物、人物傳說、史事傳說、宗教傳說 9.童話：幻想故事、靈怪故事、魔法故事、變形故事、傳奇故事、動植物故事 10.民間故事：動物故事、生活故事、機智人物故事 11.歌謠、雜曲 12.說唱 13.地方戲曲 14.少數民族俗文學	

　　由上表得知，「民間故事」實為民間文學的一個類別。雖然各家都認為民間文學中應包含民間故事，但對於民間故事的範疇卻有著狹義與廣義的不同。由上表可歸納出採廣義的學者如：譚達先、段寶林、胡萬川。所謂廣義的概念，乃指民間故事包括了群眾口頭散文敘事的各種文學體裁和形式，包含了神話、傳說、動物故事、生活故事、幻想故事、笑話、寓言等等，如段寶林在《中國民間文學概要》中所說：

> 民間故事是人民口頭創作中敘事散文作品的總稱，按題材內容及流傳的不同狀況，可分為神話、傳說、生活故事、笑話、寓言、童話等六類。〔註25〕

　　採狹義的學者有鍾敬文、曾永義等人。他們將民間故事與傳說、神話、笑話並列。所謂狹義的理解則是將神話與傳說剔除，而以生活故事、幻想故事、寓言、笑話為主。姜彬主編的《中國民間文學大辭典》在關於「民間故事」詞條中提到：

> 廣義言民間文學所有散文形式的敘事作品，是神話、民間傳說和各類故事的通稱。狹義則指神話、民間傳說以外的民間敘事散文作品，為民間文學的一個門類，包括民間童話、動物故事、生活故事、機智人物故事、民間寓言、民間笑話及其他故事。〔註26〕

　　雖說世界各國在研究民間文學時，已嚴格的將神話、傳說以及民間故事

〔註25〕段寶林，《中國民間文學概要》，（北京：北京大學出版社，3版，2005）：40。
〔註26〕姜彬，《中國民間文學大辭典》（上海：上海文藝出版社，1992）：6。

的定義都作了嚴格的區分,並自成一門學問,但考慮到廣義的「民間故事」在研究上仍有其適用性,再加上傳說與故事有互相轉化、融合的情形,也就是傳說有可能故事化,故事也有可能傳說化,兩者有時難以區分〔註 27〕。為了兼顧區域性研究中特別注重地方與故事的關聯性,並藉此得出區域故事的特色與價值,因此本文在研究上乃以廣義的民間故事為主,在論述時會將神話、傳說以及各類故事都羅列進來,希望能對嘉義地區的民間故事概況有全面性的了解,而不會有所偏廢。

因本論文之研究乃是依據台灣地區嘉義縣市文化中心所出版的閩南語故事集為主要研究文本,而其他各縣市之閩南語故事集大多參考胡萬川的分類方法,因此在本章中也將依其分類方法,分為神話、傳說、故事、笑話等四大部分,每一章節之下又可分為 1.神話;2.傳說:人物與歷史事件傳說、地方山川勝跡傳說、土特產傳說、習俗與儀式傳說、神鬼傳說、動植物傳說;3.故事:幻想故事、動物故事、生活故事、機智人物故事;4.笑話類。

三、前人研究成果探討

近年來,台灣學者對於民間故事的相關論述相當豐富,從研究主題可大致區分為幾種類型:一、人物傳說研究,如黃淑卿的《林投姐故事研究》、賴淑娟的《嘉慶君遊台灣故事研究》〔註 28〕;二、故事類型研究,如簡齊儒的《台灣地區蛇郎君故事研究》、林培雅的《臺灣地區邱罔舍故事研究》〔註 29〕;三、分類傳說研究,如陳佳穗的《台灣地名傳說研究》、楊淑玲的《台南地區姑娘媽信仰及傳說研究》〔註 30〕;四、族群研究,如張百蓉的《高雄都會區台灣原住民口傳故事研究》、王馨瑩的《排灣族與魯凱族圖騰故事研究》〔註 31〕;五、區域性研究。本論文以嘉義縣市為研究範圍,以江寶釵、黃哲永親自田

〔註27〕劉守華、陳建憲,《民間文學教程》(武漢:華中師範大學,1 版,2002):130。

〔註28〕黃淑卿,《林投姐故事研究》(文化大學中文所碩士論文,2005);賴淑娟,《嘉慶君遊台灣故事研究》(市立台北教育大學應用語文研究所碩士論文,2004)。

〔註29〕簡齊儒,《台灣地區蛇郎君故事研究》(中興大學中國文學系碩士論文,1999);林培雅,《臺灣地區邱罔舍故事研究》(清華大學中文系碩士論文,1995)。

〔註30〕陳佳穗,《台灣地名傳說研究》(文化大學中文所博士論文,2003);楊淑玲,《台南地區姑娘媽信仰及傳說研究》(成功大學中文所碩士論文,2006)。

〔註31〕張百蓉,《高雄都會區台灣原住民口傳故事研究》(文化大學中文所博士論文,2003);王馨瑩,《排灣族與魯凱族圖騰故事研究》(台東大學兒童文學研究所碩士論文,2003)。

野調查所採錄之閩南語民間故事集爲主要研究對象，希望藉此了解民間故事與土地的關係，並分析其價值與特色，是以筆者認爲應爲區域性研究。而目前屬於此類的相關論文著作有下列幾本，依其論述重點簡單摘要如下：

（一）唐慧韻：《金門民間故事研究》〔註32〕

此論文以金門民間故事爲研究對象，將全部田野調查所得與文獻紀錄的民間故事以敘事形式、敘事性質、敘事內容、類型、情節單元等分類方法加以分類，以顯示其主題特徵、特色及金門地區口傳概況，進而分析出金門民間故事之深刻內涵。

（二）姜佩君：《澎湖民間故事研究》〔註33〕

以澎湖的地理歷史與人文風俗作爲論述背景，作者將所搜羅之田野資料作爲研究文本，分爲神話與故事、傳說，藉此了解澎湖民間故事之發展概況，並建構出特色與價值。作者推論出歌仔戲對民間故事的傳播也有推波助瀾之效，並且由實際的採錄經驗得出當經濟發展到一定程度之後，人民才有充分的時間從事休閒娛樂，民間故事才得以傳播，作者並提出大眾媒體對民間文學可能產生的影響。此研究在質與量上皆能有所論據，並對區域性研究起了良好的示範，在見解上也能提出創新的觀點。

（三）李嘉惠：《台灣閩南語故事集研究》〔註34〕

將各縣市文化局出版的第一手台灣閩南語故事做系統性的分類，分爲神話、傳說、故事、笑話等類型加以說明故事內涵，以此分析台灣閩南語故事的特色與價值，其中特別指出神話數量之少乃是台灣閩南語故事特色之一。

（四）謝瓊怡：《濁水溪相關傳說之研究》〔註35〕

此論與與其他論文不同之處在於以濁水溪沿岸地區爲討論對象，探討濁水溪之地理環境與重要性，和其流經鄉鎮的關聯，將濁水溪傳說分爲溪水特性、水利建設、水災、信仰、地方風物和跨越濁水溪的橋的傳說，以不同角度探討濁水溪與人對應之關係。

〔註32〕唐慧韻，《金門民間故事研究》（文化大學中文所碩士論文，1996）。
〔註33〕姜佩君，《澎湖民間故事研究》（文化大學中文所博士論文，2000）。
〔註34〕李嘉惠，《台灣閩南語故事集研究》（市立台北教育大學應用語言文學研究所碩士論文，2001）。
〔註35〕謝瓊怡，《濁水溪相關傳說之研究》（逢甲大學中文所碩士論文，2001）。

（五）梁雅惠：《台中縣閩南語民間故事之研究》〔註36〕

本文以台中縣采錄集結的閩南語故事爲研究範圍，認爲其有承先啓後之作用。旨在探究區域性的民間文學樣貌以及特色，並爲台中縣民間文學采集活動定位，在歷史上留下見證。本文整理故事內容，依主題將民間故事加以分類，並做異文比較，對照台中縣的風土民情，歸納台中縣閩南語民間故事的特色。

（六）戴佳靜：《美濃地區民間故事研究》〔註37〕

此論文將美濃地區民間故事分作神話、傳說、民間故事加以探討，佐以美濃地區之自然人文環境與田野調查，歸納出美濃民間故事的來源、特色與傳播現象。

（七）張素貞：《彰化縣民間文學集之研究》〔註38〕

作者以彰化縣的地理、風土人文作爲背景，並按照《彰化縣民間文學集》中的目錄分類，探討彰化縣的傳說、民間故事、笑話、諺語、歇後語、謎語、繞口令，分析出民間文學所呈現出的風土人情及回頭印證民間文學的特性，並提出民間文學中適宜幼兒和不適宜幼兒的範圍。作者並提出因人民務實的個性，所以彰化縣無法產生神話故事。

（八）曹榮科：《民間故事采錄研究──以彰化縣爲探討中心》〔註39〕

本文著重於區域性（以彰化縣爲主）狹義的民間故事的探究及比較，試著去了解這些故事背後民眾的歷時性、共時性方面，在心理層面、生活意識及社會形態等狀況的異同。本論文從民間文學集二十三冊（含總目索引一冊）中采集的類別，對民間故事的部分作類型歸納，並和附近縣市采集的故事作比較，試著找出其間的相關性，並回頭印證民間文學的特點。

由以上研究可發現，區域性研究的對象乃是區域中的民間文學，並以當地的自然條件與歷史人文作爲背景，觀察所蒐集的採錄資料或文獻資料，藉

〔註36〕梁雅惠，《台中縣閩南語民間故事之研究》（台東大學兒童文學研究所碩士論文，2003）。

〔註37〕戴佳靜，《美濃地區民間故事研究》（市立台北教育大學應用語言文學研究所碩士論文，2003）。

〔註38〕張素貞，《彰化縣民間文學集之研究》（台東大學兒童文學研究所碩士論文，2005）。

〔註39〕曹榮科，《民間故事采錄研究──以彰化縣爲探討中心》（中興大學中文所碩士論文，2005）。

以論述民間故事與當地的關聯、流傳概況、故事來源、特色與價值。本文以嘉義地區為研究範圍，為了能整體性地觀察出故事與地方之關係，並掌握其特色與價值，遂以廣義的民間故事範疇為研究對象。

　　嘉義地區關於民間文學研究方面的著述並不多，僅見於台灣民間文學相關專著中部分章節，或少數刊載於期刊之上。江寶釵在〈雲嘉地區的民間文學管見〉〔註40〕的專論中提出了區域研究首重區域特色，並提出了土地是人們確認自我身分的方式之一，透過人物性格、產業活動與民間信仰加以呈現。江氏另在《漢學研究通訊》中發表了一則〈走過的痕跡──嘉義地區文學的採集、調查、整理與研究概述〉〔註41〕，其中說明她採用胡萬川對民間文學的分類方法的原因，也概略提到民間文學的特性與嘉義地區採錄的成果，她以歌謠、諺語作為例子說明嘉義地區民間文學研究的可行性與重要性，但對於民間故事則少有撰述。陳益源在〈雲嘉地區民間文學的採錄與研究〉中分析嘉義地區已出版的十五本民間文學集中的訛誤與不科學的例子，但也提到嘉義縣市採錄的民間文學資料比雲林縣傑出，而且在各縣市當中名列前茅，僅次於台中，屈居於全省第二〔註42〕。

　　學位論文方面則無前人作過相關之研究，僅在李嘉惠的《台灣閩南語故事集研究》的第二章中羅列了嘉義地區民間故事的分類概況及數量，以及在第四章〈台灣閩南語故事集中的傳說〉，對嘉義地區出版的民間文學集某些代表性的故事做了介紹，並提出在地傳說對研究地方歷史與人物家族是很好的參考資料。但對於嘉義地區的民間文學特色並無太大著墨，也沒有詳盡的分析。

　　另值得一提的是，查閱江寶釵主編的《嘉義市‧卷九‧語言文學志》發現，江氏在文學志中首創將庶民文學與作家文學〔註43〕同時編列在地方志中，並對嘉義市的民間文學採集狀況做了簡單的介紹，說明嘉義市民間文學

〔註40〕江寶釵，〈雲嘉地區的民間文學管見〉，《國文天地》16.10（2001）：67～71。

〔註41〕江寶釵，〈走過的痕跡──嘉義地區文學的採集、調查、整理與研究概述〉，《漢學研究通訊》19-2（2000）：188～195。

〔註42〕陳益源，〈雲嘉地區民間文學的採錄與研究〉，《台灣民間文學採錄》（台北市：里仁，1999）：41～63。

〔註43〕江氏將嘉義市志文學篇分兩部分，先分作家文學與庶民文學。作家文學又分為古典文學、現代文學，分期條述，依次是清領時期、日治時期、戰後時期。庶民文學則包含了口耳相傳的民間文學、以及多半不署作者姓名的廟聯文學。參見江寶釵主修，《嘉義市‧卷八‧語言文學志》，（嘉義市：嘉義市政府，2002）：67。

具有人物色彩濃烈、重迷信、產業活動區隔明顯的特色，以及時間因素是不可剝離，並且像聯珠似的存在於口述文本之中〔註44〕。

　　上述研究中可發現，區域型民間文學的研究有從全國性、全面性逐漸走向挖掘各區域特有的特色與價值的傾向，這是研究趨勢的轉變。在此同時，由於戰後的閩南語民間文學，首次以科學性的採集原則加以整理成冊〔註45〕，便成為研究者鍾愛的對象。重視單一區域之發展，能將問題落實到特定的小區域中，可以清楚的觀察其發展脈絡，呈現特色，文獻資料的整理也更趨完善〔註46〕，在民間文學學科發展的早期，區域型研究勢必成為將來民間文學之研究重心。

　　目前關於嘉義地區的民間文學論述散見於各單篇文章中，筆者希望能將這些資料整合起來，試著將所蒐集到的民間故事，在質量上做一完整的統計與論述，並藉由其他區域型研究的方法對嘉義地區作相關的理解與探討。因此本論文在區域分類統計上，將參考李嘉惠的《台灣閩南語故事集研究》〔註47〕中，對嘉義地區的各項統計，並檢視所提出具有代表性故事的價值；分析各類民間故事時，擬參考姜佩君的模式，從廣泛蒐集來的文獻資料做深入探討，並試著提出新的創見；其中深耕嘉義地區民間文學的江寶釵的期刊論文，都將是筆者最佳的指引與參考依據。除了檢視與印證論點，並藉此提出自我的看法，更希望能呈現出嘉義地區民間故事的完整面貌。

第三節　研究方法與步驟

一、研究方法

　　本研究方法以文獻資料分析為主，並輔以文本分析與比較研究。所謂文獻資料分析是以蒐集現有的文本為主，廣羅與研究相關的文獻資料並進行分

〔註44〕江寶釵主修，《嘉義市·語言文學志·卷八》，（嘉義市：嘉義市政府，2002）：114～170。（同樣論述亦可見於江寶釵，〈區域文學史的另類書寫——從「嘉義市志文學篇」的纂編說起〉，《文學台灣》40（2001）：46～52。

〔註45〕相關論述可見於胡萬川，〈台灣民間文學的過去與現在〉，《台灣史料研究》1（1993）：23～30。

〔註46〕江寶釵，〈走過的痕跡——嘉義地區文學的採集、調查、整理與研究概述〉，《漢學研究通訊》19-2（2000）：188。

〔註47〕李嘉惠，《台灣閩南語故事集研究》，（市立台北教育大學應與語言文學研究所碩士論文，2001）。

析。文獻資料的來源包羅萬象，可以是政府部門的報告、工商業界的研究、文件記錄資料庫、企業組織資料、圖書館中的書籍、論文與期刊、報章新聞等等〔註48〕。以下分兩個部分對本研究進行說明：

（一）資料的蒐集與整理

本研究以嘉義地區的地方志、地方史料與經由田野調查整理出來的嘉義縣市閩南語民間故事集為主要論述對象，另散見於各論文、期刊與報章雜誌等相關文獻亦在探討之列。從事台灣民間文學研究，除了必須深入民間做實地的田野採集外，對於文獻上所記載的民間文學作品的蒐集彙整同樣重要。因為這些記載於文獻上的作品，在與田野調查所採集資料，經過詳細比對之後，可以清楚發覺其流傳的脈絡〔註49〕。

因此，本論文大部分的取材範圍，以嘉義地區實際田野調查後，集結成八冊的閩南語民間故事為主，並透過方志與地方上所採集的史料互相比對，以求得故事的來源、內涵、社會價值及特色。而在討論民間故事的書籍、論文與期刊雜誌上若有相關論述，皆一併收入研究範圍以供補述採錄資料的不足。另外，尚會參考鄰近嘉義地區所收錄的民間故事，如《雲林縣民間故事集》〔註50〕與《台南縣民間文學集》〔註51〕等，以見嘉義地區民間故事所呈現的的區域特色。

在蒐集資料的基礎上，必須將所摘錄的資料進行初步的分類與整理，經由這一個步驟才能對資料加以分析使用，進而詮釋意義，提出自己的看法。

嘉義地區的民間故事散見在各類的文獻史料上，是否都能引用，必須一一釐清，例如故事內容是否與嘉義地區有關、傳說與史實的區別等。在確定引用文獻後，須將資料按照神話、傳說、民間故事、笑話等體裁做分類，並界定類別內容。

（二）資料的分析與詮釋

將資料整理分類後，觀察所蒐集的資料與地方上的關聯性，由於民間文學

〔註48〕 葉至誠、葉立誠，《研究方法與論文寫作》，（台北：商鼎文化出版社，1999）：150。
〔註49〕 范姜炘欽，〈台灣方志中所收錄民間文學作品的內容與特色：以 1945 年後纂修知方志為研究對象〉，《國立中央圖書館臺灣分館館刊》10-2（2004）：94～107。
〔註50〕 胡萬川、陳益源，《雲林縣民間故事集》，（雲林：雲林縣文化局，2001）。
〔註51〕 胡萬川，《台南縣民間文學集》，（台南縣：台南縣文化局，2005）。

蘊含了許多元素，因此需要藉助其他學科，如人類學、民俗學、宗教學等的輔助，才能顯現其來源、形成原因與價值。另外將與其他地區的民間故事做比較，由於雲嘉地區自古以來在地理與政治情勢上早有分合之關係〔註52〕，加上自古聞名的嘉南平原，故先以鄰近的台南、雲林為主要比較對象，並視其需要，將擴及參考其他縣市的民間故事。藉由比較，可以察知地方民間故事演變的軌跡，地方上自然環境與歷史人文對民間故事變異的影響，並以此彰顯嘉義地區民間故事的主要特色。

二、研究步驟

首先需蒐集與閱讀嘉義地區相關的民間故事，包含現有圖書與田野調查資料、嘉義地方志、嘉義縣市鄉土史料等，其中必須釐清何者為真正需要的材料，這一方面就必須仰賴民間文學專書與期刊、論文加以擷取出真正的民間文學作品。至於後來改編改寫的作品，除了具有代表性的文人作品，例如清代、日據時代以及1950、1960年代的文人，對民間文學科學性研究的認知不夠，因而搜羅改編的作品之外〔註53〕，其餘現今文獻將僅作為參考，與補述田調資料遺漏部分之用。

其次，將蒐集的文獻資料加以摘錄，並分成神話、傳說、民間故事、笑話四類，進而分析其資料產生的時間、地點、原因，以及資料的可信度與意義何在。最後，運用歸納法對於所摘錄的資料加以整理解釋，並提出筆者自己的看法。

第四節　研究範圍與限制

一、研究範圍

本研究取材範圍乃以嘉義地區為主，因為嘉義縣與嘉義市自清領時期以後在幅員、資源、地理關係上就有不可分割的關係〔註54〕，因此本研究所摘

〔註52〕江寶釵，〈雲嘉地區的民間文學管見〉，《國文天地》16：10（2001）：67～70
〔註53〕如清領時期：江日昇的《台灣外記》、唐贊袞的《臺陽見聞錄》、林豪的《東瀛紀事》；日據時代：片岡巖的《台灣風俗誌》、鈴木清一郎的《台灣舊慣習俗信仰》、李獻璋的《台灣民間文學集》；1950～1990年代：吳瀛濤的《台灣民俗》、施翠峰的《台灣民譚探源》、婁子匡的《台灣民間故事》等。
〔註54〕江寶釵，〈雲嘉地區的民間文學管見〉，《國文天地》16-10（2001）：68。

錄的故事將攘括這兩個縣市。民間故事則以廣義的定義爲主，在第二節已做
說明。取材的文獻有三個主要來源，一爲具有實錄性質的地方志，諸如：《台
灣省嘉義市勢一覽》〔註 55〕、《台灣省嘉義鄉土概況》〔註 56〕、《台灣省東石
郡要覽》〔註 57〕、《嘉義管內採訪冊》〔註 58〕、《嘉義縣志》〔註 59〕、《嘉義市
志》〔註 60〕、《諸羅縣志》〔註 61〕，以及各鄉鎮之鄉、鎮志，如：《朴子市志》
〔註 62〕、《大埔鄉志》〔註 63〕、《民雄鄉志》〔註 64〕等三本，其餘鄉鎮則未完
成鄉鎮志的編纂工作。

　　另外，各地方雖無鄉鎮志完成，但各地的文史工作室對於單一地區的地
理沿革、歷史人文、風土民情等都有詳細記載，以補鄉鎮志的不足，如《布
袋嘴》〔註 65〕、《日出東石》〔註 66〕、《過溝與瓦厝》〔註 67〕、《嘉義安溪民俗》
〔註 68〕、《新港奉天宮志》〔註 69〕等。

　　二是由政府機關出版的史料叢書，如嘉義縣市文獻委員會出版的《嘉義
縣文獻》〔註 70〕、《嘉義市文獻》〔註 71〕，當中介紹許多嘉義縣市的舊志書、

〔註 55〕嘉義市役所編，《台灣省嘉義市勢一覽》，（台北：成文，1985，根據昭和 8、
　　　　10、11、12、14 年嘉義市役所編輯之翻印本）。

〔註 56〕嘉義市玉川公學校編，《台灣省嘉義鄉土概況》，（台北：成文，1985，根據昭
　　　　和 8 年玉川公學校編輯之翻印本）。

〔註 57〕東石郡役所編，《台灣省東石郡要覽》，（台北：成文，1985，根據東石郡役所
　　　　編輯之翻印本）。

〔註 58〕臺灣銀行經濟研究室，《嘉義管內采訪冊》，（台北市：台灣銀行，1959）。

〔註 59〕趙璞、林家駒同主修，賴子清、賴明初同纂修，《嘉義縣志》（嘉義縣：嘉義
　　　　縣政府，1977）；吳錦明、沈豐茂主修，邱奕松纂修，《嘉義縣志》，（嘉義縣
　　　　太保市：嘉義縣政府，1991）。

〔註 60〕吳嘉信、吳淑芬主修，《嘉義市志》，（嘉義市：嘉義市政府，2002）。

〔註 61〕周鍾瑄主修，臺灣史料集成編輯委員會編輯，《諸羅縣志》，（臺北市：行政院
　　　　文化建設委員會，2005）。

〔註 62〕邱奕松，《朴子市志》，（嘉義縣：嘉義縣朴子市公所，1998）。

〔註 63〕邱淑麗，《大埔鄉志》，（嘉義縣：嘉義縣大埔鄉公所，1993）。

〔註 64〕楊萌芽，《民雄鄉志》，（嘉義縣：嘉義縣民雄鄉公所，1993）。

〔註 65〕布袋嘴文化工作室，《布袋嘴》，（嘉義縣：布袋嘴文化工作室，2000～2003）；
　　　　嘉義縣布袋嘴文化協會編著，《嘉義縣濱海地區口傳文學：經驗/記憶/傳承》，
　　　　（嘉義縣太保市：嘉義縣政府，2006）。

〔註 66〕汪秋明、沈錳美，《日出東石》，（嘉義縣：東石鄉公所，1996）。

〔註 67〕葉炳佔，《過溝與瓦厝——地方文史風情》，（台北縣永和市：作者自印，2006）。

〔註 68〕陳元義，《嘉義安溪民俗》，（臺北市：美欣圖書，1997）。

〔註 69〕林德政，《新港奉天宮誌》，（新港：財團法人新港奉天宮董事會，1993）。

〔註 70〕由嘉義縣政府出版、發行。本刊發行至第 29 期（民 89 年 10 月）止；自民 91

地圖、詩文著述、各地方民俗歌謠、古蹟名勝介紹、鄉賢名臣之事蹟、傳記等，只要涉及研究範圍則加以關注。另一則是由台灣省文獻會出版的《嘉義市鄉土史料》〔註72〕與《嘉義縣鄉土史料》〔註73〕，乃是實地紀錄地方耆老口述歷史與民俗，當中包含日治時期以後豐富的嘉義民間文學資料，非常具有參考價值。另外有許多期刊記載了許多零散的民間故事，也將列為研究對象，如《三六九小報》〔註74〕、《第一線》〔註75〕、《民俗台灣》〔註76〕、《台灣風物》〔註77〕、《民間文學研究通訊》〔註78〕等。

其三，《嘉義市民間文學集》〔註79〕與《嘉義縣民間文學集》〔註80〕為嘉義縣市文化局出版，分為歌謠集與故事集，本研究以故事集為對象，嘉義縣市共有八冊。此文集以掌握科學性、全面性、代表性〔註81〕為原則，從事田野調查，採錄各地民間故事，內容包含了嘉義市、東石鄉、布袋鎮、太保市、朴子市、六腳鄉等六個鄉鎮。此外，尚有許多地方民間故事資料的蒐集散見於各地方文教基金會發行之會刊、地方報、個人著述〔註82〕、雜誌、期刊、

　　　年6月起，改刊名為《嘉義縣文獻》，期數繼續。
〔註71〕嘉義市政府發行、出版。本刊自1983年2月創刊，第1期至第2期發行時間不定，自第3期起每年刊行。
〔註72〕台灣省文獻會，《嘉義市鄉土史料》，（南投市：台灣省文獻會，1997）。
〔註73〕台灣省文獻會，《嘉義縣鄉土史料》，（南投市：台灣省文獻會，2000）。
〔註74〕1930年9月在台南創刊，林琴郎以真誠、民俗的價值來標榜民間文學，並在雜誌中徵求台灣情歌、童謠、傳說、故事等。參見：陳建中，〈民間之歌，民族之詩——日據時期民間文學採集與新文學運動之關係初探〉，胡萬川編，《民間文學與作家文學研討會》，（新竹市：清大中文系，1998）：24。
〔註75〕1935年出刊，為中、日文併刊，內容刊載評論、詩、歌、隨筆、小說、劇本創作，以及第一次由台灣漢人搜羅民間故事的特輯。臺灣文藝協會，《第一線》，（臺北市：臺灣文藝協會，1935）。
〔註76〕創刊於昭和十六年（1941），停刊於昭和二十年（1945），共43冊，專門刊載日治時期的台灣風俗習慣，雖由日人規劃，但全由漢文寫成。本刊中的俚諺俗語、兒歌、民間故事等，皆為研究民間文學不可或缺的參考資料。
〔註77〕台北縣台灣風物雜誌社出版。自1951年創刊，刊載有關台灣歷史文化之論著、譯述、史料評介、史蹟介紹、書評及文化活動報導。
〔註78〕國立花蓮教育大學民間文學研究所出版，自2005年創刊，每年發行一次。是研究民間文學非常具有指標性的參考刊物。
〔註79〕江寶釵，《嘉義市民間文學集》，（嘉義市：嘉義市文化局，2000）。
〔註80〕黃哲永，《嘉義縣民間文學集》，（嘉義縣：嘉義縣立文化中心，1998～1999）。
〔註81〕陳益源，《台灣民間文學採錄》，（台北市：里仁書局，1999）：42。
〔註82〕如陳益源，《嘉義縣文化藝術長期發展計畫成果報告書：嘉義縣寺廟雕繪暨傳說故事之調查與研究》（嘉義縣朴子市：嘉義縣立文化中心，1999）。

會議論文、學位論文等，皆對本研究議題有相當大的助益。

二、研究限制

從研究範圍來說，嘉義地區出版了十五冊民間文學集，其中七冊爲歌謠集，另八冊是故事集，這些集冊是參考文獻當中最具科學性的第一手採集資料，然而採錄的故事只有遍及七個鄉鎮市，其餘鄉鎮的採集工作尚未完成，只能從方志、個人紀錄與著述、地方文獻史料中蒐集，因此集結份量多寡不一，使嘉義地區的民間故事分布版圖不甚明顯，此乃研究限制之一。

其次，在研究嘉義地區民間故事的過程中，所蒐集到的故事層面、內容均呈現多樣化〔註83〕的面貌，顯現了民間文學的變異性。然而，諺語、謎語、歌謠等韻文類不在研究之列，且有些故事的細節較爲省略或有所闕漏，受限於時間因素，無法做適度的田野調查工作予以補強，此乃研究缺憾之二。

再者，對於嘉義地區所採錄的民間故事中，講述者所敘述的散文故事，是否在嘉義地區有其普遍性及代表性，非本論文能觀照之處，爲免遺珠之憾，筆者將視其爲全部的研究對象，此乃研究限制之三。

再者，除了文本的探討之外，有關說故事和聽眾的雙向交流所構成的故事傳承活動，以及這些故事講述者是否有傳承的特點等的文化現象〔註84〕，都是值得探討的，這一方面是本論文未能觀照之處，也是我們在單純的採集與文本研究之外，可以列入研究與關心的對象。

最後，從研究的方法來說，研究者採用文獻資料分析法（內容分析法），將會部分呈現量化資料與數據，然而對於社會因素與語言的還原尚有不足之處。而整體的研究會偏重於質的分析，筆者將盡量以嚴謹的分析步驟與客觀的研究態度降低個人的主觀意識與偏見，但研究仍會受到筆者之個人經驗、興趣與學識素養的影響，此乃研究限制之五。

〔註83〕例如嘉義地區的民間文學採集是以鄉鎮行政區爲單位，並且依類型出版，如《嘉義市閩南語故事集》、《嘉義市歌謠集》、《布袋鎮閩南語故事集》、《布袋鎮歌謠集》、《布袋鎮歌謠集》、《六腳鄉閩南語故事集》、《六腳鄉歌謠集》等，對於地區性的民間文學採集幾乎是做了地毯性的蒐集，內容自然十分多樣化，爲筆者提供了有利的研究條件。

〔註84〕胡萬川在〈工作與認知——關於台灣的民間文學〉一文中，對此問題有詳細的探討，見其《民間文學的理論與實際》，頁 227～251。

第二章　嘉義的自然人文與民間故事

第一節　嘉義閩南族群民間故事的自然環境

一、相對位置與面積 〔註1〕

　　嘉義位於台灣島的西南部，往西直抵海岸，東鄰南投，西南方以八掌溪與台南縣為界，東南方與高雄縣交接，北則以北港溪與雲林縣相隔。

　　北回歸線由嘉義縣水上鄉下寮村通過，是處為北緯 23 度 27 分 4 秒，與東經 120 度 24 分 45 秒之交叉點，全縣面積為 1951.3945 平方公里。〔註2〕

　　〈嘉義縣圖纂要〉曾提及嘉義地區的主要範圍，並對本區地理位置的重要性做了如下的敘述：

> 嘉義縣治負山面海，海疆之巖邑南界曾文，北界虎尾；東倚武巒之麓，西臨笨港之濱，局度寬宏，平原廣沃；為南北之康莊，無崎嶇之險。〔註3〕

　　大抵上來說，區域範圍與地理位置並無太大的改變，沃野平原，仍是台灣區最大的穀倉分佈地帶之一。

二、主要地形

　　嘉義地區負山面海，位居嘉南平原的中部，地勢東面為高山，西部則為

〔註1〕　嘉義地區位置圖請參見附錄一。
〔註2〕　趙璞、林家駒主修，《嘉義縣志‧卷一‧土地志》，（台北：成文，1983）：10。
〔註3〕　江寶釵，《嘉義地區古典文學發展史》，（嘉義市：嘉市文化，1996）：22。

嘉南平原的一部分,在山地與平原之間的是高度約在六百公尺以下的紅土丘
陵。地形地貌皆豐富多變,以下就其地形大略劃分爲三大區塊:

(一)玉山群

　　位於本區境內之阿里山實爲玉山山脈的一個分支山脊,不論在地勢上或
河流系統上,都可歸於玉山群地形區內,加上阿里山區域範圍狹小,並且被
諸多西向河流所切割,故以玉山群作爲本地形區之總稱。羅列於嘉南平原東
面的群山,山勢雄偉,景觀秀麗,主峰玉山爲全島最高峰,長年積雪不退。
動、植、礦物型態皆與大陸內地殊異。布袋鎮〈講諏古〉﹝註4﹞的故事中,便
記載了阿里山上巨大檜木的故事,雖說是吹牛比賽,但也呈現了地方上著名
景點的特色。

(二)中埔玉井丘陵

　　中埔玉井丘陵位於台灣島西南部,介於玉山山脈與嘉南海岸平原之間,
區內有八掌溪、茖濃溪、楠梓仙溪、大埔溪與後堀溪,皆自東北流向西南,
沿河岸之階地異常發達,十分適合栽種茶樹。本區西南部分爲較低矮之丘陵,
約在海拔一百至兩百公尺之間。中部丘陵地勢較高,有達到五百公尺左右。

(三)嘉南海岸平原

　　嘉義、台南一帶的海岸平原,簡稱嘉南平原,位在本島西南部,北自彰
化,南迄高雄,長 170 公里。嘉義地區正好位於平原中部,爲一坦蕩平野。
自古以來,行旅往來頻繁,漢人拓墾甚早,境內多顏思齊、鄭芝龍舊部的遺
跡。而嘉義的布袋、東石兩漁港,在舊時曾與廈門直接通航,繁華一時。布
袋舊稱岱江,有「小上海」之稱,爲商業輻輳之地﹝註5﹞;而東石的〈東石有
三條港〉傳說則是敘述東石港沒落之後,山神與土地的悲戚﹝註6﹞。

　　另外,濁水溪與曾文溪流貫平原其間,帶來上游大量堆積泥沙,因此造成
嘉義沿海地區多沙洲、湖沼,爲當地興盛的養殖漁業與早期發達之鹽業提供了
良好的天然環境。反映在民間故事上,則有東石鄉〈近視的唭田螺〉﹝註7﹞、

﹝註4﹞ 江寶釵,《布袋鎮閩南語故事集》,(嘉義縣朴子市:嘉義縣立文化局,1998):
　　　 132～146。
﹝註5﹞ 江寶釵,《嘉義地區古典文學發展史》,(嘉義市:嘉市文化,1996):4。
﹝註6﹞ 黃哲永,《東石鄉閩南語故事集(二)》,(嘉義縣:嘉義縣立文化局):12～13。
﹝註7﹞ 黃哲永,《東石鄉閩南語故事集(二)》,(嘉義縣:嘉義縣立文化局):100～
　　　 102。

布袋鎮〈海口親姆〉〔註8〕、朴子市〈擔醃缸的老人〉〔註9〕等敘述沿海地區特有物產的有趣故事與笑話，待留在第四章討論。

三、氣候特徵

嘉義地區負山面海，平原位居中部，北回歸線通過嘉義縣水上鄉，故北為亞熱帶氣候，南為熱帶氣候區；氣候特徵以「高溫、豪雨、多風」三者最為明顯，四時常夏，草木終歲不凋，因此稻作可一年兩熟，且十分適宜甘蔗之生長，日治時期即為主要糖業產地。

四季之中，夏秋兩季特長，雨量豐沛，山區更是如此，往往下午黑雲密佈，雷電交加，驟雨傾盆，驚心動魄；瞬間雨停，溝壑滿盈，涼意頓起；冬季甚短，高山以外，不降霜雪，平地就更無寒冬跡象。

台灣有東北、西南季風期，東北季風盛行於冬季，為東北部地區帶來雨量，但島上西南部地區則往往乾旱數月；夏季則吹西南季風，能帶來豐沛雨量，除遇颱風外，不如東北季風強烈。《布袋鎮閩南語故事集》〈西北雨落繪過田岸〉〔註10〕說的就是關於夏季「西北雨」特色的民間故事。

若遇颱風期間，阿里山、玉山一帶的風雨更是狂瀉而下，兩三日之降雨量就可達到八、九百公厘，山洪爆發，如萬馬奔騰，而房舍、果園、梯田往往遭受摧殘，這是最慘澹的時候。民國四十八年八月七日有所謂的「八七水災」，是六十年來未曾有之大颱風，對本地危害甚大〔註11〕。當地民間有所謂靈性動物救人免於土石流之難的傳說，如嘉義市〈善有善報〉〔註12〕，住在深山的獵人救了一隻母猴，而母猴為報恩，故意偷走獵人的孩子，獵人一家追了出來，房子瞬間被突然的山崩壓倒，一家人因而獲救。這則故事想必也是反映了當地人們對土石流這類天災的無奈與期待獲得解救的心願。

因多夏兩季的雨量差異極大，本區又屬沃原，為利於阡陌之灌溉，水利

〔註8〕　江寶釵總編，《布袋鎮閩南語故事集》，（嘉義縣：嘉義縣立文化中心，1998）：112～114。
〔註9〕　黃哲永總編輯，《朴子市閩南語故事集》，（嘉義縣：嘉義縣立文化中心，1999）：108～111。
〔註10〕　江寶釵，《布袋鎮閩南語故事集》，（嘉義縣朴子市：嘉義縣文化局，1998）：184-187。
〔註11〕　趙璞、林家駒主修，《嘉義縣志・卷一・土地志》，（台北：成文，1983）：74。
〔註12〕　江寶釵，《嘉義市閩南語故事（二）》，（嘉義市：嘉義市文化局，2000）：42～45。

設施等建設甚爲重要，歷代統治者皆對此有所經營，然而看在百姓眼裡，卻成爲破壞地理之說。反映在民間故事中，就經常有所謂歷史名人，如王得祿、楊桂森等人爲地方建設工事，卻被認爲破壞地理，導致地方衰敗的傳說出現。

第二節　嘉義閩南族群民間故事的人文環境

　　漢人社會在台灣的發展雖源自於中國大陸，但因其歷經荷蘭人、鄭成功、滿清、日本與戰後移民的統治，自然呈現其獨有的特色。而嘉義地區在此歷史洪流中，扮演著時而重要，時而低盪的角色，從「諸羅居全台之中，負山帶溪，形勢獨得，……以控制南北。」到今日成爲台灣排行第十三的邊陲都市〔註 13〕，究其因由，必有其歷史根源。這樣的人文環境如何在民間文學中呈現，並與時代相輝映，頗值得我們細細討論。

一、開發簡史

　　嘉義地區位於海濱，加上地勢低平，土壤肥沃，因此開發歷史悠久，漢人社會成形較早，僅次於台南一帶〔註 14〕。現就其開發的過程，以時間爲主軸，簡要概述漢人在嘉義地區的入墾與歷史發展。

（一）荷領時期

　　嘉義一地在明朝以前，尚無漢人居住，周鍾瑄曾云「諸羅，由明以前，中國人跡所未及〔註 15〕」。嘉義一地最早有漢人足跡的記載始於西元 1624 年（明天啓四年），顏思齊、鄭芝龍等人「於秋間航行八日夜，至台灣笨港（今北港），築十寨以居，鎮撫土番，分汛所部耕獵。〔註 16〕」當時嘉義市已納入十寨範圍〔註 17〕。崇禎 10 年（西元 1637 年），荷蘭人在台勢力擴大，漢人捕鹿範圍擴及現今嘉義一帶，這時才有大量漢人在此地活動〔註 18〕，荷人爲經

〔註13〕　吳育臻，《台灣地名辭書‧卷二十‧嘉義市》，（南投市：台灣省文獻委員會，1996）：19。

〔註14〕　嘉義〜市政府，《嘉義市志‧卷二‧人文地理志》，（嘉義市：嘉義市政府，2002）：9。

〔註15〕　周鍾瑄，《諸羅縣志》，（台北市：行政院文化建設委員會，2005）：74。

〔註16〕　趙璞、林家駒主修，《嘉義縣志‧卷一‧土地志》，（台北：成文，1983）：29。

〔註17〕　見第一章註腳 2。

〔註18〕　參見吳育臻，《台灣地名辭書‧卷二十‧嘉義市》，（南投市：台灣省文獻委員會，1996）：26。

濟利益之故，從中國大陸招納漢人開墾，並「假農人於農具及牛，立王田制度，使納官租〔註19〕」。荷人在嘉義留下了「紅毛井」、「紅毛碑」、「王田」等遺跡，由「王田」可知，這時應有若干田園的墾殖。〔註20〕諸羅縣志曾載有「紅毛井」的相關傳說：

> 紅毛井：在縣署之左。開自荷蘭，因以名。方廣六尺，深二丈許；
> 泉甘冽於他井。相傳居民汲飲是井，則不犯疫癘。鄭氏竊踞時，有
> 吳智武者鎮守斯地，重修之。〔註21〕

此則傳說除了說明了紅毛井在荷領時期所開，也反映了當時台灣頗多疫癘，使人民對瘟疫產生恐懼，希冀有神水可治其病的願望。

（二）明鄭時期

明鄭時代，鄭成功領有台灣之後，置天興、萬年兩縣，嘉義乃隸屬於天興縣。鄭氏因急於軍食，而採取寓兵於農的「屯田制」，分諸鎮開墾。相傳嘉義市東郊蘭潭為鄭成功部將吳智武設鎮遺跡，而打貓庄（今民雄）亦由鄭氏所招佃〔註22〕。嘉義地區在鄭氏王朝的治理之下，富庶繁榮，民生安定。《嘉義縣志》記載：

> 今之雲、嘉、南諸地，土田初闢，一歲三熟，庶守之兵，衣食豐
> 足，……。於是地無遊民，番地漸拓，田疇日啓，其高燥者教民植
> 蔗，製糖販運國外，歲得數十萬金，閩粵民湧至，歲率數萬人。……
> 而天興各州，皆設小學，教之養之，歲又大熟，比戶殷富。〔註23〕

可見嘉義地區的拓墾，在明鄭時期已獲得相當大的進展。本時期的開發故事，如嘉義市〈打貓的由來〉〔註24〕，說的就是鄭成功時代，嘉義民雄（打貓）地名的由來，而水牛厝的地名傳說〔註25〕則與鄭成功部將葉覲美來台墾殖有關。

〔註19〕趙璞、林家駒主修，《嘉義縣志・卷一・土地志》，（台北：成文，1983）：11。
〔註20〕吳育臻，《台灣地名辭書・卷二十・嘉義市》，（南投市：台灣省文獻委員會，1996）：26。
〔註21〕周鍾瑄，《諸羅縣志》，（南投市：台灣省文獻委員會，1999）：285。
〔註22〕江寶釵，《嘉義地區古典文學發展史》，（嘉義市：嘉市文化，1996）：25。
〔註23〕趙璞、林家駒主修，《嘉義縣志・卷一・土地志》，（台北：成文，1983）：35～36。
〔註24〕江寶釵，《嘉義市閩南語故事（二）》〈打貓的由來〉，（嘉義市：嘉義文化局，2000。）：100～101。
〔註25〕參見第三章第三節地方風物傳說。

（三）清領時期

康熙 23 年（西元 1684 年），清廷領有台灣，台灣隸屬於福建省，並設一府為台灣府，下轄三縣，分別為台灣、諸羅、鳳山縣。諸羅縣的範圍為現今新港溪以北直到基隆，縣治設在諸羅山。入清之初，雖早已「議建縣治（諸羅縣）於此（諸羅山）」〔註26〕，但因「偽蕃、偽文武百官、丁卒與各省難民相繼還籍，進有其半。人去業荒，勢所必有。」〔註27〕加上距郡遙遠及人口稀少之故，諸羅縣城池遲遲未建，最初縣治暫時設在目加溜灣（今台南佳里興）。

康熙 43 年（1704），知縣宋永清奉文歸治，文武職官移歸諸羅山，這時才開始築城，築的雖是簡陋的木柵城，卻是諸羅縣築城的開始，也是當時一府三縣中最早建築的一座城池。〔註28〕

雍正元年（1723），因台灣北部逐漸開發，加上諸羅縣轄區遼闊，政令難行〔註29〕，乃割虎尾溪以北，增置彰化縣與淡水廳，此時，台灣為一府四縣二廳，嘉義市仍為諸羅縣治所在。

乾隆 51 年（1786），台灣發生林爽文事變，淡水、彰化、鳳山等地相繼淪陷，隔年 2 月林爽文第二次攻諸羅城，「然諸羅被圍愈密，無可得食，掘樹根、煮豆粕，以充飢；而守志益堅。〔註30〕」，賴軍民奮力固守而未被攻陷，清高宗感其忠義，遂詔改諸羅為嘉義。直至今日，仍可透過口耳相傳的民間傳說一窺當時民變的情形〔註31〕。

（四）日治時期

光緒 21 年（1895），明治 28 年，日本統治台灣後，隨即改清代原有的台南府嘉義縣為台南縣嘉義支廳，又因各地抗日活動不斷，因此改行軍政，嘉義市一地遂成為台南民政支部所管轄的嘉義出張所。在日本統治的五十年期間，嘉義地區的產業、交通、衛生、教育方面都有顯著的提升，興盛繁榮的

〔註26〕金鋐，《康熙福建通志台灣府・卷一》（台北：文建會，2004 年點校本）：36。
〔註27〕施琅，《靖海紀事・下卷》（台北：台灣大通）：67。
〔註28〕吳育臻，《台灣地名辭書・卷二十・嘉義市》（南投市：台灣省文獻委員會，1996）：27。
〔註29〕趙璞、林家駒主修，《嘉義縣志・卷一・土地志》（台北：成文，1983）：35。
〔註30〕連雅堂，《台灣通史》（台北市：編譯館中華叢書編審委員會，1985）：782。
〔註31〕如嘉義市〈白鷺卿與林爽文〉的傳說，便說明了當時嘉義城民變的情況，請參見第三章第二節歷史與人物部分。

景況可說是嘉義地區發展史上的黃金時期。

　　明治 38 年到大正 9 年（1905～1920），日本殖民政府爲求達到台灣財政獨立的目的，紛紛開始從事土地調查、林野調查，並著手交通建設，而交通建設對於台灣經濟空間的的重組以及人口的重新分配有著極深刻的影響〔註32〕。嘉義市火車站遂於明治 35 年（1902）開始營業，而縱貫鐵路的通過與營運，使得這一時期的嘉義地區開始了都市化的現象，成爲一個吸引人口的中心。

　　大正 9 年（1920）行政區劃徹底改正，嘉義市在此時確立了轄區範圍及日後發展的基礎，發展的動力主要來自於木材和蔗糖〔註33〕。

　　此時，起點於嘉義市的阿里山鐵路也在大正元年（1912）年開通〔註34〕，大正年間，每年高達 15 萬石的檜木源源不絕的阿里山運出，嘉義市北門附近有面積達到 16 萬 2 千坪的營林制材工廠，而附近的埤仔頭和林森西路兩旁，遂成木材商店林立的木材街，鄰近鄉鎮許多人因來此從事木材業而致富。此外，這段時間也是台灣糖業的黃金時代，製糖公司獲得巨利，經濟欣欣向榮，嘉義市因位於嘉南平原而成爲四周蔗產的集散中心，巨商富賈雲集，西門歌樓舞榭林立，歌聲徹夜不歇，嘉義稱爲全台第一華都，可見當時的繁華〔註35〕。

　　兩項重要的產業開發，加上昭和 5 年（1930）嘉義升格爲市之後，種種市內建設的開展都促使此一時期的嘉義市成爲快速都市化的地方中心都市。〔註36〕在許多的民間故事中也都有濃厚的產業痕跡，如《朴子市閩南語故事集》〈大耳香爐〉〔註37〕說的是日治時期，媽祖收服糖廠黑狗精的傳說，而東石鄉〈東石傳說〉〔註38〕說的是早期經營木材生意卻意外遭人打死的鬼魂傳說，這些民間故事皆說明了木材與蔗業的發展對早期的嘉義人而言是十分重

〔註32〕吳育臻，《台灣地名辭書‧卷二十‧嘉義市》（南投市：台灣省文獻委員會，1996）：35。

〔註33〕吳育臻，《台灣地名辭書‧卷二十‧嘉義市》（南投市：台灣省文獻委員會，1996）：35。

〔註34〕林聖堅，《台灣省躍進嘉義近郊大觀》（台北：成文，1985）：9。

〔註35〕趙璞、林家駒主修，《嘉義縣志‧卷首》（嘉義縣嘉義市：嘉義縣政府，1977）：89。

〔註36〕吳育臻，《台灣地名辭書‧卷二十‧嘉義市》（南投市：台灣省文獻委員會，1996）：36。

〔註37〕《朴子市閩南語故事集》：66～69。

〔註38〕《東石鄉閩南語故事》：16～21。

要的產業活動。

二、今日嘉義

民國 34 年（1945）日本戰敗，國民政府接收台灣，38 年（1949）播遷來台，除了實施土地改革之外，嘉義地區在政府的「不惜犧牲農業以培養工業」的經濟發展策略下，農業漸漸衰落。日治時期主要的經濟支柱林業，因阿里山的木材早於民國 37 年砍伐殆盡，已盛況不再。糖業亦開始沒落，市區的繁華不再，郊區的農業也失去發展潛力。

民國六十年代，台灣正式進入工業社會，大量的農村人口快速的湧入南北兩大都市，原本屬於中小型都市的嘉義市，和其他中小型都市一樣，都無法抵擋南北兩股強大的吸力，雖為省轄市，經濟與人口卻呈現成長停滯的現象。〔註 39〕

時至今日，嘉義地區原本以農為本的體質，在競爭激烈的工商業社會結構中，逐漸遲緩其競爭的腳步，造成商圈、祭祀圈北移現象日趨嚴重，市鎮也逐漸沒落的事實。

目前的嘉義地區正逐漸轉型走向觀光產業都市。原本的阿里山鐵路雖仍維持運輸的功用，但已由過去運輸木材改為載客觀光之用；戰後的許多糖廠也從製糖轉型成為提供專人導覽、牛車遊園的觀光景點；一年一度的「國際管樂節」更是當地盛事，每年吸引外來遊客不計其數。

第三節　人口來源與信仰

台灣的人口，幾乎全為漢族，其中絕大部分又來自福建與廣東；由於地理位置接近中國大陸〔註 40〕，加上閩粵兩省在政治經濟問題的雙重影響下，儘管黑水溝險惡，漢人仍前仆後繼來台。根據 1905 年首次戶口普查，漢族人口計 2890485 人；其中福建係計 250 萬人，佔漢族人口 86%；廣東係計 40 萬人，佔漢族人口 14%。其他外省籍之漢族人口僅 506 人。直至台灣光復，此項比率並無明顯改變〔註 41〕。

〔註 39〕本段改寫自吳育臻，《台灣地名辭書・卷二十・嘉義市》，（南投市：台灣省文獻委員會，1996）：36。
〔註 40〕陳正祥，《台灣的人口》，（台北市：南天，1997）：30。
〔註 41〕陳正祥，《台灣的人口》，（台北市：南天，1997）：30。

一、嘉義地區的人口來源

南宋孝宗時，曾遣泉州軍民屯戍澎湖，以澎湖為海防要區，澎湖靠近閩南，為泉漳屏障，為大陸通台之橋樑，閩人大抵以此為跳板，而泛海入台。以地理上關係，多居雲林、嘉義一帶。〔註42〕

崇禎四年（西元 1651 年），我國華南一帶，紛亂飢饉頻擾，加上荷人欲利用漢人開墾土地，牟取經濟利益，遂積極召募漢人來台，當時即有福建千餘人來諸羅地方業農，此後，漢人向海外發展者絡繹不絕。鄭成功復台前的永曆十四年（西元 1660 年），南部漢人已達二萬五、六千名之多。施琅率兵攻台後，移往漢人總數已達六萬二千人。〔註43〕

清朝領台期間雖有渡海禁令，但泉漳人私渡者仍多，至康熙二十六年（西元 1677 年），台南已無發展餘地，閩人遂轉向諸羅縣發展，粵人南下移植者亦不少。乾嘉年間，禁令稍寬，加上閩粵兩省因人口增長過快而造成地狹人稠〔註44〕，遂使渡台人數大增，當時光諸羅地區漢人已有三十萬名〔註45〕。至光緒十九年（1893 年）戶口調查，全台立籍漢人已有二百五十四萬五千七百三十一丁〔註46〕，可見清領時期移民之眾，超諸歷代。關於清領時期嘉義地區各庄人口之鄉貫別，在日治時期有更為詳細的調查，如下表：

表 2-3-1-1　清領時期嘉義地區各庄漢人之鄉貫別

	泉州庄	各時期全區%	漳州庄	各時期全區%	潮州庄及其他	各時期全區%	各時期街庄合計	全區拓墾庄累加%
清領以前	11.5	36	20	62	0.5	2	32	15
清領至康熙末	53	52	39	38	10	10	102	62

〔註42〕趙璞、林家駒主修，《嘉義縣志・卷二・人民志》，（嘉義縣嘉義市：嘉義縣政府，1977）：141。

〔註43〕趙璞、林家駒主修，《嘉義縣志・卷二・人民志》，（嘉義縣嘉義市：嘉義縣政府，1977）：146。

〔註44〕周恩典，〈清代漢人移墾台灣的原因與類型辨析〉，《皖西學院學報》，24.4（安徽：皖西學院，2008）：128。

〔註45〕乾隆二十五年（1760 年），隨渡者愈多，戶口之編查愈趨確實，翌年諸羅縣編查成丁男婦為 155281 口，幼丁 152009 口。參見趙璞、林家駒主修，《嘉義縣志・卷二・人民志》，（嘉義縣嘉義市：嘉義縣政府，1977）：9。

〔註46〕趙璞、林家駒主修，《嘉義縣志・卷二・人民志》，（嘉義縣嘉義市：嘉義縣政府，1977）：148。

雍正乾隆年間	9	12	61	81	5	7	75	96
嘉慶間	0	0	7	100	0	0	7	100
總計〔註47〕	73.5		127		15.5		216	

資料來源：台灣總督府官房調查課，1928，頁22。〔註48〕

　　由上表可知，清領前期，泉州人渡台者較多，一度超越漳州人；漳州人至乾嘉年間才大舉進入嘉義地區，形成「漳多泉少」的現象。至嘉慶末年，嘉義地區已全部墾成，各庄居民主要之鄉貫別，和今日現居者差異不大〔註49〕。

　　日治時期的嘉義郡、東石郡即為今天的嘉義縣市，當時的嘉義地區西有曠野可耕，有海港可漁，東有山林可造林、植果蔬，加上嘉南大圳水利充足，每年由日本各縣移台之大量農民或失業者，分居各處或阿里山作業所，從事伐木、製材、造林者為數頗多，但日本戰敗投降後皆返回原國〔註50〕，因此對人口變化影響不大。根據昭和元年（1926年）的人口統計資料顯示嘉義地區漳人最多，占48%，泉人44%居次，潮人約3%，〔註51〕其他占5%。

表2-3-1-2　嘉義地區漢人之鄉貫別調查

	泉　州	漳　州	閩其他	潮　州	粵其他	合　計
嘉義郡	22800	115300	3300	7400	8800	157600

〔註47〕為檢閱方便，此欄為筆者所統計，原表格並無此行。
〔註48〕本表來自於黃阿有，〈嘉義地區漢人開發與廟宇關係〉，《第二屆嘉義研究學術研討會論文集》，（嘉義縣：嘉大台灣文化研究中心，2007）：248～249。
〔註49〕黃阿有，〈嘉義地區漢人開發與廟宇關係〉，《第二屆嘉義研究學術研討會論文集》，（嘉義縣：嘉大台灣文化研究中心，2007）：250。
〔註50〕趙璞、林家駒主修，《嘉義縣志・卷二・人民志》，（嘉義縣嘉義市：嘉義縣政府，1977）：149。
〔註51〕這裡牽涉到鄉貫認同混淆的問題。所謂鄉貫認同混淆，包括原住民因漢化，而認同周圍多數漢民之籍貫；也包括漢人因年代久遠而混淆其鄉貫，清領前之庄頭尤有此現象。台灣之潮人並非一般所稱講客家話之客家人，潮洲人講的語言類似廈門土話：「在靠近福建邊界之廣東省潮洲府地區所說的語言，很接近廈門土話。因汕頭原是該地區之通商口岸，故習稱為『汕頭方言』。該地區之人民，其祖先若干世紀前從福建移民而來，直到今天，他們仍被稱為『福佬』（Hoklo，即從福建來的人），對於另一種語言所說的話，大部分都能理解。」從事鄉貫調查之日人亦稱福建省之汀州府與廣東省之潮州府只是政治上之區劃，實際上潮洲府的語言與閩南語的差別不大，在鄉貫別的區分上，常連住民本身也混淆不清。參見：黃阿有，〈嘉義地區漢人開發與廟宇關係〉，《第二屆嘉義研究學術研討會論文集》，（嘉義縣：嘉大台灣文化研究中心，2007）：249。

東石郡	100600	19000	2400	0	100	122100
合計	123400	134300	5700	7400	8900	279700
合計%	44	48	2	3	3	100

資料來源：台灣總督府官房調查課，1928，頁 22。〔註52〕

至於更詳細之嘉義地區祖籍分佈情形，列表於下：

表 2-3-1-3 嘉義地區各街庄居民祖籍別百分比

地 區	街 庄	移 民 祖 籍 別 與 百 分 比				
		第一位	第二位	第三位	第四位	第五位
嘉義郡	嘉義街	漳州府 58%	泉州府 39%	潮嘉惠 2%	福州府 1%	興化府 1%
	水上庄	漳州府 97%	潮州府 3%			
	民雄庄	漳州府 100%				
	新港庄	漳州府 86%	泉州府 8%	潮州府 5%	汀州府 2%	
	溪口庄	潮州府 40%	漳州府 32%	其他 17%	泉州府 9%	汀州府 2%
	大林庄	漳州府 37%	潮嘉惠 32%	泉州府 26%	興化府 3%	福州府 2%
	小梅庄	漳州府 84%	嘉應州 13%	汀州府 2%		
	竹崎庄	漳州府 85%	泉州府 6%	潮州府 5%	汀州府 4%	
	番路庄	漳州府 96%	潮州府 4%			
	中埔庄	漳州府 81%	潮嘉惠 11%	泉州府 4%	汀州府 4%	
	大埔庄	漳州府 40%	泉州府 30%	汀州府 20%	惠州府 10%	
東石郡	朴子街	泉州府 81%	漳州府 19%			
	六腳庄	泉州府 85%	漳州府 15%			
	東石庄	泉州府 83%	漳州府 17%			
	布袋庄	泉州府 96%	漳州府 3%	其他 1%		
	鹿草庄	泉州府 75%	漳州府 25%			
	太保庄	泉州府 100%				
	義竹庄	泉州府 61%	漳州府 27%	汀州府 6%	龍嚴州 2%	

資料來源：台灣總督府官房調查課，1928，頁 22～24。〔註53〕

綜觀整個日治時期嘉義地區的族群分佈，除了溪口庄以潮州人占多數

〔註52〕 同註 44。

〔註53〕 本表取自梁志輝，《嘉義地區漢人社會發展之研究（1683～1895)》，中正大學
歷史研究所碩士論文，1995：30。

外，大抵上，嘉義郡以漳州人為主，東石郡以泉州人為多數；就地理位置上的開發來說，內部平原及山區以漳州人為主，沿海地帶則以泉州人占多數。

二、宗教信仰

（一）信仰概況

台灣地區的閩南族群係來自福建漳泉二府及廣東，移居台灣的人民多帶著祖籍的神佛香火及分身，希望藉著神明的保護，安渡黑水溝或者能在新的移住地安居樂業，明鄭時期即有寺廟的建設，僧侶道士亦隨之來台。

嘉義地區的民間信仰亦遵循此種模式，不過到了民國二十七年（1938年），日人推行皇民化運動之後，民間信仰的整合遂成為同化的主要目標之一〔註54〕。歷經四年的整頓，嘉義全市的寺廟強迫廢合，僅留儒釋道各一間寺廟，其他神像則合祀於此三間寺廟內，分別為聖廟（孔子廟）、地藏庵與城隍廟〔註55〕。迨至戰後，這些寺廟神佛才在原廟管理人的倡導下恢復原狀或重新建廟祭祀。

嘉義地區的信仰還是以道教為主，與其他地區無異。其次才是佛教、基督教等，至於其他的宗教幾乎無立足之地。從下列登記有案的寺廟教堂數量，可說明目前嘉義地區宗教信仰的狀況：

表2-3-2-1　民國九十五年嘉義地區宗教概況〔註56〕

宗教\鄉鎮	佛　教	道　教	天主教	基督教	一貫道
嘉義市	22	124	11	25	2
太保市	1	30	0	0	0
朴子市	7	38	1	5	0
布袋鎮	2	46	1	1	0
大林鎮	5	34	2	2	1

〔註54〕蔡相輝編，《台灣民間信仰》，（台北縣蘆洲市：空大出版，2001）：47。
〔註55〕趙璞、林家駒主修，《嘉義縣志・卷二・人民志》，（嘉義縣嘉義市：嘉義縣政府，1977）：289。
〔註56〕本表格乃根據以下資料整理而來：嘉義市主計處編輯，《嘉義市統計要覽》，（嘉義市：嘉義市政府，2006）：266、嘉義縣主計處編，《嘉義縣統計要覽》，（嘉義縣：嘉義縣政府，2006）：374～379。

民雄鄉	8	53	1	5	0
溪口鄉	3	17	1	0	1
新港鄉	3	46	1	2	1
六腳鄉	1	37	0	0	0
東石鄉	4	34	1	0	1
義竹鄉	4	25	1	3	0
鹿草鄉	4	20	1	2	1
水上鄉	12	43	3	2	2
中埔鄉	12	36	2	2	1
竹崎鄉	15	42	3	3	0
梅山鄉	6	23	1	2	0
番路鄉	4	15	1	1	0
大埔鄉	4	3	1	1	0
阿里山鄉	2	2	7	15	0
合計	119	668	39	71	10

（二）主要信仰

　　嘉義地區的民間信仰相當龐雜，除了一般閩南人經常尊奉的神明之外，尚有許多地區性的神明接受供奉，筆者蒐集了嘉義地區目前登記有案的寺廟數量，並且以奉祀於兩鄉鎮以上的主神為原則，整理出以下的表格：

表 2-3-2-2　民國九十七年嘉義地區奉祀於兩鄉鎮以上之主神
　　　　　　統計表〔註57〕

主神 鄉 鎮	開漳聖王	玄天上帝	天上聖母	神農大帝	福德正神	三官大帝	保生大帝	開台聖王	王爺	中壇元帥	關聖帝君	三山國王	清水祖師	釋迦佛	觀音	大眾爺	吳鳳	城隍爺	廣澤尊王	濟公	玉皇大帝	地藏王	太子爺
布袋	1	1	5		1				21		1			1	1	2		4		1			1
東石			3				3		25						3	2							

〔註57〕本表整理之資料來源如下：嘉義市政府民政處：http://163.29.100.10/web/civil/04affair/affair02_a.asp，瀏覽日期：2008/10/6、嘉義縣政府民政處宗教禮俗科：http://www.cyhg.gov.tw/eservice/service-01.asp?id=906，瀏覽日期：2008/10/6。

水上		5	7	2	2	1	2		14	1	3			3	8	1		2		1			
朴子		2	3		3				21		1			5	2			2		1			1
太保		4	3	1	1		2		8		3	2	3	3		1							
新港		4	4		5	3	4		8	1	1	4	1	1	3	2							
溪口		2	1		1	5	1		3		1				3				1				
民雄		12	2	2	4	1	7	2	8			1		4	9				1				
大林	1	7	5		3		2		8		2			3	2	2			1				
六腳		4	4		2		1		16					1									
竹崎		9	3	1	8		2	1	7		1	1		4	12	1					1		
梅山		8			6	1	1		2			2	3	1				1					1
中埔		6	1		4				10	1	2	1		4	10	3	1		1	1	1		
鹿草			1			1	2		9			1		1	1	1	1						
義竹					2				19			1		2	1				1	1			
大埔		2										3								1			
番路					3				1			1		4	1			1	1				3
阿里山		1										2			1								
嘉義市	1	14	15	2	7		10	1	23		3	2		12	10	4		4		3	4	5	2
合計	3	81	57	8	52	6	37	10	203	3	17	12	4	49	76	20	3	14	3	11	6	8	8

　　由上表我們可以發現，嘉義地區較為普遍的民間信仰依次為王爺、玄天上帝、觀音與天上聖母，以下簡述其信仰概況與特色。

1、王爺信仰

　　嘉義地區的王爺乃屬於劉枝萬所說的「瘟神」系統，又稱千歲爺、瘟王、大王、王公、大人、老爺、代天巡狩、大總巡、游王、天行使者、恩主、先師、將軍、元帥、十三王爺、九龍三公、夫人媽等〔註58〕，是代天巡狩的上帝使者，執行驅邪與除疫的保安工作。

　　王爺之多，為嘉義地區信仰的一大特色，民間傳說大致上以三百六十為其最高總數〔註59〕，但是神明傳說的內容分歧不一，各有不同的來歷，莫衷一是。據《台灣縣志》與《諸羅縣志》記載：相傳從前有王船一隻放入海中，與荷蘭船夜遇於海洋，被疑為賊船，遭砲火攻擊一夜，比及天明，見滿船人眾，悉係紙糊裝成，荷蘭人大怖，不數日疫死過半〔註60〕。另嘉義市慈濟宮謂唐明皇時代有三十六進士同榜提名，在朝為官，卻遭朝中奸佞向皇帝進讒言，遂以私通敵國罪問斬。玉帝憐其皆為忠臣義士，乃加以晉爵封王，代天巡狩，除暴安良，保國護民。〔註61〕

2、玄天上帝

　　玄天上帝又稱北極大帝、真武大帝、上帝爺等，為閩南民間信仰的航海守護之神〔註62〕，其廟宇數目在明鄭、清領時期乃至於現代，都比媽祖、土地公等寺廟數多〔註63〕，可見得玄天上帝實為本地區的主要信仰之一。

〔註58〕劉枝萬，《台灣民間信仰論集》，（台北市：聯經，2002）：228。

〔註59〕三百六十王爺之說，可以說是王爺信仰的主系統，但牽涉到各地方的信仰特色，因時因地而有所變邊。較常見的第一種傳說是被秦始皇坑埋的三百六十名學者；第二種說法是唐明皇時代遭到張天師淹死的三百六十進士；第三種說法是明初閩粵地區進京赴考卻遇船覆溺斃的三百六十進士；第四種傳說是明末不甘受異族統治而自盡身亡的三百六十名進士。見於鄭志明，《神明的由來‧台灣篇》（嘉義縣大林鎮：南華管理學院，1998）：311～313。

〔註60〕周鍾瑄，《諸羅縣志》，（南投市：台灣省文獻委員會，1999）：150。

〔註61〕鄭志明，《神明的由來‧台灣篇》，（嘉義縣大林鎮：南華管理學院，1998）：312、323。

〔註62〕蔡相輝編，《台灣民間信仰》，（台北縣蘆洲市：空大出版，2001）：93。

〔註63〕玄天上帝在台灣廟宇之多的原因可分為兩個層面論述：從精神層面而言，明朝靖難之役時，崇奉玄天上帝的武當道士為明成祖立下大功，因此統治官方對玄天上帝特別加以崇祀，除了將其列為最重要的祭典之外，終明之世，奉祀不衰。明鄭既奉明為正朔，廣建真武廟自有其故；就實質上而言，玄天上

每逢閏年農曆三月初六，為嘉義市五當山玄天上帝廟主神玄天上帝的生日，光路里一帶的民眾，沿例舉辦「盪鞦韆」比賽，這是全國矚目的民俗技藝競賽。相傳清康熙年間，當地瘟疫肆虐，居民遂求助玄天上帝，不久後瘟疫果然停止，當地人士為感念上帝恩德，遂舉辦盛大的鞦韆比賽。

比賽開始前，必須先尋找適合的竹子以搭建鞦韆架，運回後訂定良辰吉日（通常是農曆正月初一上午八時）搭建，竹子的接合也必須用十年以上的茖藤綑綁，整個鞦韆架以八個格子象徵「八卦」的無極。參加競賽的人必需藝高膽大，盪得愈高，代表對上帝爺的尊崇愈高。這種古老相傳的民俗技藝，經久流傳，卻在本地得以樸素的方式傳承下來，引起眾方矚目，也就成為本地區特有的民俗傳統〔註 64〕。不過，在嘉義地區目前所蒐集到的口傳民間故事中，玄天上帝的傳說很少，頗為特殊，很有可能是受其海洋信仰漸式微及清領台灣後，官方大力提倡媽祖信仰的影響。

3、觀音信仰

觀音的法號很多，最普遍的是「觀世音」。目前一般民間所信仰的觀音，已和佛教經典中的「觀音」大相逕庭。現在大家所信仰的是妙莊王的第三公主妙善，這是元朝時代的和尚所創作出來的小說人物〔註 65〕。一般民間信仰的觀音慈眉善目，或坐或立，皆有妙法，是個大慈大悲，救苦救難之神，故為民眾家中膜拜最多之神像〔註 66〕。農曆的二月十九日是觀音菩薩的誕辰，婦人會在家中持齋誦經，結束之後會到各觀音寺院或齋堂參加盛大的祭典。嘉義地區的普濟寺、慈龍寺會在每年的二、六、十一月十九日舉行祭典，祭拜觀音菩薩〔註 67〕。

帝自宋代就已是閩南百姓所崇奉之航海守護神，明鄭既以水師抗清，子弟多為閩南籍，奉祀玄天上帝可予這些子弟兵精神上莫大之鼓舞與安慰。清領台灣以後，由於官方大力提倡媽祖信仰，玄天上帝地位才漸被取代。其信仰圈恰與台灣開發進程一致，南部地區開發早，祠廟多，至中北部則漸少。參見蔡相輝編，《台灣民間信仰》（台北縣：空大出版，2001）：93～94。

〔註 64〕吳嘉信、吳淑芬主修，《嘉義市志‧卷十‧宗教禮俗志》，（嘉義市：嘉義市政府：2002）：323。

〔註 65〕妙善原為慈航尊者，降生為興林國妙莊王三女，因喜愛修行學佛，觸怒父親被處死，後自陰府回陽間後，到大香山苦修，成了正果，再去渡化世人。原故事內容可參見：廖毓文編，〈台灣神話〉（台北：生生，1967）：16～17。

〔註 66〕張清池，〈梅仔坑民間宗教信仰〉（嘉義縣：財團法人梅山文教基金會，1999）：11。

〔註 67〕趙璞、林家駒主修，《嘉義縣志‧卷二‧人民志》（嘉義縣嘉義市：嘉義縣政府，1977）：247。

4、媽祖信仰

媽祖姓林，名默或默娘，民間通稱媽祖婆，官方則稱為天妃、天后或天上聖母，為典型的海上守護神，也是台灣地區主要的民間信仰之一〔註 68〕，這樣的信仰特色同樣在嘉義地區出現。

嘉義新港奉天宮供奉的媽祖，原在北港朝天宮。根據文獻記載，是福建最早到台灣墾荒的顏思齊於明天啓二年（1622 年）從湄洲媽祖廟恭請而來，素有「開台媽祖」之稱。嘉慶四年（1799 年）山洪爆發，北港朝天宮被沖毀，居民把宮中一部份文物遷到新港。嘉慶十六年（1811 年），閩浙水師提督、太子太保的嘉義人王得祿，為感謝媽祖佑其在澎湖平定海盜，遂倡建媽祖廟，並請嘉慶皇帝敕賜宮號「奉天宮」〔註 69〕。近年來大甲鎮瀾宮的媽祖在每年三月二十三日（媽祖誕辰）的繞境活動已改到新港奉天宮進香，「新港媽」的神格地位也獲得提升。

每年的正月十五除了是元宵節之外，嘉義地區還別出心裁的舉辦了「慶元宵媽祖返雲霄」的活動。本活動是將城隍廟後殿內一尊有二百八十多年歷史的媽祖娘娘，由信徒以神轎扛行，經市區舊路，迎請回雲霄里的九華山地藏庵作客，接受當地的信徒供奉一天〔註 70〕。這個習俗源起於從前嘉義有一座香火鼎盛的天后宮，位於溫蕉厝（地藏王廟也在此地），到了日治時期強制拆廟後，天后宮裡的媽祖就被請到城隍廟的後殿，因而有一句俗話：「大媽祖押後」，意思就是城隍爺出巡，大媽祖押在後面。正月十五請媽祖回娘家，回到地藏王廟「吃閹雞」，由當地居民輪流以閹雞祭拜媽祖，於是開始有人比賽閹雞的大小，形成了閹雞比賽〔註 71〕，也形成了本地區特有的習俗。

第四節　嘉義地區民間故事的採錄與整理

一、嘉義地區民間故事採錄概況

因本研究主要的研究對象為嘉義地區閩南族群的民間故事集，因此對於

〔註 68〕蔡相輝編，《台灣民間信仰》（台北縣蘆洲市：空大出版，2001）：97。

〔註 69〕宋全忠，〈媽祖信仰在台灣〉，《尋根》，4（2007）：7～8。

〔註 70〕吳嘉信、吳淑芬主修，《嘉義市志‧卷十‧宗教禮俗志》，（嘉義市：嘉義市政府：2002）：289。

〔註 71〕吳嘉信、吳淑芬主修，《嘉義市志‧卷十‧宗教禮俗志》，（嘉義市：嘉義市政府：2002）：321～322。

此集的分類需要重新釐清，並對當初的採錄狀況進行瞭解。

民國八十一年起，在胡萬川等學者的帶領下，以田野訪問的方式，陸續完成台中縣二十一鄉鎮市的普查工作，並成書二十餘冊。文建會也多次舉辦全國性的採集營，希望各地文史工作者挺身而出，以台中縣民間文學集為藍本，記錄自己家鄉的民間文學﹝註72﹞。

民國八十五年八月中旬，嘉義地區船仔頭藝術村文教基金會與嘉義縣戲曲暨音樂文化資源研究計畫等單位，聯袂派專人參加高雄縣立文化中心主辦的民間文學整理研習營，之後，積極籌畫本區之研習活動，終於在10月中旬由縣文化中心主辦、船仔頭藝術村文教基金會策劃與承辦了嘉義地區民間文學整理研習營。

嘉義地區則在黃哲永、江寶釵的帶領下，與該營學員籌組嘉義地區民間文學採集小組，同時向文建會提出出版計畫，利用每個週末帶隊，最先在嘉義地區的東石鄉與六腳鄉實施田野調查，之後再遍及其他鄉鎮市。

在這樣的努力之下，自民國八十六年開始，縣市文化中心陸續出版了嘉義縣民間文學集一、二、三冊，屬於歌謠類；八十七年出版四、五兩冊，接下來的一年又出版了六到十冊，皆為民間故事集，各由江寶釵與黃哲永審定。黃哲永以一非傳統學院訓練出身的「民間」學者，秉持著對鄉土的熱愛與關懷，竭力保存嘉義地區豐美的民間文學，這樣的精神，著實令人感佩。

二、民間故事分類與統計

嘉義地區目前蒐集的民間故事集共有八冊，江寶釵將四、五兩冊大致分成三類：傳說、民間故事與笑話；黃哲永並不依照一般的分類法分類，例如在《東石鄉閩南語故事集（一）》中就分成傳說、人物與故事三類，其他的集冊裡也有不同的分類法。

筆者為釐清民間故事之分類以利研究，除了採用胡萬川的分類方法以外，再參酌其他學者的分類法，以訂出自己的標準，重新整理這些集冊。整理之後發現，有些故事大同小異，是否只能算一種？有的故事又與其他故事複合成為另一種故事，此外，還有同一則故事卻包含了ABC三種不同類型的故事，這樣要算幾種？幾經思考之下，便以最簡單的「則」為單位，其中有

﹝註72﹞黃哲永編，〈太保市民間傳說〉，（嘉義縣：嘉義縣立文化中心，1999）：5。

些難以區分為傳說或故事的，便以故事主要內容作區別。為求客觀，免有遺珠之憾，講述者敘述內容中若無情節或人物者，依然列入計算〔註73〕。

　　目前整理出來共有 272 則，神話 10 則，傳說 157 則，故事 90 則，笑話為 15 則。也就是神話佔 4%，傳說佔 57%，故事佔 33%，笑話則為 6%。傳說類的故事依然佔多數，其他依次為故事、笑話與神話。其他分類細項請參見表 2-4-2-1。

表 2-4-2-1　嘉義地區民間故事整理一覽表

類別／鄉鎮市	神話	傳說									故事				笑話		
		人物	歷史事件	地方山川勝蹟	動植物	土特產	儀式、習俗	鬼怪	宗教信仰	其他	幻想	動物	生活	機智人物	取笑愚笨	嘲諷他人	嘲弄殘疾與其他
嘉義市		15	2	4				1	5		5		11	1	1	2	1
東石鄉	4	9	1	4	1		2	2	11	4	12	2	12	2	2	1	2
布袋鎮		2		2		1	1		2	1	1		7	1	2	1	2
朴子市	4	6		9		1	3	5	2	5	5		6				
太保市		21	1	12				1	4	3	1						
六腳鄉	2	1		3	1		5	1	3		5		15	4	1		
總計	10	54	4	34	2	2	11	10	27	13	29	2	51	8	6	4	5
各類合計	10	157									90				15		
各類比例	4%	57%									33%				6%		
分項比例	100%	34%	3%	22%	1%	1%	7%	6%	17%	8%	32%	2%	57%	9%	40%	27%	33%

合計：272 則

　　除此之外，每則故事為符合科學性與口傳性原則，皆附上講述人的基本資料，這些資料也有可能影響說故事的內容，因此一同整理，表格如下所列：

〔註73〕例如，在《朴子市閩南語故事集》中有一則名為「治飛蛇的秘方」的傳說，當中只有介紹治療傳統疾病的秘方配藥以及如何使用，沒有任何人物或情節，諸如此類的內容依然列入計算。

表 2-4-2-2　講述者年齡統計

年齡 ／ 性別	19 歲以下	20-29 歲	30-39 歲	40-49 歲	50-59 歲	60-69 歲	70-79 歲	80-89 歲	90 歲以上	總計
男	0	0	2	0	4	20	19	16	0	61
女	0	0	0	0	3	4	10	2	0	19
總計	0	0	2	0	7	24	29	18	0	80

　　由表格可看出，講述人以男性居多，佔了七成五，男性年齡層集中在六十至九十歲之間，女性只有二成五，年齡層亦集中在六十至九十歲之間，收集的故事數量隨著年紀而遞增。大多數講述者的年齡都橫跨了半個世紀，從其口中蒐集到的口傳文學，應是嘉義地區古早時期珍貴的文化資產。

表 2-4-2-3　講述者教育程度統計

教育程度 ／ 性別	不識字	識字	私塾	日本教育〔註74〕	國小	國中	高中	專科	大學	總計
男	25	0	9	9	7	2	5	1	1	59
女	16	0	0	0	2	0	0	0	0	18
總計	41	0	9	9	9	2	5	1	1	77

　　由表格可看出，無論男性、女性，講述者的教育程度以不識字者居多，其次為私塾教育、日本教育、國小教育，再其次為高中，最後則是高中以上教育。由此可知，這些口傳民間故事之所以能橫跨半個世紀，並不是憑藉教育體系的教導，而是靠著早期人民的記憶，一代一代流傳下來，肩負起傳遞知識與歷史文化的重責大任。這些故事大多來自不識字百姓的記憶中，因為他們未受官方教化的影響，故事的內容更顯得樸實珍貴，並更加貼近人民原始的思想與日常生活。

〔註74〕原書中的日本教育並不區分為小學或國高中。

表 2-4-2-4 講述者職業統計

類別／性別	農	漁	工	商	軍警	公	教育	寺廟相關人員	服務業	其他	總計
男	27	4	4	8	0	2	0	1	5	7	58
女	9	0	8	0	0	0	0	0	0	1	18
總計	36	4	12	8	0	2	0	1	5	8	76

　　嘉義本爲農業大縣，講述者的職業果然以農民最多，其次應是受社會工業化的影響，所以工商居次，其他第三，再來是服務業、漁業、公職人員，最後則是寺廟人員。由此可知，漁業在嘉義地區已漸式微，不過，大部分的故事還是來自於農民，因此應可推論故事較貼近農民生活，可呈現出古時農業生活的各個層面。

第三章　嘉義地區的神話與傳說

第一節　神　話

　　關於神話，高國藩曾對此下了三個定義：一、真正人類童年時代的口傳作品；二、人類早期真正的不自覺口傳作品；三、生產力不發達的社會早期，不能支配與征服大自然時產生的關於神的故事〔註1〕。

　　胡萬川則對神話的範疇有進一步的闡述，他認為神話包含了人對自身、宇宙萬物，及種種文化現象的解說認識。古代的人缺乏現代人的科學知識，他們對於天地由來的認識，常常賦予神聖性、神異性的思考，常常用擬人的故事表達出來，這就是神話〔註2〕。

　　綜而言之，神話就是古代未開化的民眾，對於自身周遭自然界或人文界產生無法理解之情形時，發揮想像力對此加以敘述或說明的神性或俗性故事。

　　本節將以嘉義地區蒐羅的民間口述神話，來加以探討其所反映的心情感受與生活背景，進而歸納出本地區神話的特色。

一、與自然有關的神話

（一）虹

　　《六腳鄉閩南語故事集》、《東石鄉閩南語故事集》〔註3〕各有一則名為

〔註1〕　高國藩，《中國民間文學》，（台北：學生書局，1995）：32。
〔註2〕　胡萬川，《民間文學工作手冊》，（台北市：行政院文化建設委員會，1996）：10。
〔註3〕　黃哲永總編輯，《東石鄉閩南語故事集（一）》，（嘉義縣：嘉義縣立文化中心，

《虹》的神話，內容大同小異，同樣講述著關於虹的由來，取一則代表如下：

> 虹是盧遠的血，伊是皇帝嘴、乞丐身，伊是予黃巢試劍，匿於空殼樹予宰死。

> 黃巢是劉邦去斬的一尾大蛇，斬作十八塊，才去出世作黃巢，來佔伊十八冬的帝位。黃巢合盧遠是好朋友，欲試劍，叫盧遠先走。盧遠先走，看著一叢空殼樹，匿在樹仔內，黃巢走到遐，想講這空殼樹仔，就拔劍由樹仔宰落去，盧遠頭就斷去。

> 盧遠才講：「黃巢、黃巢，你宰我無熬，子孫代代就去予人宰頭。」盧遠的頭宰一下流白血，正是這條虹。盧遠的血掛天掛地，出虹就無雨。人講水蛙就是黃巢的子孫，攏也予人宰頭。盧遠會敗是太誇口講：「前栽樹，後栽竹，欲掠人當打心適。」〔註4〕

故事內容包含三個重點：一、盧遠為黃巢所殺；二、盧遠之所以會有「皇帝嘴、乞丐身」的原因，皆是因為說了這一句話：「前栽樹，後栽竹，欲掠人當打心適。〔註5〕」所造成的；三、盧遠的血變成天上的彩虹。

姜佩君研究發現，民間故事中的「盧遠」即是「盧苑」，為唐末五代初期的人（西元 823～909 年），在歷史上是個真實的人物，頗負詩名，卻窮途潦倒一生。以他為主角，說他是「皇帝嘴、乞丐身」的這型故事在華東、華南各省流傳甚廣，〔註6〕姜氏本人也在澎湖採集到兩則同型的故事。盧遠原本具有皇帝命，卻因為其母常誇口自己的兒子當皇帝或大官之後，要屋前種竹，屋後種柳樹，捉人打著玩，而導致盧遠只剩下皇帝嘴的命。〔註7〕

嘉義地區除了擁有類似的情節外，卻強調盧遠之自取滅亡乃源自於「自己」過於自滿，還多了盧遠的血變成彩虹這樣的神話情節，對於盧遠的傳奇性又多添一筆，也令人對其遭遇感到無限欷噓。

（二）刺尾風〔註8〕

1999）：4～5。

〔註4〕 黃哲永總編輯，《六腳鄉閩南語故事集》，（嘉義縣：嘉義縣立文化中心，1999）：58～59。民間故事的分類實在是一件不容易的工作，許多學者都有自己的看法，本則民間故事到底列為神話或傳說，筆者在幾經斟酌之後，因其乃說明「虹」這種自然現象的由來，因此仍將之歸類為神話。

〔註5〕 打心適：把人捉著打來玩的意思。

〔註6〕 姜佩君，《澎湖民間故事研究》，（台北市：里仁，2007）：186～187。

〔註7〕 彰化、澎湖等地皆有此類故事，見《澎湖民間故事研究》：183、187。

〔註8〕 一種雨中的強風，類似龍捲風，但講述者認為不是。參見黃哲永總編輯，《東

刺尾風是嘉義獨有的故事，十分新鮮有趣，《東石鄉閩南語故事集》採錄了兩則關於刺尾風的故事：

> 往過，天乎，今仔落雨乎，會出「刺尾」，一支尖尖，啊鳥鳥，看予西爿出，抑是東爿出，講若出西爿就無雨啦，講西爿有龍王在阻擋，予絞較無彼麼多啦。東爿僅但有山神爾，無龍王啦，若出於東爿，就見在伊絞，絞無限的啦。東爿出「刺馬」乎，唉唷！落著就歸月日長連連的呢！〔註9〕

這內容是說，若西邊出現刺尾，則無雨，因為有西海龍王阻擋，但東邊卻無龍王，僅有山神，因此刺尾若出現在東邊，則會下起連日豪雨呢！

另一則是這樣的：

> 彼個雨確實有影「刺馬」在絞的，「刺尾」一支若象鼻喔，啊雲罩咧，一支像象鼻，啊掄落來，欲貼水遐，直直細箍落來，由高頂彼個雲罩咧，喔！彼個水安爾絞落去到地，一圩誠大圩，水樹安爾噴到會驚人。

> 刺尾絞水，確實有影，我少年彼陣親目看著，一支刺尾起頭掄落來乎，掄著汕頂，啊倒勾過去，復繼去海裡，喔乎！彼水樹噴到會驚人！

> 這個水於彼絞起來，啊絞去半空中，啊伊就走去看欲落佗？啊落落來就一點仔一點，實在宛乃有心適哩。啊予絞起來，海水鹹死死，落來變淡的啦，現落來就變淡的囉哩！人講：「過龍喉，過龍喉」，實在有影，這奇怪哩！

> 「刺尾」講是龍王在絞水，現絞起來，現落來隨變淡的，這宛乃是有一個貴氣哩！〔註10〕

這則在講刺尾風的可怕，說刺尾像象鼻，會捲起水柱，噴到海裡，掉下一滴滴的雨來，居民認為這是龍王在絞水，鹹水過龍王喉後，落下卻變成淡水了。

石鄉閩南語故事集（一）》，（嘉義縣：嘉義縣立文化中心，1999）：8～9。

〔註9〕黃哲永總編輯，〈刺尾風（一）〉《東石鄉閩南語故事集（一）》，（嘉義縣：嘉義縣立文化中心，1999）：8～9。

〔註10〕黃哲永總編輯，〈刺尾風（二）〉《東石鄉閩南語故事集（一）》，（嘉義縣：嘉義縣立文化中心，1999）：12～13。

刺尾風來時會將海水捲起,造成豪雨。翻閱古籍,並未發現「刺尾」一語,頗令人費解。嘉義地區的主要的降雨來源有三個,一為夏季西南季風所帶來的雨量,另外就是颱風雨以及熱雷雨〔註11〕來補充本地的水源〔註12〕。《諸羅縣志》也載:

> 風大而烈者為颶,又甚者為颱。颶常驟發,颱則有漸。颶或發而倏止,颱則連日或數日而止。大約正、二、三、四月發者為颶,五、六、七、八月發者為颱;九月則北風初烈,或至連月,俗稱「九降風」。間有颱驟至,如春颶。船在洋中遇颶猶可為,欲颱則不可當矣。
>
> 〔註13〕

颱風是一種非常猛烈的熱帶氣旋,雖說侵襲台灣的颱風多由東岸入台,但因嘉義地區有中央山脈、玉山山脈和阿里山山脈的屏障,等颱風到達本地時,威力往往不若其他地區,因此並不足以造成危害。然而,颱風過後的西南氣流,引進了大量的水氣,才是對嘉義地區造成災害的真正原因〔註14〕。

西南氣流雖引進大量水氣,然亦有東西之別。當水氣遇到山勢較高之地,往往降下驚人的雨量,也因此,東邊近山區豪雨成災的情況,比濱海地區更加嚴重。〔註15〕這與故事中所描述刺尾風出現在東邊則雨量較多,西邊則較無雨的說法似乎有所關連,我們也許可以推測,「刺尾風」指的就是颱風過後,西南氣流所帶來的強風豪雨。

東石地區為一濱海地帶,居民一向以海維生,在魚獲與商業的種種考量之下,對於海上的異象自然十分重視,因此討海人憑藉經驗的累積,靠著故事傳遞知識給下一代,一方面展現了對大自然不可捉摸的畏懼,另一方面也傳遞了對海上風暴的重視。

(三)天地分離神話

天地分離神話在全世界各大洲都存在,是全世界的母題型式。〔註16〕嘉

〔註11〕 就是俗稱的「西北雨」,《諸羅縣志》曾載:「五、六、七月間風雨俱至,俗所謂『西北雨』、『風時雨也』。」參見《諸羅縣志》:93。

〔註12〕 吳嘉信、吳淑芬主修,《嘉義市志・卷一》,(嘉義市:嘉義市政府,2002):70。

〔註13〕 周鍾瑄主修、臺灣史料集成編輯委員會編輯,《諸羅縣志》,(臺北市:行政院文化建設委員會,2005):94。

〔註14〕 《嘉義市志・卷一》:70。

〔註15〕 《嘉義市志・卷一》:126。

〔註16〕 莊美方,〈中國南方民族的天地調整神話〉,《美和技術學院學報》,22.2(2003):71。

義縣六腳鄉與東石鄉有兩則關於天太低，而人只好動手將天升高的神話：

> 較早講九層天九層地，啊講天低低，講彼個搵豬屎的，講會給敲著
> 頭殼啦，自安爾就彼支豬屎耙仔給撞一下，天自安爾，敲去遐高啦。
> 〔註17〕

> 一個查某講舉彼款，往過攏不是用便所的唔，攏放彼款土桶啦。啊
> 去溪仔邊洗啦，去在洗土桶啦，啊講用土桶笁給撟啦。較早天低低
> 矣爾，講給撟撟咧，遂變彼高啦。〔註18〕

在雲林，也有同樣類型的神話。〔註19〕我們可以發現，不論在嘉義或雲
林，所有用來將天撐高的工具都是日常生活中隨手可得的器具，如豬屎耙、
洗滌竹條或竹竿等，共通點也都是竹製的，可見得竹子的使用在雲嘉地區十
分常見，並且在日常生活中佔有重要地位。

莊美方發現「天地調整」〔註20〕神話中的天地分離神話大量發生在中國
南方，卻少見於北方，她認為與南方炎熱的氣候有關連，而用來將天頂高的
工具，甚至有祭儀的功能〔註21〕。

嘉義、雲林地區雖屬副熱帶氣候區，但因北回歸線通過其中，所以有部
分地區屬於熱帶氣候，每到夏季，炙熱的天氣，都令人汗流浹背，產生這樣
的神話也是其來有自，除了說明了先人對自然界的好奇發揮了豐富的想像
力，這些清理用具或許也代表了人民對炎熱氣候的埋怨吧！

（四）日月神話

朴子市有這樣的一則故事：

> 以前，人攏講日頭是查甫的，月娘是查某的，日頭足愛月娘，想欲

〔註17〕 黃哲永總編輯，《六腳鄉閩南語故事集》，（嘉義縣：嘉義縣立文化中心，1999）：
60～61。
〔註18〕 黃哲永總編輯，《東石鄉閩南語故事集》，（嘉義縣：嘉義縣立文化中心，1999）：
2～3。
〔註19〕 胡萬川，〈舉竹篙搣天〉，《雲林縣閩南語故事集（一）》，（雲林縣斗六市：雲
縣文化，1999）：54～55。
〔註20〕 天地調整神話屬於開天闢地神話的一部份，講述在天地形成以後，天與地造
得並不理想，需經過第二階段的調整工夫，將相連或相近的天地分離，使天
能高高的升起，或是把天小地大的土地擠皺，形成高低起伏的高山平原河谷，
讓天地能夠扣合，天與地的位置與樣貌變成人們慣常居住的環境。見莊美方，
〈中國南方民族的天地調整神話〉，《美和技術學院學報》，22.2（2003）：71。
〔註21〕 〈中國南方民族的天地調整神話〉：72～73。

叫伊予伊作婦。

月娘講日頭足穩，無愛啦！就給伊講：「你若逐我會著，我就予你做婦。」日頭就一直逐，一直逐，到今仔猶在逐啦，啊日頭若出來就用光鑿你目珠，予人不敢看，驚人看他穩啦！〔註22〕

類似的神話故事在王秋桂的《中國民間故事全集·台灣》〔註23〕中亦有收錄，只是多了個中間撮合的媒人——玉皇大帝。玉帝欲撮合太陽與月亮，怎耐月亮嫌太陽醜，不想理睬他。太陽一狀告到玉帝那兒，月亮只好勉強同意若太陽追得到她，才願意下嫁。直到現在，太陽還是追個不停。

這則故事的情節在各地都無太大的變異性，只不過有古代先民直接口傳的痕跡，不像現代書籍中經過改編，添加了玉帝的情節，更顯現口述傳說的樸實無華。

二、與人有關的神話

（一）美國人的起源

朴子市有一則關於美國人由來的故事：

較早，有一個員外足好額的，乎，有夠好額的好額。啊一個查某子在發病啦，啊任何人都給醫不好，伊就安爾發願，點一把香，坫天中央宣誓，講：「誰若給醫會好，阮查某子欲予做婦。」

員外有飼一隻猩猩，綁一條索仔，啊就把索仔直扯就對啦，啊伊問講：「你給醫會好？」啊猩猩點頭啦。索仔給放開，去山尾頂娉藥草返來給醫啦，阿醫醫咧，眞正好去。

員外話已經講出去矣，復點香宣誓咧，就要照安爾作哩！啊伊想講：「阮查某子交一隻猩猩湊陣，足無面子的！」就安爾給造一隻柴船仔，用些乾糧，予他查某仔，和彼隻猩猩送作伙，坐船仔於大海直直遊，直直遊，遊去一個島，彼隻猩猩就安爾和伊作翁婦，啊生子，於彼傳來的啊。美國仔足像猩猩的面的啊，正確的啊！〔註24〕

〔註22〕黃哲永總編輯，《朴子市閩南語故事集》，（嘉義縣：嘉義縣立文化中心，1999）：90～91。

〔註23〕陳慶浩、王秋桂，《中國民間故事全集》，（台北：遠流，1989）：5～6。

〔註24〕黃哲永總編輯，《朴子市閩南語故事集》〈美國人是猩猩傳的〉，（嘉義縣：嘉義縣立文化中心，1999）：36～37。本則神話有些學者將之列爲故事類，但因

猴子醫治好員外之女，員外不能食言，卻又認為這樣的女婿丟了面子，只好派船隻將兩人送到孤島，而兩人生下的孩子就是以後的美國人。這樣的故事胡萬川在其《台灣民間故事類型》編為430*【少女嫁給動物】型〔註25〕，同類型的故事也可在台中、澎湖等地採集到，《台灣民俗》〈猴子取皇女〉〔註26〕也有類似故事，不過卻多了孩子殺死猴子父親，與母親生下一女，兒子又與女兒成婚，從此繁衍後代的情節。朴子地區則顯得樸素許多，直接將人與猴子所生的後代當成美國人的始祖，頗有嘲笑美國人的意味存在，有可能是古神話結合了近代美國曾援助台灣而發展出的新型神話。

（二）人背部的凹溝

關於人背部的凹溝是如何而來的？朴子市有這樣的一則有趣故事：

> 講往擺，九個日頭啦！啊無暝無日啦！啊無暝無日的時，人攏也愛
> 睏，去做穑頭，愛睏，彼鋤頭柄，倒咧就睏，作眠床倒咧。
>
> 今仔的人，才會尻脊髓會一溝。〔註27〕

人是因為天氣太熱，在做農作時，昏昏欲睡，因此倒在鋤頭柄上休息，人的背後才會有凹溝。這則神話在雲林、台南等地皆未發現，是非常特殊的故事，顯示了上古人類對當地炎熱氣候的無奈，也說明了以農業為生的朴子人，辛勤工作的刻苦景象。

以上幾則神話可以看出，嘉義地區的神話偏向以解釋自然現象為主，像

嘉義地區的情節與其他地方有所變異，以講述美國人的由來為主，牽涉到人類物種的起源，因此仍將之歸類為神話。

〔註25〕 胡萬川，《台灣民間故事類型》，（台北市：甲仁，2008）：65。本書之編輯由國科會支持之計畫，乃胡萬川與其助理們費時三年完成，將台灣各地自1992年到2007年，至各地田調採集的民間故事加以分類。本書編碼依據A.T.（Antti Aarne and Stith Thompson）民間故事類型分類，另外參考丁乃通《中國民間故事類型索引》、金榮華《中國民間故事集成類型索引》、艾伯華《中國民間故事類型》，若有未收入其中類型者，或分類未盡恰當者，胡氏將另編類型，並於說明中解釋。故事情節類似而角色不同者，於類型編號後加A等英文字母，如故事情節差異較大則於編號後加*號，亞型則在英文字母或*號後加「下標」小寫數字。另外，內容相反者在A.T.原分類之編列方式為編號、英文字母或*號後加「上標」小寫數字，由於因為易與亞型標誌的方法混淆，故改為編號、英文字母後加上標小寫圓圈數字，如745B②。

〔註26〕 吳瀛濤，《台灣民俗》，（北市：眾文，2002）：445～447。

〔註27〕 黃哲永總編輯，《朴子市閩南語故事集》，（嘉義縣：嘉義縣立文化中心，1999）：92～93。

是「刺尾風」、虹的由來、日月在天體運行的路線、天地何以能分離、美國人的祖先以及人背部凹溝的來源。這代表了先民對知識的傳遞,雖然不夠科學,甚至有些怪誕不經,但是對於大自然的變化卻作了清楚的紀錄,也展現了當地先民豐富的創造力,與保留知識欲傳遞後代的智慧。

其次,有七則神話是以解釋自然現象為主,這說明了大自然的異象與變化,在本地民眾的生活中佔有重要的地位。嘉義地區本就是靠山吃山、靠海吃海的第一級產業型態都市,正因如此,大自然在民眾的心目中便是衣食父母,而對於天象與環境變化的察覺也就格外敏銳了。

第二節　人物與歷史傳說

從本節開始,將進入民間故事中的傳說部分。俗文學散文體的作品中,以歷史事件、歷史人物、地方風物為題材,加以附會、渲染、想像、解釋,而且使人信以為真的,就是傳說。傳說也往往帶有解釋的意味,藉著解釋某事物的起源,使人相信其來歷,這種強調時間經歷,使人信以為真的特性,也就是歷史性意義,是傳說的最大特徵,並藉此與神話、故事有所區別。﹝註28﹞正因為有所據,傳說的內容通常較為接近人民的實際生活或社會環境。許多傳說中的情節不只誇張、渲染,甚至不一定具有真實性,然而真相的探究並非其所關注,而在反映人民對歷史的觀察與感受。

筆者將傳說區分為人物與歷史、地方風物、神鬼傳說與其他三類,人物與歷史將於本節討論,地方風物、神鬼傳說與其他則於下列各節分述之。

一、人物傳說

人物傳說,主要是關於歷史上著名人物的故事。﹝註29﹞筆者認為,歷史不應僅限於正史,實際上,在民間各地方也有許多著名人物,他們雖未見於正史記載,但在人民的腦海中能留下深刻印象,而且言之鑿鑿的人物,都應列入討論。

人們對帝王將相、清官佞臣、造反英雄等人物,所創造出來的傳說,雖然幻想成分居多,但其中卻隱含了或褒或貶的評價,老百姓心中自有一把尺

﹝註28﹞曾永義,《俗文學概論》,(台北市:三民,2003):346〜347。
﹝註29﹞段寶林,《中國民間文學概要》,(北京:北京大學,2005):49。

來論斷是非。以下將嘉義地區的人物分為帝王官宦、奇人異士、地方名人與起義人物論述之。

（一）帝王官宦

1、朱洪武

朱元璋是明朝的開國皇帝，也是歷來帝王傳說最為盛行的一位。〔註30〕嘉義地區所流傳的傳說與各地大同小異，大致上可分為風水之說與有言必應兩類，茲取幾則較有地方特色的傳說分述如下。

甲、風水之說

朱元璋之父原為人撐船，某日為一富翁與地理師撐船，無意間聽到兩人談話，因而搶先將先祖遺骨埋到風水寶地，而使朱元璋擁有皇帝命：

> 地理師講：「彼跡呼，明仔哉乎，擷恁祖先的骨頭灰，用紅綢給包包咧，由彼跡滾螺仔狀彼跡，給擲落，自然就浮一個墓地來啦，子就會出皇帝啦！」
>
> 今仔予朱七聽著囉。他們兩個就倩伊撐過港，去比邊看毋，啊看了就復撐返回來。
>
> 啊員外今仔反去擷，就明仔哉才有毋，啊朱七透暝就去挖挖咧，個祖先的骨頭，就去給扒落，啊扒落就真正浮出一個墓地來。彼個滾螺仔狀，水在滾彼滾螺仔狀，扒落，彼地理就安爾浮起來，安爾會出一個真主當好出頭囉。〔註31〕

乙、有言必應

在民間傳說中，朱洪武因為是真命天子，故其皇帝嘴特別靈驗，像是捏泥人幫忙鋤草，詛咒苦楝樹樹幹中央會壞死、花生將果實長在地下等〔註32〕，在各地皆有流傳。一般而言，多半是因為外在環境傷害到朱洪武，而受到詛咒。然嘉義朴子市和東石鄉雖也採錄了幾則大同小異的傳說，但在情節上卻產生了變異，多了一份仁愛之心和利他想法。

〔註30〕曾永義：《俗文學概論》，（台北市：三民，2003）：353。

〔註31〕黃哲永總編輯，《東石鄉閩南語故事集（二）》〈臭頭仔洪武君〉，（嘉義縣：嘉義縣立文化中心，1999）：92。

〔註32〕參見胡萬川編，〈朱洪武的故事〉、〈苦苓仔死過年〉、〈朱洪武的故事〉，《雲林縣閩南語故事集（一）、（四）》，（雲林：雲林縣文化局，1999）：75～79、80～86、8～13。

土豆本來是發於土頂面，啊飼牛囝仔，一莢熟，一莢挽去食，啊食了了啦。啊種土豆彼個查某人，遂無當收，於遐在哭啦，朱洪武問伊是安怎在哭？伊給講啦，講：「我種些土豆，啊飼牛囝仔，一莢熟，一莢挽去食，啊食了了啦！」朱洪武就安爾叫土豆：「頂面開花，下底結籽」啦！安爾人就不知土豆熟矣啦。〔註33〕

《台灣通史》記載：「花生：……澎湖最多，嘉、彰近海次之。用以搾油，銷用甚廣。或佐食，或以子煮糖充茶品，臺人莫不嗜之。〔註34〕」由此可知，花生也可算是嘉義地區的特產之一，在傳說中出現便展現了地方特色。

另有一則是朱元璋遭到官兵追殺，躲到羊群內，鑽到羊屁股內逃過一劫，但官兵卻將所有羊兒殺了，他為幫助牧羊小孩而誤接公羊、母羊的頭，致使現在的母羊也有鬍鬚：

啊翇出來，講彼個囝仔在哮啦，哮講：「我此的羊仔，予人斬死了了！」伊講：「囝仔、囝仔，不當哮！我趕緊，我給你接接咧！」乎啊！捎著一頭接一頭，公的接母的，母的接公的，烏白接，唔才會羊母也發鬚，羊母會發鬚，就是於此來的啦。〔註35〕

這幾則故事除了強調朱元璋的皇帝命來自於好風水，以及皇帝嘴有言必應之外，在朴子民眾口中的朱元璋所做的事，常常不是為了自己，而是起於憐憫之心，幫了婦人、牧羊孩兒一把，讓婦人將來好收成、牧羊兒不會血本無歸，與其他地區同類傳說相較之下，可說特別具有仁愛之心。

2、王得祿

王得祿祖先世居江西南城，其曾祖王奇生以千總隨征朱一貴來台，其後代遂遷居諸羅溝尾庄。王得祿曾先後參與勘定林爽文、戴潮春、蔡牽與張丙之亂，戰功彪炳，官至太子太保，嘉義縣「太保」市也是因此而得名。〔註36〕可見得在正史的記錄中，王得祿不僅是一位曉勇善戰的將士，並且忠於朝廷，鞠躬盡瘁。那麼，何以和地方傳說中的形象大相逕庭？這正是一個值得探究的問題。

〔註33〕黃哲永總編輯，《朴子市閩南語故事集》〈臭頭仔洪武〉，（嘉義縣：嘉義縣立文化中心，1999）：140。

〔註34〕連橫，《台灣通史》，（台北市：編譯館中華叢書編審委員會，1985）：659。

〔註35〕黃哲永，《東石鄉閩南語故事集（二）》〈臭頭仔洪武君〉，（嘉義縣：嘉義縣立文化中心，1999）：106。

〔註36〕趙璞、林家駒，《嘉義縣志·卷七》，（嘉義縣：嘉義縣政府，1977）：26～29。

　　王得祿一生多采多姿，民間傳說也不遑多讓，在嘉義地區流傳的傳說大致上可分為三類，以下分別敘述之：

甲、發跡傳說

　　關於王得祿之所以能發跡，有兩種說法，一是因其父在無意間奪人好風水，得以庇蔭子孫。話說王父原本在一富有人家當長工，有一天，這個員外請了地理師來家中勘查地理。

> 彼個地理師仔講：「這個地乎，恁的祖先攑來葬此啦。」這個苦勞仔
> 聽見嘛，苦勞仔走返來台南，透暝返去拚囝的祖先的風水來葬咧，
> 啊壞矣！去予葬去矣。〔註37〕

　　另有一說是王得祿受西安境土地公指示，將來若從軍必會成功，因為他是一個命底有福份的人。後來這個土地公還被封了官。〔註38〕

　　另一則敘述王得祿在剛入武庠時，是掌軍旗的小兵，兩軍交戰時，本來是打敗仗要走了，但是為了撿嫂嫂為他製作的草鞋，所以拿著軍旗回頭去找鞋。沒想到軍隊竟因此打了勝仗，王得祿也因此而平步青雲，官運亨通。

> 伊一下翻頭，退的官兵看講：「咦？啊咱的大旗哪會復翻頭衝去？敢
> 會救兵來矣？」大家宛乃翻頭逮伊衝去，啊退的土匪兵，看著官兵
> 復衝過來，亦覺是官兵討救兵來欲復戰，就安爾驚著，趕緊翻頭走，
> 官兵就打贏，王大人自安爾一直升起來。〔註39〕

乙、墓地傳說

　　王得祿死後所葬之地，也傳出許多有趣的傳說，墓地的翁仲、石像不僅會偷吃稻禾，還會調戲婦女。

> 聽講石馬、石牛因為地理感應，會出來附近，人種作的農作物乎，
> 會供人食人的物件啦。後來，地理師在講，就去共遐的石牛、石馬
> 遐的野獸，共伊損損咧。所以今也圍佇遐的，有迄號無頭殼的啦。
> 迄號石人乎，以前查某人，抑是查某囝仔，來去作田乎，熱人攏愛
> 去墓埕遐。墓埕整理了真清器相。葵笠仔，抑是巾仔，施佇迄個石

〔註37〕黃哲永，《太保市民間傳說》〈王大人的傳說（四）〉，（嘉義縣：嘉義縣立文化
中心，1999）：14。

〔註38〕李獻璋，《台灣民間文學集》〈一日平海山〉，（台北市：龍文，1989）：68～74。

〔註39〕黃哲永，《太保市民間傳說》〈王大人的傳說（一）〉，（嘉義縣：嘉義縣立文化
中心，1999）：2。李獻璋，《台灣民間文學集》〈一日平海山〉，（台北市：牧
童出版社，1978。）：71 中也有相同情節。

人。迄個石人下暗就來睏呰個查某囝仔，安爾。所以迄個石人的頭
殼攏予人損損斷。〔註40〕

丙、劣行傳說

在嘉義地區很盛行的傳說，也包含了王得祿的兄嫂利用權勢，強佔他人
田園的惡劣行徑。

可能王得祿迄兩個一品夫人的迄個關係，因有迄個官銜，利用迄個
官銜在佔人的田園，聽見講是用安爾啦。

伊硬 to³ 退，徵收田園，卜共人買，清采，錢共人排咧，汝卜收也好，
毋收也好，我叫人明仔載、後日卜共汝量，安爾啦，啊！逐家煞去
予偏去哩，啊！〔註41〕

後來，一品夫人被彰化知縣楊桂森以聖旨查辦，收去鳳冠霞帔（或龍頭拐），
並命其歸還田地。〔註42〕

另一說為王死後，皇帝賜他棺木可橫著扛，因此可以「厝拆雞抓」〔註43〕，
橫行鄉里，奪得許多錢財與田地。

伊講：「若死乎，大厝思伊坦橫扛。」過來台灣復損偌多的人的呢！

由這個台南，一四界安爾，厝若去給鎮著，就要講錢予伊呢！〔註44〕

《嘉義縣鄉土史料》中的新港耆老李魁俊也曾說：「傳說王得祿去世時，
當朝皇帝賜他的棺木橫著走，所過之處『厝拆雞抓』，土地都是他的，隱喻王
家的橫行霸道，是否真的皇帝賜他橫走已不可考。」〔註45〕

丁、與林太監關係

嘉義地區的人物傳說中，尚有「林太監」此人，說的是他如何幫助王得
祿獲得皇帝賞賜。講述者並未說明幫助的人就是王得祿，但根據李獻璋的《台
灣民間文學集》〈一日平海山〉的情節〔註46〕來看，指的應該就是王得祿。內

〔註40〕江寶釵總編，《嘉義市閩南語故事（一）》〈王得祿的墓〉，（嘉義市：嘉義文化
　　　　局，2000）：64～66。
〔註41〕江寶釵總編，《嘉義市閩南語故事（一）》〈王得祿的兄嫂佔人田園〉，（嘉義市：
　　　　嘉義文化局，2000）：42。
〔註42〕《嘉義市民間文學集——閩南語故事（一）》：50。
〔註43〕台灣省文獻會，《嘉義縣鄉土史料》，（南投市：台灣省文獻會，2000）：337。
〔註44〕黃哲永，《太保市民間傳說》，（嘉義縣：嘉義縣立文化中心，1999）：16。
〔註45〕《嘉義縣鄉土史料》：337。
〔註46〕李獻璋，《台灣民間文學集》〈一日平海山〉，（台北市：牧童出版社，1978。）：
　　　　72～74。

容大意是指王得祿雖擊敗海盜蔡牽，但因主將李長庚身亡，怕皇帝怪罪下來，林太監基於同鄉情誼，獻計王得祿自挖一眼，假裝乃因公受傷，以保全性命。到了皇帝面前，因王得祿不識皇宮禮儀，抬頭看了皇帝一眼，皇帝一氣之下，欲將他斬首，林太監趕緊爲他解圍，說明王的舉動是爲了要讓皇帝看到他的眼傷，皇帝果然轉怒爲喜，王得祿更因此加功進爵〔註47〕。

　　另一則〈林太監毒皇帝〉〔註48〕，說的則是林太監欲與王得祿共謀害死皇帝，沒想到東窗事發，皇帝派人搜索林太監的家時，發現王得祿給林太監的信件都是拒絕與勸諫的內容，王得祿才因此獲得太子太保的頭銜。

　　學者黃阿有曾針對王得祿與林太監兩人的關係做過研究，發現民間傳聞與史事並不符合。首先，林太監確有其人，且的確犯了謀逆之罪，但與王並無關係。接著，史書上並無皇帝因李長庚之死而怪罪王得祿的記載，王得祿也並沒有因此眼瞎〔註49〕，且王得祿獲太子太保之銜乃因平定張丙之亂〔註50〕，與林太監毫無關係。

　　因此，民間對於王得祿的傳聞多半是牽強附會，但也不能說完全是空穴來風，基本上，民間文學還是負有某些歷史知識傳遞的功能在。

　　由上述可知，一般民間傳說對王得祿多是負面印象，並且對王的發跡與軍功頗不以爲然，認爲其乃得風水庇佑，或因命中有貴人相助才僥倖得之，與其自身努力似乎無太大關係。

　　王得祿出身於幫助清政府平定民變的「軍功團體」，這些軍功團體因鎮壓叛亂勢力而成爲地方新貴，本就容易與地方原有勢力起衝突；有些軍功團體鎮壓叛亂之後，因侵吞或受朝廷賞賜叛黨財產，常一夕暴富，遂常成爲鄰里妒恨之對象；或又因其家族或僕從氣勢凌人，也不免結怨當地〔註51〕。基於當時的社會現象，加上王家又因戰功彪炳，受封頗多，家大業大也是在所難免〔註52〕，但卻容易引起一般老百姓的側目，加上民間對其後代子孫的不利

〔註47〕《嘉義市閩南語故事（一）》〈台灣囡仔——林太監〉、〈台灣囡仔——林太監（二）〉：106～113。
〔註48〕《嘉義市閩南語故事（一）》〈林太監毒皇帝〉：114～119。
〔註49〕黃阿有，〈民間傳說與史料考證——以王得祿若干傳聞爲例〉《「嘉義研究」學術研討會論文集》，（嘉義縣：嘉大台灣文化研究中心，2008）：180。
〔註50〕伊能嘉矩著、臺灣省文獻委員會編譯，《台灣文化志・上卷》，（台中市：台灣省文獻會，1991）：323。
〔註51〕黃阿有，〈民間傳說與史料考證——以王得祿若干傳聞爲例〉《「嘉義研究」學術研討會論文集》，（嘉義縣：嘉大台灣文化研究中心，2008）：171。
〔註52〕新港李魁俊：聽說到現在資產仍很多，遍及嘉義縣市，據我所知，新港地區

傳聞頗多〔註53〕，負面形象便油然而生了。

3、楊貴（桂）森〔註54〕

根據伊能嘉矩《台灣文化志》的記載，楊桂森原爲雲南臨安府石屏縣人，由翰林出身，嘉慶十五年，任台灣彰化知縣。任內以吏治民生爲心，率先分俸倡捐，並重修學院，制定章程。在民生建設上，更是造橋築堤，恩澤百姓。鹿港人爲感念其德，甚至將其所造之橋命名爲「楊公橋」，〔註55〕其政績卓著可見一斑。

關於楊桂森出現在嘉義地區的民間故事中，有兩種主要的流傳形式，一爲審理王得祿長嫂——一品夫人佔人田園的案子，另一則爲破壞風水之說。

甲、審一品夫人

一個彰化縣官如何越界治理嘉義縣的案子，而且對象還是官階高他好幾級的一品夫人？民間曾流傳楊桂森帶著聖旨，要從彰化縣南下台南府，經過嘉義縣的時候，被沿途攔轎告官的仕紳和百姓擋著，楊貴森原本以此地非他管轄之內爲由，拒絕受理。當地仕紳和百姓便利用圍路或拉屎巧計，誘他說出「天地官管天地事」一句。

> 楊貴森在轎裡，講：「頭前是在安怎啦？」啊，共講，講什麼一個嘉義縣的人，來 to³ 路中央放屎，……楊貴森共叫來哩，共問咧，啊，嘛是安爾講哩，講伊嘉義縣的人哩，卜安怎有才調管嘉義縣的縣民咧，伊講：「嚇，我天地官，辦天地事，共我仆落去。」講尻川仆幾下，伊講：「乎，天地官辦天地事乎。」伊講：「著！」，予仆了後，神位煞共推出來。〔註56〕

約有十一甲多土地。參見台灣省文獻會，《嘉義縣鄉土史料》，（南投市：台灣省文獻會，2000）：337。

〔註53〕新港李魁俊：王得祿公館在溪北，現在還有二房，公館舊址目前只剩下一牆，其餘已改建。王家當初在地方上財大氣粗，人多勢眾，家中養了不少食客，逢年過節就有野台戲演出，此時大門便敞開，聽說一些小孩和女人入內看戲就被抓走。小時候，我稍懂事時，新港街上的菜店（酒店），都是王家子孫在出入，在賭場賭博時，隨從用銀票墊起桌腳使其高低傾斜，好讓主子輸錢。《嘉義縣鄉土史料》：337。

〔註54〕正史記載爲「桂」，與民間的記載「貴」不同，從事跡上觀察應爲同一人，不知是否爲口頭文學的關係，有待考究。

〔註55〕伊能嘉矩著、臺灣省文獻委員會編譯，《台灣文化志・上卷》，（台中市：台灣省文獻會，1991）：327。

〔註56〕江寶釵編，〈王得祿兄嫂佔人田園〉，《嘉義市民間文學集——閩南語故事

此話一出，必得審理王夫人一案。楊貴森遂以聖旨之威，命人褪下王夫人的官服或龍頭拐，使王夫人伏法，並歸還百姓田地。

以上傳說可以看見地方官自掃門前雪的心態，與嘉義地區的人民運用智慧，奮力為己身權益一搏的態度。也許因為楊貴森在彰化的政績卓著，才使得嘉義地區的人民相信他比相信自己的父母官要多，所以才會有攔轎告狀的事情發生。

乙、破壞當地風水

在《嘉義縣鄉土史料》中，曾採訪到當地耆老所說的楊桂森破壞當地風水的傳說。大埔鄉余明說：

> 清朝嘉慶皇帝派楊貴森來到後大埔，在五灣處望見蝙蝠穴（情人公園遊艇碼頭斜對面，為清朝葉大老埋葬之地），地理非常好，以靴尖踢之，結果該地理就敗了，隨後葉大老墓碑向後彎曲斷裂。

> 楊貴森先生行經九掛潭邊發現潭內有一龍穴，因有石閂，才會使曾文溪保持平坦，據說早期曾文溪可以行駛船隻，即是因有石閂的原理，他走進石閂，用靴尖踢之，不久石閂斷裂，從此曾文溪河床深陷大石突出，水變成急流，船筏無法行駛。〔註57〕

在雲林、彰化、南投以及台中縣市，也流傳著相類似的破壞風水傳說。〔註58〕傳說中被朝廷派來執行敗台灣地理的官員之中，「楊桂森」（或稱楊本縣）就是其中之一。從楊桂森的歷史記載中，我們可以看出楊桂森是一個喜歡大興土木建築的人，而且這些大工程是在其任內短短三年之內進行，對於篤信風水信仰的人民來說，難免有所疑慮，猜測，其穿鑿附會之說便不脛而走了。〔註59〕

4、吳　鳳

吳鳳，字元輝，福建漳州平和人。〔註60〕他是一個真實存在的人物，然多位學者曾就其事蹟考證辯論過，是一個頗具爭議性的人物。其事蹟真假非

（一）》，（嘉義市：嘉義文化局，2000）：46。

〔註57〕 台灣省文獻會，《嘉義縣鄉土史料》，（南投市：台灣省文獻會，2000）：594。

〔註58〕 各縣市的「楊本縣敗地理」傳說表格，見張昀浚，《民間地理風水傳說》，（台北市：台灣書房，2008）：42。

〔註59〕 胡萬川，〈土地‧命運‧認同──京官來台敗地理傳說之探討〉，《台灣文學研究學報》，1（2005）：12。

〔註60〕 趙璞、林家駒，《嘉義縣志‧卷七》，（嘉義縣：嘉義縣政府，1977）：129。

本文論述之重點，而僅從嘉義地區一般民間所流傳的傳說來看吳鳳。

　　大致上說來，吳鳳在嘉義地區流傳的事蹟有兩類，一為死因的傳說，另一為原住民遭瘟的傳說。

甲、死因傳說

　　本地所流傳的說法，其共同點皆認為吳鳳是被原住民所殺死，只是原因各有不同。有的說吳鳳是因為通知兩漢人部落，原住民將要到此地出草而被殺〔註61〕，另有一說是吳鳳係因多次敷衍鄒族之生番索討人頭之議，無法供其需求、兌現，藉故逃脫之際，沿圳岸小路奔跑欲回城求救之際，於半途今成仁地之處由生番自其後以長標飛刺中鏢而亡。〔註62〕

乙、遭瘟傳說

　　吳鳳事蹟傳聞已久，故事記載最早見於劉家謀的《海音詩》：「紛紛番割總殃民，誰似吳郎澤及人，拚卻頭顱飛不返，社寮俎豆自千春。」〔註63〕其詩簡單介紹了吳鳳的犧牲與後人的崇敬。嘉義地區則傳說原住民殺了吳鳳之後，開始發生瘟疫，直到發誓不再殺人，才漸漸平安下來。〔註64〕除了《海音詩》之外，其次可見的早期記載是光緒二十年倪贊元的《雲林縣采訪冊》，關於原住民遭瘟的情節如下：

> 歲戊戌，番索人急，鳳度事決裂，乃豫戒家人作紙人持刀躍馬，手提番首如己狀，定期與番議。先一日，謂其眷屬曰：「兇番之性難馴久矣，我思制之無術，又不忍致人於死。今當責以大意，幸而聽之，番必從我；否則，必為所殺。我死勿哭，速焚所製紙人；更喝：『吳鳳入山』。我死有靈，當除此患。」家人泣諫，不聽。次日番至，鳳服朱衣紅巾以出，諭番眾「以殺人抵命，王法具在；爾等既受撫，當從約束，何得妄殺人」！番不聽，殺鳳以去；家屬如其戒。社番每見鳳乘馬持刀入其山，見則病，多有死者；相與畏懼，無以為計。會社番有女嫁山下，居民能通漢語，習鳳言歸告。其黨益懼，乃於

〔註61〕江寶釵編，《嘉義市閩南語故事集（一）》〈吳鳳公傳說〉，（嘉義市：嘉義文化局，2000）：10～12。

〔註62〕台灣省文獻會，《嘉義縣鄉土史料》，（南投市：台灣省文獻會，2000）：464。

〔註63〕參見汪志勇，〈從民間文學的歧異性看吳鳳傳說的真相〉，胡萬川總編，《台灣民間文學學術研討會論文集》，（南投市：省文化處，1998）：190。

〔註64〕江寶釵編，《嘉義市閩南語故事集（一）》〈吳鳳公傳說〉，（嘉義市：嘉義文化局，2000）：12。

石前立誓永不於嘉義界殺人；其屬乃止。居民感其惠，立祠祀之。
〔註65〕

嘉義民間亦有類似傳聞，根據中埔陳文章先生的說法：「吳鳳公臨難前知悉此行必不尋常，於是吩咐家人備紙馬手執一支寶劍，當聞死訊時，立刻對天燒毀，並且口中直喚殺！殺之聲。」〔註66〕

在官方記錄方面，除了本地的縣市志外，在日治時代，國民公小學皆有收錄吳鳳傳說做為教材，到了國民政府時代，國小的吳鳳教材依然不脫日治時代的基型，只是少掉了作為報應的赫阻語言，增添了吳鳳悲天憫人的情懷，朝向更具備「殺身成仁」的儒家精神〔註67〕。

為符合民間文學講求實錄的精神，筆者依據文本的性質，將嘉義地區的民間傳說比對吳鳳傳說最早的紀錄、官方記錄的縣、市志以及吳鳳傳說在國小最後的版本，求其異同，並列表如下：

表 3-2-1-1　吳鳳傳說對照表〔註68〕

資料出處 ＼ 情節分類	一、吳鳳未成仁前的資料	二、吳鳳與原住民的關係	三、犧牲情節	四、曹族殺吳鳳後的當場反應	五、曹族「埋石為誓」或立廟經過	六、吳鳳犧牲後給原住民的影響
（一）*海音詩（1855）	嘉義番仔潭人，為蒲羌人大社通事	無	久而番知鳳所為將殺鳳；鳳告其家人曰：「無寧一死以安兩鄉之人」	無	既死，社番每見於薄暮，見鳳批髮帶劍騎馬而呼，社中人多疫而死者；因致祝焉，勢不敢於中路殺人。	南則於傀儡社，北則於下一字頭，而中路無敢犯者。鳳墳在羌林社，社人春秋祀之。
*（二）雲林縣採訪冊（1894）	少已讀書知大義，能通番語	眾番向其索人，鳳思革弊無術，又不忍買命媚	鳳度事已決裂，乃預戒家人，做紙人持刀躍馬	無	（番多見鳳乘馬入山而疫死無以為計）會社番有	居民感其惠，力祠祀之，至今上四社番，猶守

〔註65〕 倪讚元，《雲林縣採訪冊》，《台灣文獻叢刊》三十七種（台北：台灣銀行研究部，1894）：180。
〔註66〕 台灣省文獻會，《嘉義縣鄉土史料》，（南投市：台灣省文獻會，2000）：464。
〔註67〕 邱雅芳，〈越界的神話故事——吳鳳傳說從日據末期到戰後初期的承接過程〉，《台灣文獻》，56.4（2005）：144。
〔註68〕 本表格之基型摘取自翁佳音〈吳鳳傳說沿革考〉，《台灣風物》，36.1（1986）：48～49。*號為取自原表格內容。

	番，藉詞緩之，屢爽其約，番人索集……	捉番首之狀……今當貴以大義，幸而，番必從我……（並語其家人如其被殺，速焚紙人吆喝）……吳鳳朱衣紅巾以出諭番，番不聽，殺鳳			女嫁山下居民……聞鳳言歸告其黨，益懼，乃於山前立誓，永不在嘉義縣界殺人，其屬乃止。	其舊，不敢擾打貓等堡。
*（三）台灣通史（1918）	與雲本同	彼番也，吾漢族也，吾必使彼不敢殺我人。	（與番人交涉時）編（矯健有力者）為四隊，伏隘待……又做紙人肖己狀……面立山。約家人曰：「番人至，吾必決鬥，……放爆竹以佐威……」鳳斥曰「蠢奴，吾死亦不與若人」番怒刃鳳，鳳亦格之，終被誅。」	（漢人）鳴金伐鼓……番驚竄，鳳所部起擊之，死傷略盡。一、二走入山者，又見鳳逐之，多悸死。婦女懼，匿室中，無所得食，亦槁飢死。	已而疫作，四十八社番莫不見鳳之馳逐山中也。於是群聚語曰……各社舉一長老，匍匐至家；跪禱曰……埋石為誓。	自是乃安，尊鳳為阿里山神，立祠禱祀。至今入山者皆無害。
（四）嘉義縣志（1977）〔註69〕	侍親移居諸羅，……從父貿易番境，熟悉番語。……清廷亟欲綏靖，擢鳳為通事。	前通事與番約歲與漢人男女二人與番，鳳誓革此弊。不與漢人已四十八年……	骷髏祭盡，番索祭，鳳諭明年，如是者三，番怒群譁……鳳不食言，明日當餵汝一人，記取朱衣紅巾……時番以攜弓刀伏侍，見朱衣紅巾者至，趨割其首……	悲戚做鳥獸散。家人做紙人持刀躍馬，像鳳狀，墳之柩前，祝之曰：「吳鳳欲革番人惡習，被害殉職，死而有靈，當訴諸天，必降殃番社，若不悔過自新，必使殄滅無咬類」。	及聞焚像祝辭，欲不自安。或夢鳳橫刀躍馬，欲殺己狀，驚而得病，……大雨兼旬，疾癘大作……四十八社番……誓除殺人祭祀之惡風，……埋石地下，誓不殺人。	從此惡習革除，蒸蒸向化，已至於今，一百九十二年矣。男知力田，女勤紡織，非復曩時之殺人為英勇。

〔註69〕《嘉義縣志》：129～135。

*（五）國小課本（1987）	……小時候跟隨父母遷到台灣，父親在那裡開了一間雜貨店。吳鳳聰明能幹，小時候常常和父親到山地村落，跟山胞做生意。	積極改善山地同胞的生活，並解決他們和平地人之間的糾紛，大家都非常敬愛這位吳通事。	每年給他們一個被殺死的滿清兵官骷髏作為祭祀之用……（以下情節有吳鳳騎白馬穿紅衣戴紅帽犧牲）	……大家跪在地上嚎啕痛哭……	山胞受到吳鳳捨生取義，偉大人格感動，終於覺悟過來，把惡習革除從此不再殺人了，山胞為了紀念吳鳳，就尊他為阿里山神，並為他建築一座神廟。	奉祀他。
（六）民間傳說：《嘉義市閩南語故事集（一）》（2000）〔註70〕、《嘉義縣鄉土史料》（2000）〔註71〕	通事	無	一、原住民欲剿滅兩漢人村，吳鳳先通報之……傳出消息，吳鳳遭原住民殺死。二、多次敷衍鄒族之生番索討人頭之議，無法供其需求、兌現，藉故逃脫之際，……欲回城求救之際，由生番自其後以長標飛刺中鏢而亡。	無	吳鳳曾勸說不可殺人，老天會責備。吳鳳交代家人被殺後要糊紙馬焚燒，之後天昏地暗，原住民都遭瘟，一直死掉……後來發誓不可殺人，才得以平息。有一人將此報上朝廷，嘉慶君敕封吳鳳為「阿里山忠王」。	無
（七）嘉義市志（2002）〔註72〕	喜讀書，知大義，以任俠聞名鄉里	吳鳳至誠，感動山胞，從此心悅誠服……吳鳳清廉勤謹……獲得番民感戴，……視作親師。	山胞受蟲禍，屢請首祭神……吳鳳悲極而泣，……遂決意以死明智，翌日依約前往，……遇害殉職。	無	社中頓失依憑，念吳鳳舊日恩德，感其以死戒殺之大仁……阿里山四十八社長老乃齊集……相約戒除出草習俗。尊無奉為阿里山神，籲請通事楊秘立廟供祀。	自是阿里山麓，八掌溪畔，住民安居樂業，感念其德。

〔註70〕《嘉義市閩南語故事集（一）》：10～12。
〔註71〕《嘉義縣鄉土史料》：464。
〔註72〕《嘉義市志・卷七・人物志》：26～27。

　　由表格中可知其共通點：一、吳鳳應有其人；二、吳鳳為原住民所殺；三、原住民有出草習俗；四、吳鳳事件後，原住民出草習俗漸式微，至今不存；五、吳鳳死後皆有建廟奉祀。差異的地方在於：一、吳鳳是否為通事；二、吳鳳與原民的關係是敵是友；三、吳鳳到底是自願被殺還是他殺；四、原住民是否因受吳鳳感化而革除惡習。這些變異的情節隨著時代的不同而各有其版本，演變到後來，官志、教科書版本加油添醋的神化與儒化了吳鳳的形象。在最新的嘉義市志中，作者也許是為了淡化吳鳳傳說的爭議性，便用「受蠱惑」交代原住民要人頭之因，試圖去其原罪，而對於吳鳳如何犧牲的情節也付之闕如。民間傳說儘管搜錄時間較晚，卻可以發現百姓口中的吳鳳，其實相當接近劉家謀、倪讚元二人最早搜錄的傳說。時代越早，故事越簡單樸實，時代越晚，故事越複雜失真〔註73〕，因此嘉義地區的口述傳說似乎更接近事實真相，與後來縣市志與教科書中所描述捨身成仁的吳鳳，少了感人與教化的意味，反而更接近人物的生命情調，其傳奇性的色彩也少了許多。

（二）奇人異士

　　所謂奇人異士，這裡指的是具有特殊能力的人。嘉義地區經常口耳相傳，具有特殊能力的人，一種是大力士，另一種則是善施符術的人。以下分類敘述之。

1、力大無窮

　　民間流傳一則〈黃牛〉的故事，說黃牛臂力驚人，能單手拉起陷入泥中的牛車。有次失手打死三個人，被判充軍，充軍時住在布行，後來幫布行老闆打擂台，將對手的腳給扯裂，因此跳木樁逃走了。〔註74〕

　　另一傳聞較為豐富的是關於黃解元的傳說。據《太保市民間傳說》中審定者的按語，黃哲永在查閱史書與實際探訪其墓碑上文字之後，認為嘉義地區所流傳的黃解元（或黃畿）應是黃奠邦無誤。〔註75〕

〔註73〕汪志勇，〈從民間文學的歧異性看吳鳳傳說的真相〉，胡萬川總編，《台灣民間文學學術研討會》，（南投市：省文化處，1998）：203。

〔註74〕黃哲永，《朴子市閩南語故事集》，（嘉義縣：嘉義縣立文化中心，1999）：14～19。

〔註75〕參見黃哲永，《太保市民間傳說》〈黃解元的傳說（一）〉，（嘉義縣：嘉義縣立文化中心，1999）：39。黃阿有亦列舉了五點證明黃畿即為黃奠邦之說法，參見黃阿有，〈民間傳說與史料考證——以王得祿若干傳聞為例〉，《嘉義研究學術研討會論文集》，（嘉義縣民雄鄉：嘉大文化研究中心，2008）：180～185。

黃奠邦，嘉義雙溪口人，民前一三五年（1777）武解元。[註76] 曾與武舉鄭天球、武生王得祿一同參與平定乾隆五十二年的林爽文之役。[註77] 在傳說中，有兩類傳說較爲盛行，一爲考中解元之說，另一爲遭王得祿陷害之說。

甲、中解元因由

黃畿之所以能中解元，民間傳說乃因其使出招式「魁星踢斗」[註78] 或能踢起石鎖使演舞廳震動，[註79] 強調其武藝高強，甚至有文武雙全之說出現。

> 伊文武雙全，彼個，講欲寫一個「聖世無疆」乎，呀一字欲寫幾尺，欲離偌遠，呀安爾彼塊白布吊於頂面，無人敢寫，字就寫繪著，伊去創彼個竹篙仔，去摳彼個茅仔啦，人在厝彼個茅仔乎，去捘予茹茹，乎，茅仔給剪起來，去捘予茹茹，像人毛筆安爾，呀伊綁於竹篙仔尾，啊豎於下腳安爾寫咧，寫寫咧，提落來給量，適仔好，於彼中著官的啦。[註80]

乙、遭王得祿陷害

黃畿遭王得祿陷害有兩個說法，一爲王得祿害其吞金自盡，另一則爲王得祿破壞黃家風水，阻其發展。

傳說國母想召黃畿進京，欲封他爲國舅，王得祿與黃畿一同乘船其往時，卻告知他此行非斬即殺，黃畿便吞金自殺了。[註81]

另傳說王得祿因嫉妒黃畿，便請了風水師來破壞黃畿故鄉——黃厝港的「公牛穴」，「第一：先開一條直路作繩索，綁在水牛的鼻子上，然後在路的

[註76] 趙璞、林家駒，《嘉義縣志・卷七》，（嘉義縣：嘉義縣政府，1977）：31。

[註77] 參見《嘉義縣志・卷七》：31。

[註78] 「魁星踢斗」乃指黃畿手拿 120 公斤大刀耍弄，不幸失手使大刀飛出，黃畿用腳踢刀，再用手接住，主考官問其招式，他回答：「魁星踢斗」，因而錄取。參見黃哲永，《太保市民間傳說》〈黃解元的傳說（一）〉，（嘉義縣：嘉義縣立文化中心，1999）：34～38。

[註79] 提起兩顆石鎖又放下，使演舞廳大爲震動，又腳踢石鎖，石鎖竟旋轉不停。參見黃哲永，《太保市民間傳說》〈黃解元的傳說（二）〉，（嘉義縣：嘉義縣立文化中心，1999）：42～43。

[註80] 黃哲永，《太保市民間傳說》〈黃解元的傳說（三）〉，（嘉義縣：嘉義縣立文化中心，1999）：44。

[註81] 黃哲永，《太保市民間傳說》〈黃解元的傳說（五）〉，（嘉義縣：嘉義縣立文化中心，1999）：50～53。類似傳說亦可見於《嘉義縣鄉土史料》：15。

盡頭建一土地祠，使這隻趴地的水牛受制於土地公，不能任意行動。第二：
在庄西建三十六尺水壩，水淹牛穴。」〔註82〕黃畿的發展也因而受限。

　　黃畿與王得祿兩人雖生在同一時代，且又同時參與平亂，但王得祿可官
拜提督，為全台在清領時期官銜最高之人〔註83〕，而黃畿最後卻遭撤職查辦，
從此抑鬱以終〔註84〕。黃奠邦曾是解元，王得祿只是一般武庠出身，卻能後
來居上，一般百姓對於這樣的情況，既未能細究其因，也沒有管道瞭解兩人
之差異性，而有所謂王得祿陷害黃舉人的傳說出現，也許是一種同情弱者的
表現。

2、善施符術

　　嘉義民間對於善施符術之人的下場都不看好，不僅有可能禍延子孫，甚
者從此絕後。以下列舉幾則傳說說明。

　　「評仔」為民間善施符術之人，有一次施符術使葉子上出現「真主評」
三字，接下來便自認為君王，大封太子、百官、后妃諸多官銜，後來被人送
進監獄。〔註85〕

　　另一傳聞較為豐富的有「洪道士」，盛行於太保市民間。洪道士符術高強，
曾將雞蛋沿著竹竿滾上廟頂，再安全的滾下來；〔註86〕將草鞋變成鯉魚，捉
弄不等他一起吃拜拜的農人；〔註87〕以竹葉化成蜈蚣，捉弄女子，誰知竟捉弄
到自己的女兒；〔註88〕又有一次自恃符術高強，竟與神明爭風水寶地，而使自
己絕子絕孫，民間甚至相傳一句諺語：「覡公洪，個死到無人去啦！」〔註89〕

〔註82〕《嘉義縣鄉土史料》：15。類似傳說亦可見於黃哲永，《太保市民間傳說》〈黃
　　　　解元的傳說（六）〉，（嘉義縣：嘉義縣立文化中心，1999）：54～57。
〔註83〕蘇信維，〈台灣水師第一人──王得祿崛起〉，《嘉義縣文獻》，32（2005）：172。
〔註84〕黃奠邦最高官拜「廈門海防同知」，但因私下釋放犯人而獲罪。參見黃阿有，
　　　　〈民間傳說與史料考證──以王得祿若干傳聞為例〉，《嘉義研究學術研討會
　　　　論文集》，（嘉義縣民雄鄉：嘉大文化研究中心，2008）：186～187。
〔註85〕黃哲永，《朴子市閩南語故事集》〈真主評仔〉，（嘉義縣：嘉義縣立文化中心，
　　　　1999）：20～21。
〔註86〕黃哲永，《太保市民間傳說》〈覡公洪仔的傳說（一）〉，（嘉義縣：嘉義縣立文
　　　　化中心，1999）：70～73。
〔註87〕黃哲永，《太保市民間傳說》〈覡公洪仔的傳說（三）〉，（嘉義縣：嘉義縣立文
　　　　化中心，1999）：78～81。
〔註88〕黃哲永，《太保市民間傳說》〈覡公洪仔的傳說（四）〉，（嘉義縣：嘉義縣立文
　　　　化中心，1999）：82～84。
〔註89〕黃哲永，《太保市民間傳說》〈覡公洪仔的傳說（二）〉，（嘉義縣：嘉義縣立文
　　　　化中心，1999）：74～76。

符術之說在台灣一般民間頗為盛行，善施符術之人往往給人一種神秘感。嘉義地區人民並不迷信符術，反而認為善施符術的人多為心術不正者，這也許是本地百姓想藉此故事告訴後輩子孫做人應腳踏實地，投機取巧者往往如施符之人，不得善終。

（三）地方名人

嘉義民間盛行羅（或徐）林二公〔註90〕的傳奇故事，並為人津津樂道。傳說林公夫妻原本在山仔頂開墾，但林公被人誣陷而入獄，其妻為救夫而賣子求現，想要以此賄賂獄卒。誰知途中竟將錢掉在檳榔桌下，被一駝背跛腳之乞丐拾獲，此人拾金不昧，將錢歸還原主。乞丐進入地藏王廟留宿，因廟內鬼神幫助而成為正常之人，後以挑水維生。林公獲釋後，開了一間小店，巧遇恩公，邀其一同經營店鋪，從此同享富貴。之後的人因林公知恩圖報，羅公（或徐公）有義忠實，遂將二人祀奉於土地廟旁，至今香火不衰。〔註91〕

另一民間著名人物即為羅安。傳聞羅安高大威猛，可在屋頂上跳來跳去，有一次山中盜匪洗劫村莊，羅安救了大家，卻遭人誣陷被殺，故而有「羅安救萬人，無萬人通救羅安」之說。〔註92〕

《嘉義市志》中記載羅安乃地方上組織防衛隊之首，專保衛各村莊，協助剿平亂民山賊。關於羅安何以身亡，有較為詳細的解說。

> 嘉慶年間，亂事再發生，一群土匪從店仔口（白河）經嘉義難邊古道過溪，攻湖仔内庄。羅安召集鄉勇，打退群賊，堅守湖仔内。可是盜匪和官府勾結，誣告羅安殺人。因羅安勇猛，官兵無法捉拿，於是恐嚇庄内總理（庄長）謂：「若不獻出羅安，則消滅全庄。」是以為了全庄的安全，只好犧牲一人。總理獻出羅安，慷慨就義，嘆曰：「羅安救萬人，無人能救羅安」。時為清嘉慶十七年（1812），葬八掌溪旁人園箬人園，羅安遇難時年僅三十多歲，未婚。〔註93〕

〔註90〕根據整理者所知，應為徐良泗、林登章。羅姓之說大概是誤植。見江寶釵，《嘉義市民間文學集──閩南語故事（二）》〈羅、林二公〉，（嘉義市：嘉義文化局，2000）：120。

〔註91〕江寶釵編，《嘉義市民間文學集⑤──閩南語故事（二）》，（嘉義市：嘉義文化局，2000）：114～133。

〔註92〕江寶釵編，《嘉義市民間文學集⑤──閩南語故事（二）》，（嘉義市：嘉義文化局，2000）：102～105。

〔註93〕吳嘉信、吳淑芬主修，《嘉義市志‧卷七‧人物志》，（嘉義市：嘉義市政府，

由以上兩則故事可以看出，嘉義民間對於感恩圖報與爲民犧牲的美好德行，頗爲讚賞，並以建立廟宇的方式來感念先人嘉行。

（四）造反人物

嘉義布袋有一則蔡牽的故事，說他原本在沿海一帶搶奪各國商船，清廷爲求招撫，欲封他爲「鎮海大將軍」，沒想到蔡牽沒搞清楚狀況，依然殺光全船，直到看到那塊「鎮海大將軍」的匾額時，才幡然悔悟，但大錯已鑄，只好再度亡命天涯。〔註94〕

在嘉義民間流傳頗爲豐富的造反人物，應屬朱一貴。朱一貴乃歷史上眞有其人，但他的傳奇性遠遠超越了政治性。朱一貴以養鴨爲業，後以反清復明的口號，號召義軍，短短數十日，便佔領台南府城。嘉義地區所流傳的朱一貴傳說，大致上與其他地區無異，其中以敗亡於太保市溝尾仔與諸羅地區關係最爲密切。

民間傳說中，朱一貴因不聽軍師勸告的行軍路線而敗亡於溝尾仔（今太保市後庄）。

> 諸羅道是南北道路的要衝，卜起事的時陣，慎重研究，參詳的結果。
> 軍師建議講：「愛行的線路是愛對西南方推進。**佫半天問路，無影曆過眠，二重溝補糧草，圓仔湯店過路，倒店吃點心。就會當去攻佔著諸羅城。」線路若安爾行，一定會成功。
>
> 鴨母王聽著軍師講出呰個地名，假若講古，若騙人就著，口母共相信，不但無接受。然後，自安爾共軍師台掉。後來，依家己決定，對台南縣的下營（會贏），新營，直接經過八掌溪。經過八掌溪的時，拄著伏兵就著。傷亡非常的慘重。自安爾失敗。〔註95〕
>
> 啊鴨母王想講：「半天都無人，欲安怎問路？崩橋，橋都崩去矣，欲安怎過？無影曆欲安怎歇暝？店都倒去矣，欲佗位食點心？」啊伊今仔由後溝尾去，太保往過仔叫「溝尾」嘛，啊去後溝尾，遂去予人掠去獻功去，……。〔註96〕

2002）：28。

〔註94〕江寶釵編，《布袋鎮閩南語故事》〈蔡牽走路〉，（嘉義縣：嘉義縣立文化中心，1999）：38～41。

〔註95〕江寶釵編，《嘉義市閩南語故事（二）》〈鴨母王起事〉，（嘉義市：嘉義文化局，2000）：106～109。

〔註96〕黃哲永，《太保市民間傳說》〈鴨母王的傳說（一）〉，（嘉義縣：嘉義縣立文化

在《嘉義縣鄉土史料》中亦有記載鹿草鄉的耆老陳嘉曾說：「過去鴨母王走路時，軍師指點他要『走過崩橋，半天問路，糜仔厝吃糜』，過溝仔是崩橋的地號名，在鴨母王想法橋已經崩落，那還有橋？半天哪有路，伊不知真正有這個地名。」〔註97〕

根據李獻璋所收錄的〈鴨母王〉〔註98〕與王詩琅改寫的〈鴨母王〉〔註99〕傳說中，都曾指出朱一貴的確是敗於溝尾仔。但是對於不聽軍師言的情節，卻在嘉義地區流傳甚廣。

朱一貴的故事除了添加了許多嘉義地區的地名之外，更突顯出鴨母王未能明瞭整個情勢，卻依然剛愎自用而導致自我滅亡的形象；而蔡牽之所以亡命天涯也是因為沒有認清情勢而走上滅亡之路，這兩則故事中的特殊情節除了富有地區性特色之外，也頗引人深思。

二、史事傳說

嘉義地區的歷史事件傳說並不多見，最主要的還是集中在清領時期的兩類動亂來源，一為械鬥，另一則為民變。

在《太保市民間傳說》中曾記載一則名為〈庄拼庄〉〔註100〕的傳說。小槺榔欲併東勢寮，但東勢寮庄「彼歸個攏林投，個不敢入來；呀由會社入來彼個巷仔，規個林投搭密密，伊彼個林投巷，個也不敢入來；呀彼個庄後攏栽竹，呀面頭前彼個過橋仔遐乎，彼個橋仔創竹子絞的，日時再過，唯昏時攏扛起來。」〔註101〕，因地理環境佔了優勢，所以小槺榔人要進入也難，只好將整個東勢寮團團圍住。此時，東勢寮人的大砲因故被他庄借走，只好「創林投箍漆予紅紅假大鎗」〔註102〕來欺敵，拖延敵人進攻的時間。後來，新埤人誤以為東勢寮已被小槺榔庄放火燒了，呼朋引伴想來盜取火場遺留下來的東西，卻讓小槺榔人誤以為東勢寮的救兵已到，只好撤退，東勢寮這才解了圍。

我們可以看出植物作為地理屏障的重要性，尤其是林投樹與竹子對於禦

　　中心，1999）：60。
〔註97〕台灣省文獻會，《嘉義縣鄉土史料》，（南投市：台灣省文獻會，2000）：282。
〔註98〕詳見朱峰，〈鴨母王〉，《台灣民間文學集》，（台北：龍文出版社，1989）：1～13。
〔註99〕陳鳳虹，〈朱一貴生平傳說考略〉，《史匯》，9（2005）：127～128。
〔註100〕黃哲永，《太保市民間傳說》，（嘉義縣：嘉義縣立文化中心，1999）：160。
〔註101〕黃哲永，《太保市民間傳說》，（嘉義縣：嘉義縣立文化中心，1999）：160。
〔註102〕黃哲永，《太保市民間傳說》，（嘉義縣：嘉義縣立文化中心，1999）：162。

敵起了莫大的功用。台灣地區一向盛傳林投姊的鬼魂傳說，有學者認為林投樹的的葉子散開猶如亂髮的外型，使人產生錯覺，形成了鬼魂文化信仰下的聯想，「樹高及丈，直幹無枝，葉簇生，長四、五公尺，刺利，列如鋸齒。入夜遠望之，宛如女鬼披髮站立海邊，使然毛骨悚然。」〔註103〕，可以推知何以小榔榔人遇林投而不敢擅入之心態了。

故事內容對於械鬥起因並無明顯交代，只說那是常有的事。清領時期的大小械鬥起因很多，一開始為籍貫，待漸融合之後，有因水權、田租、家產，甚或一言不合而大起干戈者皆有之。這其間，各庄為了自保也只好「各藏器械，如槍銃、藤牌、竹笠甲、炮位無不有」〔註104〕，所以才會有用林投樹假裝紅色大砲以欺敵的情節產生。而遊食四方的羅漢腳，也巴不得趁機狠搶一筆，而四處造謠生事〔註105〕，誤打正著，東勢寮竟是靠新埤人的謠言才能解圍。

乍看之下，口述傳說的內容似乎顛三倒四，沒有頭緒，但仔細探究之後，卻發現其背後的歷史痕跡深深的烙印在傳說之中，果真其來有自，而民間文學的珍貴在此便益發彰顯了。

在嘉義市流傳一則〈白鸞卿與林爽文〉的傳說：

> 林爽文圍困諸羅城，差不多四個月，當時諸羅城強強卜被伊攻破。知縣白鸞卿親身去城隍廟共城隍抽籤請示。伊共出一支籤詩「有禍不成殃」，「合家人安泰，名利兩興昌，出外皆大吉，有禍不成殃。」伊看了講，呰支就是愛咱軍民愛積極團結，來抵抗貼底。白知縣講，無論安怎，死守城門，愛戰假一兵一卒為止。派人出去討救兵。
>
> 尾也，呰個賊寇啊，自安爾扑敗。將伊共掠來，⋯⋯。
>
> 白鸞卿有送一枋匾仔，現在佇城隍廟。寫「至誠前知」。〔註106〕

抽籤是官吏在戰時藉由神威鼓舞士氣的一種方法，也是藉此讓地方百姓凝聚向心力的手段之一。除此之外，百姓也樂於將這樣的傳說流布出去，一

〔註103〕林衡道，《台灣歷史民俗》，（台北市：黎明，1988）：62～63。本文引自張琬聆，〈「林投姐」故事鬼魂文化研究〉，《東華中國文學研究》，4（2006）：152。

〔註104〕金城，《浣霞摸心記》卷上，引自劉平，〈拜把結會、分類械鬥與林爽文起義〉，《史聯雜誌》，35（1999）：95。

〔註105〕林思慧，〈美麗島的拓荒之歌：械鬥特輯──義氣與血氣交織的世界〉，《少年台灣》，10（2003）：28。

〔註106〕江寶釵編，《嘉義市閩南語故事（二）》，（嘉義市：嘉義文化局，2000）：70～73。

方面展示地區神明的靈驗，顯示地方「與有榮焉」之感，一方面也可藉此增添香火的興盛，為廟宇及地方帶來經濟上的繁榮，可說是有百利無一害。在地方志中，對於這種神明顯聖的靈異傳說亦有相關記載：

> 白鷺卿，……知台灣縣事，後署事嘉義。清同治元年（公元 1862年）戴萬生舉眾，圍攻嘉義三年。大令與參將湯得陞、團練賴時輝，協力守禦。且與邑紳王朝綸、歲貢陳熙年，詣城隍廟，矢志守城；神示禍不為殃，果解萬生之圍。同治三年，乃以「至誠前知」匾額，酬掛城隍廟。〔註107〕

相同的史事在《嘉義城隍廟 22 週年特刊》〔註108〕中也有記載，只不過事件主角亦為戴萬生。因此民間流傳的林爽文應是誤植，何以有此一說，應有若干原因。

台灣三大民變中，林爽文事件為最大的一次，而戴萬生則歷時最久。兩者皆曾圍攻諸羅城。乾隆五十一年（1786）林爽文事件發生時，「諸羅被圍愈密，無可得食，掘樹根、煮豆粕以充飢，而守志愈堅」；〔註109〕同治元年（1862）戴萬生事件，「嘉義被圍三月，糧食將罄」〔註110〕，「城中乏食，至以龍眼核和粉食之」〔註111〕。林爽文為台中大里杙富豪，戴萬生更是書香門第，兩者都是地方之霸而帶頭起義；兩次戰役皆有義民協助清廷抵抗亂事，功不可沒；兩次戰役中，諸羅城軍民皆死守到底。對嘉義人來說，諸多類似情形，使這兩場戰役的同質性相當的高，加上兩者發生的時間相差了八十年，民間對人物的誤植也是在所難免。

然兩次起義不同之處在於，林爽文一役中，諸羅一戰實為清軍彌平亂事的關鍵戰役，〔註112〕且清高宗敕封諸羅為「嘉義」亦在林爽文事件平息後，〔註113〕加上戴潮春事件的主要波及地點在彰化、雲林一帶，而林爽文之役主攻地區為嘉義、台南，〔註114〕以上種種，或許是造成一般民間對林爽文事件

〔註107〕吳嘉信、吳淑芬主修，《嘉義市志‧卷七‧人物志》，（嘉義市：嘉義市政府，2002）：9。

〔註108〕王吉清等編，《嘉義城隍廟 22 週年特刊》，（嘉義市：嘉義市城隍廟附設慈善會）：71。

〔註109〕趙璞、林家駒，《嘉義縣志‧卷九》，（嘉義縣：嘉義縣政府，1977）：169。

〔註110〕趙璞、林家駒，《嘉義縣志‧卷九》，（嘉義縣：嘉義縣政府，1977）：191。

〔註111〕趙璞、林家駒，《嘉義縣志‧卷九》，（嘉義縣：嘉義縣政府，1977）：193。

〔註112〕李天鳴，〈林爽文事件中的諸羅戰役〉，《故宮學術季刊》，19.1（2001）：183。

〔註113〕趙璞、林家駒，《嘉義縣志‧卷九》，（嘉義縣：嘉義縣政府，1977）：169。

〔註114〕戴潮春事件的主要地點在彰化、雲林一帶，而林爽文之役主要波及地區為嘉

留下深刻印象，而將傳說主角誤植的原因吧！

　　姑且不論當時白知縣基於何種心態，要求助城隍，但歷來統治者經常藉由神明顯聖事跡達到教化人心的統治目的，而地方仕紳或百姓亦可從中獲取經濟利益，因此這類傳說不僅說明百姓在心理上對宗教信仰的極度依賴，其政治與經濟性目的亦不可小覷。

　　綜合本節可知，在德行上，嘉義地區百姓認為做人應具備仁愛之心，如皇帝朱元璋的傳說比起他地，總是多了分仁心；又推崇像徐、林二公之間感恩圖報、相濡以沫的感情，以及力大無窮的羅安，卻肯為民犧牲的偉大情操，甚至為之建廟供奉；對於朱一貴、蔡牽的滅亡，嘉義民眾透露出因為人物本身的剛愎自用，才導致滅亡結果，令人不勝欷歔；同時在黃奠邦的傳說中，透過王得祿的陷害，則顯露對弱者的同情。其次，嘉義地區有濃厚的命定觀念，認為一個人的成就取決於是否命有福底或是祖先是否佔得好風水，忽視人物自身努力的可能性，在王得祿、黃奠邦等人的傳說中都透露這樣的訊息；對於民俗中常見的善施符術之人，則被百姓視為心術不正之人，常常禍及子孫，不得善終。

　　嘉義地區的傳說也將過去的社會生活與政治文化反映在內容中，如對本身地方父母官的不信任，卻勇於捍衛己身權利，跨界請彰化縣官楊桂森幫忙；王得祿的官方記錄與民間形象大相逕庭，應與其出身軍功團體及後代恃寵而驕有關；清領時期，在民變、械鬥的歷史背景下，舉凡家中私藏防禦武器、羅漢腳到處造謠生事等社會現象一一呈現在內容中，且神明在民變事件中亦佔有重要地位，其在政治與經濟上的利益，使得官方與民眾皆樂見其顯聖事跡的流傳。

　　吳鳳傳說經由比較發現，口傳故事在時間年譜上雖採錄較晚，卻與最早留下紀錄的內容相類似，顯見口傳文學之質樸簡單，一脈相承，並不受後來政治教化的影響，而且更接近人物的生命情調，抹去後人為其添加的傳奇性色彩，令我們得以更接近吳鳳的真實面目，口傳文學的珍貴之處，在此顯露無遺。

第三節　地方風物傳說

　　本節乃在敘述嘉義地區之地方風物傳說。凡指涉地方盛衰、地名的由來、

義、台南，謝國興，《官逼民反：清代台灣三大民變》，（台北市：自立晚報，1993）：5。

各地名勝古蹟與著名景點，或是關於動植物、土特產的來源、特徵、功用的解釋性傳說，都屬於地方風物傳說。

　　地方風物傳說因為對當地事物的來源加以解釋，其思想與意識具有地域性特徵，因此更能促進居民的地區意識，激發愛護鄉土的情操；更進一步的，也成為拓展旅遊觀光的一大利源。由於地方風物傳說精彩動人，而吸引外人前來遊賞，這便顯現了傳說在現今社會的實際價值。〔註115〕筆者將依其性質，區分為山川勝蹟、當地土特產與動植物等三類傳說，茲分述於下。

一、地方山川勝蹟傳說

　　地方山川勝蹟傳說乃指地方山川形象特點、形成經過及命名的由來。〔註116〕而名勝古蹟乃指關於古代留下的一些庭台樓閣、水利工程與著名風景勝地的傳說。它帶有相當成分的歷史性因素，其關涉歷史之內容有兩類，一與歷史事件相關，一與歷史人物相關。〔註117〕而地名的由來大致上是按照人們的想像做出各種解釋，有時也略具歷史根據，可以作為考察各地歷史、地理、文化、物產、風俗等的參考。〔註118〕

　　嘉義地區此類傳說在民間的流傳大致可區分為三類，一為聚落傳說，一為地名傳說，最後則是地形地物傳說。以下分類敘述之。

（一）聚落傳說

　　嘉義地區聚落的衰敗或衰微，百姓通常將其歸因為兩類，一是名人開金口導致衰敗，另一則是因為水利或道路建設而敗壞地方風水，導致聚落消失。

　　嘉義地區朴子市就有流傳一則〈嘉慶君遊小槺榔〉〔註119〕的故事。話說嘉慶來到小槺榔時，不幸被壞人抓住，說了一句：「捉我無才能，小字出頭」，結果小槺榔就因此無法繁榮。嘉慶君的「金口」還不只這一件，在太保的加走庄之所以散庄，就是因為嘉慶君誤將「加走」聽成「該走」，導致庄內人口逐漸出走而散庄。〔註120〕

〔註115〕曾永義，《俗文學概論》，（台北市：三民，2003）：362。

〔註116〕胡萬川，《民間文學工作手冊》，（台北市：行政院建設文化委員會，1996）：15。

〔註117〕曾永義，《俗文學概論》，（台北市：三民，2003）：358。

〔註118〕曾永義，《俗文學概論》，（台北市：三民，2003）：356。

〔註119〕黃哲永編，《朴子市閩南語故事集》，（嘉義縣：嘉義縣立文化中心，1999）2～3。

〔註120〕黃哲永編，《太保市閩南語故事集》〈加走庄的傳說（二）〉，（嘉義縣：嘉義縣

太保名將王得祿也有開金口的能力。傳說嘉慶君派來台的密使在小槺榔被人綁架，王大人得知消息後便開始屠殺村莊。

> 小槺榔遆一條溝，人講「後溝仔」啦，本來東爿面攏廟及厝啦，啊西爿攏空園啦。啊宰宰咧了後，王大人才咒詛：「東爿面要敗，西爿面要予好！」安爾啦！開始著人災的著人災，死的死，就是於遆敗的啦。啊才厝攏起於西爿，廟遂變於園外，這幾冬仔，東爿才復沓沓起過去。〔註121〕

另一個使聚落衰亡的原因則是因為水利或道路的建設破壞當地風水所導致。

加走庄為歷史上真有其地的村落，目前存有石香爐一座，在太保市保安宮內。本地盛傳其衰亡的原因，有一則傳說是這樣的：

> 加走埤是蓮花穴啦，王大人刁工欲破這個地理，把加走埤幹邊，幹差不多四五十伐爾啦，幹由庄中央落去，沖著蓮花頭啦，地理自安爾敗去啦。掘落爾，講就「雞不啼、狗不吠」，庄裡的人，死者死、逃者逃，自安爾規個庄散了了。〔註122〕

老百姓認為王得祿是故意要破壞當地地理，才將埤的走向改變，導致整個庄的破敗。亦有相似的傳說發生在太保市的港仔墘。耆老相傳，港仔墘在過去比現今的嘉義市還要繁榮，後來從馬稠後開闢了一條道路到太保市的深溝，這條路經過港仔墘的墳場，因而導致鬼怪幻化成人，到處作祟，使全村的居民因害怕而搬走。最後，地理師靠「銅針黑狗血」〔註123〕才使亂象消失，否則港仔墘會更糟呢！〔註124〕

因為公共建設經過不潔之地，若村莊又碰巧遇到不好的事，就容易引起

立文化中心，1999）：108～109。

〔註121〕黃哲永編，《朴子市閩南語故事集》〈小槺榔的故事〉，（嘉義縣：嘉義縣立文化中心，1999）：4～5。

〔註122〕黃哲永編，《太保市民間傳說》〈加走庄的傳說（三）〉，（嘉義縣：嘉義縣立文化中心，1999）：110～111。

〔註123〕銅針就是用銅作的細針，黑狗血有幾種說法，一是男女第一次交媾留在白布的第一滴血，參見：黃哲永，《太保市民間傳說》，（嘉義縣：嘉義縣立文化中心，1999）：155；另一種說法是毛色純黑的黑狗血液，一種為用女人的陰毛及頭次月經的經血。參見張昀浚，《民間地理風水傳說》，（台北市：台灣書房，2008）：39。

〔註124〕參見黃哲永，《太保市民間傳說》，（嘉義縣：嘉義縣立文化中心，1999）：152～155。

引起人們的聯想。從銅針黑狗血的來源分析，靠著不潔的銅針黑狗血來驅逐鬼怪，其實也隱含著人民對性的忌諱，以及對女性的貶低。

（二）地名傳說

一個地區的地名往往代表了此地居民純樸的感情與對生活的渴望，尤其在台灣，初期發生的地名，大多具備著濃厚的歷史和地理的意義，〔註125〕瞭解地名的由來，可以幫助我們對此地地理、歷史、人文有更深入的瞭解。

嘉義地區的地名大致上可分為歷史和地理兩大類別，今概略分述如後。

1、具有歷史意義的地名

本地地名的由來經常附會歷史名人，如嘉慶君、鄭成功等。六角鄉有一個村莊叫「榕樹王」，相傳乃因嘉慶君到此地遊玩時，在大榕樹下休息，見樹其大無比，因此封其為榕樹王，庄民們更以此為村莊命名。〔註126〕另外，本地亦盛傳「打貓」（今民雄）地名的由來。在《嘉義市閩南語故事（二）》中有這樣的記載：

> 鄭成功來台灣帶來兩隻虎。一隻放佇南部的高雄遐，一隻放佇民雄遐。當時軍師是講台灣甾地地頭是輕抑是重啦乎，就是講卜測驗講甾所在，遐會出皇帝。

> 佇南部甾隻虎唔知是氣候，抑是山的關係乎，走對平埕出來。人叫講嘿是狗仔，人損死。後來號作打狗。放佇民雄甾隻嘛是相仝啦。蹛住山裡，未慣習。走出來，人叫是貓仔，予人扑死，地名號做打貓。〔註127〕

故事中不僅敘述了打貓地名的由來，也說明了打狗（今高雄）的由來。同樣的故事情節也出現在嘉義縣志中，只不過由測試台灣地脈的輕重，改變為鄭成功為驅逐瘟疫而下的對策。〔註128〕另一個與鄭成功有關的地名「水牛厝」〔註129〕在本地也流傳甚廣。

〔註125〕洪敏麟，《台灣地名沿革》，（台中市：台灣省新聞處，1985）：8。

〔註126〕黃哲永，《六腳鄉閩南語故事集》〈榕樹王〉，（嘉義縣：嘉義縣立文化中心，1999）：2～5。

〔註127〕江寶釵，《嘉義市閩南語故事（二）》〈打貓的由來〉，（嘉義市：嘉義文化局，2000。）：100～101。

〔註128〕趙璞、林家駒，《嘉義縣志‧卷一》，（嘉義縣：嘉義縣政府，1977）：65。

〔註129〕又稱「水虞厝」，位於牛稠溪南畔，其中有座「水牛廟」，又叫「牛將軍廟」即是供奉這隻金水牛。

　　民間對於水牛厝的來源有多種說法，較常見有兩種，一是水牛埤為一地理靈穴，有一隻金水牛在池塘中，牛群浸在水中總會多出一隻，待趕上岸後就恢復原數；〔註130〕另一種說法為明朝遺臣葉覲美〔註131〕在虞溪南岸開墾時有水牛八隻協耕，由於牛少田多，操勞過度而死。先民感念水牛「生而與人共甘苦」，故力竭應厚葬，其中之一安葬在「金牛埤」之東。〔註132〕

　　自從水牛葬於此地後，民間便產生許多傳聞。像是夜間出沒於田間偷食農作物，隔天完好如初，日後必定豐收；再如庄頭拼庄，水牛能示警保護庄民等，〔註133〕其中還衍生出一則結合了地理風水的傳說，待留在地形地物傳說類中詳述。

　　這些傳說附會了歷史上有名的人物，乃因民眾對自己土地的驕傲，想藉由這些人物展現出來；而這些風水寶穴，皆有照顧農作收成或抵禦外侮的功用，顯見土地對人民而言，不僅是安家立命之所，更是凝聚向心力的重要場所。

　　另一種地名傳說則與當地事蹟結合，或是以拓墾祖先的姓氏命名。朴子市的「張竹仔腳」乃是因為張姓祖先來台，在竹叢下搭草寮居住而命名的。後來這位張姓祖先醫好了官員，得以跑馬圈地，獲得大量田地，而將地租給佃農，因而此地也叫「頭家厝」。〔註134〕六腳鄉的「新厝內」則是因為祖先以抓盜賊名義私藏官銀因而致富，在此地蓋了許多新屋，而將之命名為「新厝內」。〔註135〕

　　這些地名傳說不僅說明了先祖開墾拓荒的辛勞，後人應該飲水思源的道理，也使我們對當時的社會環境與家鄉歷史有更深一層的認識，進而增進愛土愛鄉的情懷。

2、具有地理意義的地名

　　嘉義地區的地名也有以地形或當地動植物來命名。例如，嘉義市叫「桃

〔註130〕黃哲永，《太保市民間傳說》〈水牛埤的傳說（二）〉，（嘉義縣：嘉義縣立文化中心，1999）：138～140。

〔註131〕亦有學者認為葉覲美乃鄭成功部將，參見《太保市民間傳說》：135。

〔註132〕台灣省文獻會，《嘉義縣鄉土史料》，（南投市：台灣省文獻會，2000）：51。

〔註133〕台灣省文獻會，《嘉義縣鄉土史料》，（南投市：台灣省文獻會，2000）：16。

〔註134〕黃哲永編，《朴子市閩南語故事集》〈張竹仔腳的故事〉，（嘉義縣：嘉義縣立文化中心，1999）：60～61。

〔註135〕黃哲永編，《六腳鄉閩南語故事集》〈新厝內的故事〉，（嘉義縣：嘉義縣立文化中心，1999）：6～9。

仔尾」，就是因爲築城爲木柵時，圍城了桃子的形狀〔註136〕；龍過脈在今天龍山里一帶，傳說爲龍脈〔註137〕通過之處，掘井後水足、泉甘。〔註138〕

　　東石港在前清時叫做猿樹港，當時爲台灣知名大港之一，後因泥沙淤淺，暫停對外貿易，民國五十一年重新興建漁港，目前可停靠小漁船。猿樹港之名初因帆船進口，見洪流中一猿爬在一株隨水漂流之樹上，即呼猿樹港。〔註139〕民間也傳聞，此港原有猿猴與樹木不計其數，待衰落後，山神與土地哭了三天三夜。〔註140〕這則傳說除了傳達了古時當地地理環境的特色之外，更可見到民眾把對東石港的深厚感情與沒落後的悲傷寄託於神明身上，更加令人印象深刻了。

（三）地形地物傳說

　　嘉義地區的地形地物傳說，通常以當地環境狀似何物爲穴位命名，像是睏虎穴、蓮花穴〔註141〕等，而位於穴位上的墳墓、埤、井也都因此而產生許多靈異的傳說。

　　〈九十九彎〉〔註142〕是嘉義地區流傳甚廣的傳說，其情節大致如下：

　　　太保這條「深溝」乎，講有九十九彎」啦，一隻彼款湖鰡精啦，講湖鰡精孵的啦，直直鑽，鑽九十九彎。講鑽去到荷包嶼遐乎，浮頭

〔註136〕江寶釵編，《嘉義市閩南語故事（一）》〈桃子尾的地理〉，（嘉義市：嘉義文化局，2000。）：86～87。

〔註137〕山川高低起伏、綿延盤結，就好像是一條龍的身體起伏飛舞一般，因此，風水先生把山脈稱爲龍脈；至於在平原地帶，因爲山水並行，河流又像龍一樣蜿蜒綿長，所以風水先生認爲水也是龍。在台灣民間的聚落風水傳說中，這種將山脈河流比擬做龍脈的思想很多。參見張昀浚，《民間地理風水傳說》，（台北市：台灣書房，2008）：23～24。

〔註138〕趙璞、林家駒，《嘉義縣志・卷一》，（嘉義縣：嘉義縣政府，1977）：58。

〔註139〕趙璞、林家駒，《嘉義縣志・卷五》，（嘉義縣：嘉義縣政府，1977）：192。

〔註140〕黃哲永，《東石鄉閩南語故事集（二）》〈東石有三條港〉，（嘉義縣：嘉義縣立文化中心，1999）：12～13。

〔註141〕以其地形如睡虎而命名，加走庄的蓮花穴則以形似蓮花而命名。參見《朴子市閩南語故事集》〈睏虎穴〉：64～65、官朝泉，《鄉土芬芳：太保情》，（嘉義縣太保市：太保祥和文化藝術基金會，2004）：119。

〔註142〕九十九彎是指深溝，位於嘉義縣政府南側的大排水溝，這樣的說法或許是誇大其詞，但是在嘉義縣的舊地圖上，確實可以看到整條溝渠彎彎曲曲，從源頭太保市的「朱曉陂」，一直到朴子市的「荷包嶼」，二十年前已裁彎取直。主其事者不是死亡，就是官司纏身。參見《太保市民間傳說》：31與《朴子市閩南語故事集》：143。

起來，去予雷公給敲一下，滾一輪，遂成一個窩，這個窩就是荷包嶼。

湖鰡精予雷公損一下，就安爾死去，無，講到一百彎，咱台灣講會出皇帝。今仔九十九彎列直矣啦！無矣啦！〔註143〕

朴子市也有類似的傳說〔註144〕，只是多了土虱精，而且多位講述者皆提到截彎取直後的主事者死了三個人。

地物傳說則以王大人墓地的傳說最多，〔註145〕另外井的傳說也很多。話說王得祿有一日來到加走庄出巡，路上遇到的百姓都跪著，只有一個小孩「蕭開泉」不肯跪，王大人下馬牽那個孩子的手，沒想到全身起了雞皮疙瘩，王大人擔心此人日後不簡單，遂想破壞當地地理，後請人偵察到原來當地有兩口龍目井，正好位於龍穴的龍頭。

啊去呈著彼兩窟龍目井的時，倩幾仔十萬人，擔土欲給填啊，給填彼兩窟龍目井啊，比攏會出泉起來。啊欲給填，七填八填，到唯昏幾仔十萬人擔土來給填落去，明仔哉也是原在復好矣，填亦不牢啊。彼個地理師叫一寡人，暗時仔，講去龍目井的邊仔睏啦，啊講誠多彼號山神在會啊，在講啊，講：「只驚是銅針烏狗血爾啦，看你幾十萬人來擔土給我填，你就無法度給我填啦，唯昏填好，明仔哉原在是兩窟龍目井啦。」啊此的話，去予睏於遐的人聽著，就用銅針去四箍輪轉插插幾仔十勻，復用烏狗血去給潑潑咧，講彼兩窟龍目井就去予填起來矣，填起來的時，彼個囝仔「蕭開泉」就死去矣，啊死去，哇！無幾日，王大人亦死去，此是龍頭啊，太保市龍尾啊，頭都死矣，尾是安怎毋免死？〔註146〕

井填起來的時候，孩子身亡，王大人也死了，人們認為這是因為龍頭死了，在太保市的龍尾又如何獨活？頗有百姓認為王得祿乃自作自受的意味在。

本是靈穴的地點，竟差臨門一腳，難怪太保人如此心有不甘了，或許這也是百姓感嘆自己的寶地竟無人賞識的補償心態，同時也說明若隨便破壞地形，將會為自己招來禍患。

〔註143〕黃哲永，《太保市民間傳說》，（嘉義縣：嘉義縣立文化中心，1999）：142～143。
〔註144〕黃哲永，〈九十九彎〉，《朴子市閩南語故事集》，（嘉義縣：嘉義縣立文化中心，1999）：30～31。
〔註145〕請參考本章第二節人物傳說部分。
〔註146〕《太保市民間傳說》〈加走庄的傳說（六）〉：118～121。

　　王得祿經常成爲地方風水的破壞者，這是何故？翻閱古籍發現，王得祿不僅在軍功上有所表現，在地方上也常爲公共建設奔走，如張丙亂後，捐修嘉義古城、挖壕溝、建吊橋，設義倉以備兵荒，設立義塾供子弟從學其中〔註147〕。這些建設大多屬於防禦性工事。當時的台灣經歷多次的民變、械鬥，清廷政府開始在台灣各地建立防禦工事，也派遣官吏更加嚴密控管台灣，這些看在當時知識程度不高的百姓眼中，除了對清廷產生懼怕的心理之外，也就可能變成官吏巡察各地破壞地理，以免有領袖產生的聯想〔註148〕，加上「修金諸費，取給於歲收城內之店租、城濠之魚稅焉」〔註149〕、村莊原有地理環境遭到破壞等諸多因素，導致百姓心中出現不好的觀感，因此這一類的傳說是有其歷史因素存在的。

二、土、特產傳說

　　土特產傳說乃指「以當地某一物產或有地方色彩的事物爲中心，廣泛反映社會生活。這些傳說反映生產過程和它們的神奇作用。」〔註150〕因此，嘉義地區的特產以土虱的傳說爲多，通常是解說何以土虱會如此肥美的來由。

　　在《朴子市閩南語故事集》〈土虱好食〉〔註151〕、《布袋鎮閩南語故事》〈塗虱魚〉〔註152〕中皆有記載土虱肥美的典故，但皆以悲劇性的情節呈現。

　　土虱好吃的來由有二，一爲村莊械鬥，死傷無數，死人堆疊水溝中，土虱因吃了人的腦髓而肥美；另一說法是朱一貴敗於溝尾（現爲布袋鎮溝美）時，戰死的兵堆滿水溝，土虱因爲吃了這些死人的腦髓而特別鮮美、肥大。嘉義地區因而流傳一則諺語：「土虱好吃，就沒有那麼多死人頭」。

　　《諸羅縣志》載：「塗虱：頭扁，身微圓，黑色；長五、六寸，產陂圳潭窟中。《通志》謂之『田瑟』，《興化志》謂之『彈瑟』。」〔註153〕可知在先民時代，土虱的取得應該不難。土虱本身也是一種適應力極強的的物種，台灣夜市隨處可見「當歸土虱」就可得證。牠們通常以家畜、家禽的內臟爲食，

〔註147〕臺灣銀行經濟研究室編，《臺案彙錄辛集》〈附錄二：王得祿行述〉，（南投市：台灣省文獻委員會，1997）：306。
〔註148〕張昀浚，《台灣奇譚：民間地理風水傳說》，（台北市：台灣書房，2008）：45。
〔註149〕《臺案彙錄辛集》〈附錄二：王得祿行述〉：306。
〔註150〕曾永義，《俗文學概論》，（台北：三民書局，2003）：359。
〔註151〕《朴子市閩南語故事集》：24～33。
〔註152〕《布袋鎮閩南語故事》：86～89。
〔註153〕《諸羅縣志》：312。

甚至會有大小相殘的傾向，台灣的土虱還有一個特點就是會掘洞。〔註154〕這也說明了何以故事中的土虱會鑽入人腦中並以腦髓為食的原因。

　　將當地特產與地方歷史結合，不僅使故事更加趣味、更具吸引力，相對地也可能提升當地特產的「身價」。不論是因村莊械鬥或因民變之故而導致土虱肥美，藉由傳說的結合，除了傳遞給後代子孫珍貴的物產知識，也使後人體認，現在所擁有的豐饒物產其實乃是先民血淚所砌，萬不可輕視之，應多加珍惜。

三、動植物傳說

　　關於動植物傳說，「是關於動植物的來源和特徵、功用的解釋性傳說，包括獸畜禽鳥魚蟲和數目花草等」。〔註155〕嘉義地區的動植物傳說並不多見，在動物方面有解說貓何以要將屎掩埋的傳說，在植物方面則是說明馬齒莧的由來。

　　在《東石鄉閩南語故事集（二）》〈虎及貓的故事〉〔註156〕中，老虎希望貓教他咬人不會流血的方法，貓卻要老虎先教他施展威風的技巧作為條件。沒想到貓學會老虎的技巧後，竟不履行諾言，老虎揚言以後連貓的屎都不會放過，貓以後只好將自己的屎掩埋起來，以躲避老虎的追緝。

　　高國藩曾說：「說明型的動物故事其重點……在於他的主題思想裡滲透著勞動人民純樸的道德觀，表達著勞動人民的思想感情，勞動人民將這些動物的外形和習性作為一種故事趣味性的引子，把純正的善惡是非觀念灌輸到其中去。」〔註157〕因此，這樣的傳說也許提醒著人們，若為人沒有誠信，就會像貓一樣，連蛛絲馬跡都要記得隱藏起來，否則就算不受良心譴責，也得過著天天提心吊膽的苦日子。

　　在《六腳鄉閩南語故事集》〈九個日頭〉〔註158〕的傳說提到了馬齒莧何以不易枯死的原因。相傳很久很久以前有九個太陽，輪流照射大地，後來被

〔註154〕關於土虱的習性請參考：游昊鄆、莊智麟，國立鹿港高中水產養殖科，〈塘虱魚人工繁殖及養殖現況之介紹〉，http://www.fishworld-tw.com/article/arti0302_1.htm。瀏覽時間：2009/2/6。

〔註155〕《俗文學概論》：358。

〔註156〕《東石鄉閩南語故事集（二）》：136～138。

〔註157〕高國藩，《中國民間文學》，（台北市：台灣學生，1995）：164。

〔註158〕《六腳鄉閩南語故事集》：60～61。

雷公一個一個打死，最後一個太陽躲在馬齒莧後面，才免於被打死的命運。為了報答恩情，以後就算馬齒莧被連根拔起曝曬在太陽下好幾日，只要一經水澆，就能立刻活過來。

相類似的傳說在大陸地區也流行很廣，不過主角會隨著當地物產而有所變動，極具有地方特色。馬齒莧又名豬母草、長命菜，是一種隨處可見的植物，生長力強，通常作為藥用，主治痢疾。先民們也許看到路邊經常有這類植物，加上對人們的用處也頗大，因此發揮想像力附會於太陽傳說，除了增添了趣味與神奇性，同時也期勉後人要懂得「知恩圖報」的道理。

綜合本節可知，在地方山川勝蹟方面，嘉義人傾向於將一地的衰敗或繁榮歸因於歷史名人在此地的作為，像是〈嘉慶君遊小楝榔〉中，嘉慶君的一席話竟讓小楝榔衰亡、王得祿開金口讓加走庄衰敗、鄭成功的部下葉覲美將水牛葬在寶地之中，保護庄中的農作與財產；另一則是原有地理環境遭到破壞，而導致風水敗壞或是為自己招來禍患，通常有三個原因，一是公共建設造成，如：〈加走埤〉；一是有人惡意破壞，如王得祿壞龍目井；一是天意如此，如〈九十九彎〉。

另外從銅針黑狗血可鎮壓邪魔的情節發現人民對性的忌諱，以及對女性的貶低。本是靈穴的地點，竟差臨門一腳，難怪嘉義人如此心有不甘了，或許這也是百姓感嘆自己的寶地竟無人賞識的補償心態吧。

地名傳說經常附會名人，如嘉慶君或鄭成功，乃因民眾對自己土地的驕傲，想藉由這些歷史人物展現出來；或是為何緬懷祖先、地方史事，而為之命名，如張竹仔腳、新厝內、頭家厝等；某些風水寶穴，如〈金牛厝〉，有照顧農作收成或抵禦外侮的功用，顯見土地對人民而言，不僅是安家立命之所，更是凝聚向心力的重要場所。

除此之外，猿樹港傳說除了傳達了古時地理環境的特色之外，更可見到民眾把對東石港的深厚感情與沒落後的悲傷寄託於神明身上，如此便更加令人印象深刻了。

在土、特產傳說中，土虱與地方歷史結合，不僅使故事更加趣味、更具吸引力，相對地也可能提升當地特產的「身價」。不論是因村莊械鬥或因民變之故而導致土虱肥美，藉由傳說的結合，除了傳遞給後代子孫珍貴的物產知識，也使後人體認，現在所擁有的豐饒物產其實乃是先民血淚所砌，萬不可輕視之，應多加珍視。

在地方山川勝蹟傳說中可發現，許多傳說都以民變作爲背景。筆者查閱劉玲妮的研究〔註159〕發現，在台灣四十九次的民變之中，雲嘉地區就有十三次，而嘉義地區就佔了當中的九次。也許正因爲如此充滿血淚的歷史因素，而導致傳說內容屢屢以此爲背景，以顯示百姓對歷史記憶的深刻，並用以緬懷祖先、警惕後人。

最後，在動植物傳說方面，貓埋屎的傳說也許提醒著人們，若爲人沒有誠信，就會像貓一樣，連蛛絲馬跡都要記得隱藏起來，否則就算不受良心譴責，也得過著天天提心吊膽的苦日子。馬齒莧的傳說乃先民們看到路邊經常有這類植物，加上對人們的用處也頗大，因此發揮想像力附會於太陽傳說，除了增添了趣味與神奇性，同時也期勉後人要懂得「知恩圖報」的道理。

第四節　神鬼傳說與其他

凡是帶有地方特色的鬼魂或妖怪，各種宗教的神蹟故事，以及地方風俗儀式的傳說皆收錄在此節，筆者將其分爲三大類別：鬼怪傳說、宗教信仰、儀式與習俗傳說，將逐一討論於下。

一、鬼怪傳說

《禮記・祭法》曾對「鬼」下了這樣的定義：「大凡生於天地之間者皆曰命。其萬物死者皆曰折，人死曰鬼，此五代之所不變也。」，〔註160〕而本文所指的怪乃爲「精怪」、「物怪」，採取曾永義所下的定義：

> 「物」包括人類自身以外世界上的各種東西，既包括有生命的動物和植物，也包括山石、雨雪、日月、星辰等無生物，以及人類所製造和使用的各種器物。這些物，因自身獲得某種靈性和神力，或被某種靈性和神力所憑依所主宰，因而變化爲精怪。〔註161〕

亦即人死爲「鬼」，凡是有生命或無生命的物體，只要人類認爲其有靈性或某種神力，則歸納爲「怪」，各地方皆有各種帶有地方特色的鬼魂或妖怪，嘉義地區也不例外。本文試將嘉義地區的鬼怪傳說區分爲鬼怪弄人，鬼報仇

〔註159〕參見劉玲妮，《清代台灣民變研究》，（台北市：師大史研所，1983）：110～117。
〔註160〕《俗文學概論》：308。
〔註161〕《俗文學概論》：328。

與人制鬼怪三類，並略述於下。

（一）鬼怪弄人

1、戲弄人

六腳鄉有一則〈哮枵的老榕樹〉〔註162〕，大意是說墓園中的老榕樹，經年累月下來，已成樹精，每遇人經過，總會不停喊餓，若是你不理會它，就會讓你找不到回家的路，但只要大聲安撫他說，回家後會煮東西來給它吃，樹精便會讓你過去。

〈好兄弟〉〔註163〕的故事則描述講述者的父親到河邊捕魚時，附近的鬼魂會幻化成各種小動物坐在船頭或船尾，並阻礙漁夫捉魚，除非漁夫承諾等捉到魚後要祭拜它們，才會離開船隻回到岸上。

人民對於自然界的重視變成「萬物有靈」的信仰心理，樹與小動物都有可能修練成精，或者是由鬼魂幻化而來。同時，這類型的故事說明鬼怪的確是需要人類的安撫，這也可以解釋人們何以在中元節時普渡拜拜，祭拜好兄弟的心理因素。

2、傷　人

六腳鄉〈鬼火護魚〉則不同於以上兩則故事中的鬼怪，純粹是想捉弄人，並不以傷人為目的，這則故事中的鬼怪可是有嚇死人的本領，傳說是這樣的：

> 較早乎，中溝的塚仔呼作「大的厝埔」，哇呼！內底一個窟足大個的，哇乎！魚足厚的。啊阮老父仔招兩三個乎，講欲去洄啦，唯暗時講欲去掠哩，哇乎！偌天壽呢，水戽戽咧，一下乾咧乎，大家攏褪衫褪褲哩，攏無穿衫穿褲啦，暗時都無人於迌哩。迌魚足多的，水戽一下乾咧講，欲落去掠魚呼，整窟攏火啦，彼整窟攏青火啦，整個火攏於彼，窟攏圍勞咧啦。哇乎，三四個講活欲驚死，魚亦無顧掠，衫褲緊攬咧併返來呢，三四個併返來乎，哇乎！無穿衫無穿褲，誠可憐！彼陣阮老父才取婦爾。

> 尾仔，比三四個乎，僅但阮老父無死爾，餘的遐攏念耳死，就是併返來攏驚著乎，無偌久就攏死矣，阮老父仔活到八十幾歲才死，這伊給我講的。

〔註162〕《六腳鄉閩南語故事集》：32～35。
〔註163〕《六腳鄉閩南語故事集》：96～97。

　　　　眞正有彼呢！給你講，眞識眞驚，不識不驚啦，不當鐵齒呢！
〔註164〕

　　講述者的父親與幾個好友到墳墓中的池塘捉魚，沒想到被鬼火圍繞，嚇得落荒而逃。回來後，同行的三、四個人都因驚嚇身亡，唯獨講述者的父親活著，才能給講述者說這個故事，最後，講述者強調不要太「鐵齒」，世上可眞有鬼神呢！

　　鬼怪碰上人若想作怪，都是有其目的的，嘉義地區的鬼魂出現的地點都在墳墓附近，而且大都跟食物有關，可見得嘉義人十分重視吃，就怕死後沒東西吃，這也許是農曆七月普渡時，嘉義地區各個鄉鎮甚至小到鄰里，每天得輪流祭拜好兄弟，需歷時一個月的原因。

（二）鬼報仇

　　關於鬼報仇傳說的內容大抵是說，人生前遭受欺負，死後變成冤魂，欲找人報復，使兇手不得善終的故事。東石鄉〈東石傳說〉〔註165〕是當地耆老人人耳熟能詳的故事，大意是說全仔和水乞食兩人經營杉木生意，卻不小心在拖杉木時鉤破了甲庄設置的漁網，甲庄的人憤而打死兩人。全仔和水乞食化為厲鬼，不僅讓甲庄的人捕不到魚，更會奪走漁人的性命。後來兩人經由一個教甲庄拳術的師傅引進村莊，導致鬼哭狼嚎，雞犬不寧，使甲庄人口遷移，後來甲庄人為他兩人建廟祭祀後，才平息兩人冤魂。

　　嘉義市亦有兩則鬼報仇的傳說。〈自作自受〉〔註166〕在說明一個失明老人將印章寄放在鄰居那兒，請鄰居幫他繳地租或領甘蔗錢之類的事，沒想到鄰居卻藉機騙走他的土地，老人氣憤身亡，死後奪走鄰人全家性命，獨留一子存活。

　　另一則〈惡有惡報〉的情節內容近似於【女鬼復仇】型的故事，胡萬川在其《台灣民間故事類型》一書中歸類為779**型〔註167〕，是講一個負心漢離棄女子，女子自殺，化為厲鬼，前來索命或為亂人間的傳說。此外，《台灣民俗》〈林投姊〉〔註168〕也是同類型的故事，不過負心漢並未遭到報復，反是住在林投樹附近的人受到困擾，最後當地仕紳為其建廟立祠，一屢幽魂

〔註164〕《六腳鄉閩南語故事集》：40～42。
〔註165〕《東石鄉閩南語故事集》：16～21。
〔註166〕《嘉義市閩南語故事（二）》：46～51。
〔註167〕《台灣民間故事類型》：146。
〔註168〕《台灣民俗》：365。

終於平息怨念。〈惡有惡報〉則先強調男子本是一個奸佞狡詐之人，結識住寶斗（今北斗）的寡婦並生下一子後，坦言在金湖已有家庭，若寡婦不變賣田地、財產跟他回去，兩人就當作只是一段露水姻緣。寡婦不疑有他，立即照辦，卻在跟他回去的路上喪命，事後女子冤魂不散，令這負心漢發了瘋。女子並非自殺，乃是為了救子而亡，書中對女子救子喪命的經過有詳細的描述：

> 轉去愛經過一個溪。寶斗彳各金湖無像今也有溪橋。所以愛潦水，就共呰查某人講：「汝先蹛呰卝等，我先抱囝仔，包袱仔我紲揹過，則過來共汝軁過來。」查某人不疑有他。（伊呰個人心理實在無善良）囝仔共伊抱過，包袱仔揹咧，過溪去。包袱揹咧，囝仔共伊放伫溪邊，做伊行啦。囝仔直透哮，卜撠媽媽。查某人毋敢一下手就潦過，囝仔看怹老父仔攏無幹頭，做伊行。囝仔念護怹老母，爬咧對溪落去，查某人大聲直透咻，查某人心狂，緊卜過溪，迄卝撠囝仔。自安爾流去，查某人流去，攏去予流去。〔註169〕

嘉義市這男子可比同類型傳說中的男子殘忍多了，他不僅設局陷害女子，騙走其錢財，最後連自己的孩子都不要，而女子也並非一般所言自殺身亡，乃是為了救子，才墜入溪中。這則傳說令讀者為之鼻酸，男子的行徑益加可恨，最後的下場真是大快人心。

我們可以看出這幾則傳說中的冤魂皆是因為財物（漁網也是生計的代表）而喪失性命，儘管嘉義人看重財物，卻也明白顯示「不義之財」不可得的道理。同時，這幾則傳說皆是因為人為的設局陷害，而使受害者產生冤情，因而冤魂不散前來討債，或使之喪神失志，或奪走人命，其中隱含因果報應之觀念，乃在勸誡世人多行不義必自斃的道理，警世意味相當濃厚。

（三）人制鬼怪

傳說中的鬼怪儘管嚇人，嘉義地區卻也有不少人能制鬼怪的傳說，可見得鬼怪在人世間也不盡然全佔上風。六腳鄉〈八卦簪〉〔註170〕的講述者形容小時候看漁夫捉到水鬼的模樣，「水鬼仔就目仔紅紅，啊頭毛毿毿，若布袋戲俑仔安爾，細仔仙仔〔註171〕」，水鬼眼睛紅紅，頭髮長長，像布袋戲偶那麼小。

〔註169〕《嘉義市閩南語故事（二）》：38～40。
〔註170〕《六腳鄉閩南語故事集》：36～38。
〔註171〕《六腳鄉閩南語故事集》：36。

漁夫若用普通漁網就容易捕到水鬼，捕獲的人還會犯煞，若用八卦網就不會了，水鬼不敢靠近，而且也只會抓到犯罪的水鬼。

朴子有一個〈鬼仔潭的故事〉〔註172〕，鬼仔潭就是今日的桂潭，那兒的鬼請人來演戲，戲台就搭在林投樹梢，演了三天三夜還等不到天亮，團員之中遂有人吹奏佛教經文，嚇走鬼魂，天也亮了。

朴子有另一個有趣的吃鬼傳說〈食鬼的來矣〉，內容如下：

> 鬼仔潭遐的鬼，講攏會變嬌查某囝仔，啊人若由遐過，攏叫人給背過水啦，啊人若給背，今仔到水較深遐，就給人擠落去水底淹死啦。
>
> 有一個掠豬的行由遐過，啊宛乃叫伊給背毋乎，啊掠豬的講：「好！我給你背！」今仔豬搦篙就給抽咧矣，啊就變一塊枋仔矣啦，啊彼塊枋仔，返去就給炸油炸炸咧，才配燒酒遂給食去。
>
> 今矣，後擺一下復由遐去，遐的鬼就講：「啊！彼個來矣！彼個食鬼的來矣！走啊！走啊！」遐的鬼就趕緊走矣。〔註173〕

本則傳說有六朝小說「定伯欺鬼」的痕跡，這鬼化做羊，被定伯拿去市場賣，賺了一千五百元〔註174〕。定伯因為無意中探知鬼的習性，而智取鬼魂。嘉義這則傳說中的鬼魂想要害人，卻被豬販一打變成了木板，最後還將它油炸了吃掉，讓附近的鬼魂看到他就怕。木板應是不能吃的東西，這鬼欺負錯了人，豬販可不好惹，硬是將木板吃了下去，頗有洩憤的意味在。此外，豬販的維生工具具有如此大的神力，也許顯示此等維生用具在百姓心目中的重要性。

由此可知，在嘉義人的心中，人不一定得怕鬼，靠著一定的宗教信仰，甚至是膽大凶悍的人，鬼見了也是要躲的。

這幾則鬼傳說，都在人世間上演，也就是「鬼世界等同人世界，其所表現的是人與鬼之間的糾葛、恩怨情仇……並不單純表現鬼的生活、行為和世界，而是和人息息相關的情境〔註175〕」，沒有人的建構情境，鬼神亦無所用處，鬼傳說之所以存在，是為了人類而服務的，他的用意在告誡、警示人們，日常為人處事，只要行得正，坐得端，又何需懼怕鬼魂來犯？人間的幸與不幸，雖常需要靠鬼神的賜福降禍來決定，但也不見得就只能任憑擺佈，幾則制鬼

〔註172〕《朴子市閩南語故事集》：26～27。
〔註173〕《朴子市閩南語故事集》：28。
〔註174〕《俗文學概論》：317。
〔註175〕《俗文學概論》：314。

傳說告訴我們，有信仰、常存戒心就能趨邪避難，這也許就是嘉義人對鬼神的信仰態度吧。

二、宗教信仰傳說

嘉義地區的宗教信仰傳說多與廟宇內的神明相關，佔了傳說中的大多數，並且擁有相當濃厚的地域性色彩。以下就傳說內容分為宮廟傳說與顯聖救難傳說，並略述於下。

（一）宮廟傳說

1、宮廟由來傳說

關於宮廟的由來與建成，在嘉義地區的傳說中，以神像忽然變重，使人無法抬起行進，只好就地置放神像或為之建廟，為最盛行的說法。如太保市〈加走庄的傳說（五）〉中的三山國王〔註176〕、嘉義市龍安宮的玄天上帝〔註177〕、鹿草頂半天廟的觀音媽〔註178〕、中埔保安宮的五府千歲〔註179〕（王爺），以及廣為地方流傳的朴子配天宮的媽祖。在《朴子市閩南語故事集》〈媽祖戰水神〉〔註180〕與《朴子市志》〔註181〕中皆提及配天宮建廟的由來，而《嘉義縣志・一》中有較為詳細的記載：

> 康熙二十六年，布袋嘴半月莊（現改布袋鎮貴舍里），人林馬，篤信媽祖，歲恆詣鹿港大媽進香，遠涉不便，乃盜神像而歸，至牛稠溪南岸（今朴子溪）暫憩於樸仔樹下茶店附近，善信挽住數日，以便參拜。林馬急欲歸半月莊，忽覺神駕笨重，任抬不起，於是請神示意，知欲建廟於此，眾乃釀金建祀，香火廣播，是處遂漸成都聚，該地遂稱樸仔腳配天宮，為本縣歷史最悠久之神廟。〔註182〕

原本用竹籃子即可扛起的神像，在背負者中途休憩後欲扛起時，竟然沈重到無法用人力抬起，有的甚至連牛車都拉不動。經過擲筊測知神意後，才知道神明欲留在此地受後人香火供奉，不管原先請神的人願不願意，都只能

〔註176〕《太保市民間傳說》，114～116。
〔註177〕《嘉義縣志・二》，764。
〔註178〕《嘉義縣鄉土史料》，286。
〔註179〕《嘉義縣志・二》，843。
〔註180〕《朴子市閩南語故事集》，74～77。
〔註181〕《朴子市志》，19。
〔註182〕《嘉義縣志・一》，63。

聽從神明指示，在當地安置神像或為其興建廟宇。

　　古時交通不便，兩地一來一往之間，總得跋山涉水，除了耗費大量體力，更容易遇上盜匪或土番，在心有餘而力不足的情況下，沈重的神像也許只能在中途休憩的地方，留給當地人供奉，若又剛好有所靈驗，更容易盛名遠播聚眾建廟，而原先請神之人也只好順水推舟的成人之美了。

2、雕刻金身傳說

　　嘉義縣永福宮的三山國王、安和宮的天上聖母與福玄宮的池府千歲〔註183〕皆是因溪流暴漲，流來柴木，被當地居民拾獲，庄民乃用以雕塑成成神明金身並加以祀奉而來的。

　　嘉義地區自古多木，阿里山森林的木材聞名於世，日治時期的木材產業達於鼎盛，每年有高達15萬石的木材輸出世界各國。而阿里山因區域範圍狹窄，加上西向河流穿越其中而過〔註184〕，可想而知溪流中常會漂來柴木。若恰巧遇上大洪水，遇難民眾或許可藉由浮木得救，認為此乃神明有靈，因而雕木以報答神恩，或許是這類型傳說創造的原因吧！

（二）顯聖救難傳說

　　嘉義地區流傳最多的便是此類神明顯靈，解救眾生的傳說了。神明除了會守財富、救船難、斬妖除魔、醫治疾病、預言未來、幫助婦女生子〔註185〕，甚至可在戰時化身為戰神，抵擋大砲或轟炸機的攻擊，可謂無所不管，無所不能。

　　土地公一向被民間視為地方守護神，神格雖低，卻最為親切和善。嘉義地區最早的開發以拓墾為主，既是如此，早期墾荒的閩南人就得先認同這塊「土地」，發展到最後，土地公不僅是守護土地之神，到了更演變為各行各業不能忽略的「小財神」〔註186〕，《太保市民間傳說》〈掘金仔〉〔註187〕與《嘉義縣鄉土史料》〔註188〕的江鼎萬做土地公的故事當中，土地公都是當地或後

〔註183〕《嘉義縣志・一》，804、《嘉義縣志・二》，801、814。
〔註184〕參看本文第二章第二節。
〔註185〕東石有一婦人即將流產，她的丈夫急忙求三奶夫人幫忙，婦人夢到三奶夫人
　　　　騎著白馬跨過他的肚子，醒來後身體復原了，孩子也健康的生下了。另一名
　　　　婦人久未生子，因祈求三奶夫人賜他一子，果然生下女兒。參見《東石鄉閩
　　　　南語故事集（一）》〈三奶夫人〉：66～68。
〔註186〕董芳苑，《探討台灣民間信仰》，（台北市：常民文化，1996）：67。
〔註187〕《太保市民間傳說》〈掘金仔〉：56～159。
〔註188〕《嘉義縣鄉土史料》：335～336。

代子孫財富的保護者，並經常利用機會傳遞訊息讓百姓知道財物的所在地，這些傳說都印證了土地公的確被民眾視爲小財神的說法。

　　關於救船難的說法，在嘉義地區倒是頗爲一致的指向東石先天宮的五年千歲，《東石鄉閩南語故事集（一）》〈東石王船〉〔註189〕、《嘉義縣鄉土史料》〔註190〕中皆有王船救難的類似記載，《日出東石》〈「王船」傳說〉亦有，並且連船名、人名、年代都詳細記載下來，因此引述做爲代表如下：

> 東石先天宮所供奉的「王船」，已有七十一年的歷史。據東石鄉民指出，這艘王船「捷泰利號」，在民國十四年由福建泉州富美宮放飄而來，被發現停泊在外傘頂洲，每到夜晚村民皆可看見該船燈光遠射並有聲響，鄰近村里爭相膜拜，並欲迎請歸祀。三日後，王船主神朱、邢、李扶乩，指明要威震東石港先天宮。於是，先天宮管委會即備船筏載善男信女前往迎接，當時有一艘竹筏翻覆，筏上的居民調落在海上，正在危難之際，突然有一道靈光出現海面，使落水者得救。而船載的食物爲神物，凡有染病者，只要求王船上的食物服用便可病癒，靈驗異常。〔註191〕

　　所謂「王船」乃福建一帶每三年一次至王爺神像連同糧食、祭物等承載船中，放流海上，以祭弔王爺的孤魂。台灣海岸若遇王船漂來，則在該地建廟，以禳災祈福〔註192〕。王爺又稱「瘟神」，台灣往昔瘟疫猖獗，因此祀王爺爲惡疫之神，能治病驅邪自有其道理。王爺既自海上而來，一向爲海洋文化的表徵，工人船夫自然亦祈之爲守護神。東石自古即爲良港，居民一向靠海爲生，東石先天宮王爺的傳說盛囂塵上，靈驗事跡也較他地豐富，這位王爺不僅能預言未來〔註193〕，甚至能跨界到台南，獲得各類神明的支持，收服佔據當地廟宇的邪魔〔註194〕，可見得王爺信仰在東石人的生活中是何等重要，在心靈上的仰賴是如此深刻。

〔註189〕《東石鄉閩南語故事集（一）》：38～41。
〔註190〕《嘉義縣鄉土史料》：218～219。
〔註191〕《日出東石》〈「王船」傳說〉：23。
〔註192〕吳瀛濤，《台灣民俗》，（台北市：眾文，1992）：77。
〔註193〕故事大意是說東石村的信徒請教五府千歲，二次大戰何時結束，千歲指示：「原子平天下」，後來才知道原來就是美國在日本投下原子彈。參見《東石鄉閩南語故事集（一）》〈原子平定天下〉：36～37。
〔註194〕此則傳說收錄於《東石鄉閩南語故事集（一）》〈神拚神〉：70～73，另有〈蛇精佔廟〉：48～49、〈女鬼佔廟〉：50～52，皆爲五年千歲收服佔廟妖魔的故事。

較之王爺，媽祖在民間傳說中的神力更是不遑多讓，甚至有過之而無不及。其中較為特殊且極具地方特色的，即為媽祖收服蒜頭糖廠黑狗精，以及在二次大戰期間以衣裙接炸彈，使當地百姓獲救的傳說。

在《朴子市閩南語故事集》〈大耳香爐〉〔註195〕以及《朴子市志》〔註196〕中皆有收錄媽祖降服黑狗精的傳說。相傳日治時期，嘉義縣的蒜頭糖廠機械常發生故障，工人常受傷害，並且禍及鄰近民眾，眾多居民病者病、傷者傷，鬧得機犬不寧，主事者只好求助配天宮媽祖，媽祖不負眾望協助糖廠挖到黑狗精的骨頭，才使糖廠從此平安，為了答謝媽祖，糖廠便贈送一座大耳香爐給媽祖，日前仍保存在配天宮中。

媽祖接炸彈的傳說在台灣流行的相當廣泛，北中南東皆有，而其中以南部地區的傳說數量最多〔註197〕。嘉義的朴子市、義竹鄉〔註198〕都有收錄到類似的傳說，不過義竹鄉的主角則換為觀音菩薩。媽祖接炸彈的內容情節大致是轟炸機來襲時，當地百姓見一白衣女子拉開裙子接住炸彈，使炸彈未爆或拋之他地，使人畜（或重要設施）不傷：

> 傳聞當時盟機（美機）曾經空襲朴子街，其目標正是轟炸朴子水塔。
> 水塔是朴子地區自來水之水源地，影響民生甚鉅。在盟機投下炸彈
> 前，有些人於冥冥中，目睹有一婦人騎白馬，手拉開群巾將炸彈接
> 著，然後拋丟朴子溪畔河床地，並未爆發。此位騎白馬婦人，則是
> 媽祖婆顯靈所為。〔註199〕

日治時期的嘉義地區因為糖廠、木廠的繁榮興盛，以及水上機場等重要基礎建設皆已完成，自然成為空襲的主要目標。根據戴寶村的統計，美機空襲南部地區的次數佔了全台的一半，其中又以台南、高雄最多，嘉義次之。

〔註195〕《朴子市閩南語故事集》〈朴子媽祖〉：66～69。
〔註196〕《朴子市志》：271～272。
〔註197〕戴寶村，〈B29 與媽祖：台灣人的戰爭記憶〉，《國立政治大學歷史學報》，22（2004）：265。
〔註198〕根據當地耆老洪添賜所說：美國轟炸機飛到義竹上空投彈，駕駛看到一位身穿白衣的女子很厲害，用裙子接炸彈，把接到的炸彈投到龍蛟潭庄，現在龍蛟潭還可看到一個五百公斤炸彈爆炸的痕跡。後來經查，這位白衣女子是東後寮德興寺觀音菩薩的化身，為保佑該村的百姓，以神力移轉投彈的地點，使東後寮庄轉危為安。參見《嘉義縣鄉土史料》：156。
〔註199〕《朴子市志》：273、《朴子市閩南語故事集》〈媽祖戰水神〉：74～77 亦有收錄此類故事。

〔註200〕

經歷二次大戰的嘉義，曾經飽受美國轟炸機的威脅，每天不定時或定時的空襲，對人民的心理都造成極大的壓力，百姓只好將無助與恐懼訴諸於神力無邊的媽祖或觀音。

這類神明化身為戰神的傳說在竹崎鄉也有。傳說日治時期，竹崎眞武廟的玄天上帝變幻成一條大蛇，出現在荔枝樹上，引發機槍自動掃射，射殺了野蠻的日本兵；類似的情事，在民國三十八年再度重演，這回則是中國兵被趕跑。〔註201〕神明在人民飽受威脅時主持正義，維護公道，多少撫平了老百姓心中的無奈與憤恨。

這類型的傳說不僅道出了本地百姓心中的憂慮與精神恐慌，對於過去嘉義地區歷經被殖民的不平等待遇與飽受戰亂摧殘的滄桑歷史也做了有力的見證。

（三）其　他

嘉義地區另有一類傳說，展現了人民豐富的想像力與創造力，這類傳說讀來饒富趣味，頗具娛樂性。

位於太保市魚寮庄的三山國王有三位王爺夫人，他們以聞其聲不見人的方式向鼓貨郎要胭脂水粉，而這位鼓貨郎也十分識相的將胭脂水粉擺放於神桌上，從此王爺夫人的供桌上就供奉著胭脂水粉了。〔註202〕

東石先天宮的五年千歲脾氣相當不好，若信徒不小心頂倒王船會肚痛或被打死；小孩子偷吃祭品會肚子痛；婦女在準備祭品時不可試食物的鹹淡，否則嘴就會歪一邊。後來還是因為媽祖告訴五年千歲要讓人們試菜的鹹淡，祭品才會可口，五年千歲才解除了這項禁忌。〔註203〕

民雄觀音大士的祭典之所以遷移到水牛厝的原因，在《嘉義縣鄉土史料》中記載爐主因大雨無法去民雄，卻彷彿聽到有人說就在水牛厝舉行吧，祭拜時，爐主見有一個人大吃祭品，不甘願祭品被吃光之下，自己也吃了一個雞

〔註200〕台灣地區轟炸次數統計圖參見戴寶村，〈B29與媽祖：台灣人的戰爭記憶〉，《國立政治大學歷史學報》，22（2004）：265。

〔註201〕陳益源，《台灣民間文學採錄》，（台北市：里仁，1999）：108。

〔註202〕《嘉義縣鄉土史料》：30～31，《太保市民間傳說》〈三山國王廟〉：166～169亦有記載。

〔註203〕《東石鄉閩南語故事集（一）》〈東石王船〉：38～41、《東石鄉閩南語故事集（一）》〈菜要試鹹淡〉：42～43。

肫，回家後卻發現祭品只少了一個雞肫。〔註204〕

這類型的傳說親切有趣，而且有一個共同的特徵，就是神明相當具有人性，和人一樣喜愛打扮、會發脾氣，有食物需求等。神明的形象對嘉義人來說，不是那麼不可親近，而是和常人一樣具有喜怒哀樂，只要能掌握住神明的喜好，就能與之和平共處，甚至獲得庇佑。

另一類傳說則是專門懲治對神明不敬的人。朴子市小槺榔王爺要到南鯤鯓進香，途中想到鹽水港休息一晚，沒想到鹽水港的人不肯借宿，王爺只好發神威在水中搭起布橋讓一行人得以過河，隔天鹽水港所有布莊的布都濕淋淋的。〔註205〕

小王爺也能懲治對他不敬的外國人。小槺榔福安宮前有一座下馬碑，日治時期，一個綽號叫「五千塊」的日本人到台灣測量土壤，行經廟口，馬兒怎樣都不走，後來這個日本人下馬到廟裡拜了拜，再騎上馬就順利通過了。〔註206〕在《諸羅縣志》亦有記載王爺對付荷蘭人的經過：

> 召巫設壇，名曰王醮，以送瘟王。醮畢乃送傳入水順流以去，或泊其岸則其鄉多癘，必更禳之。相傳昔有荷蘭人，夜遇船於海洋，疑爲賊艘舉礮攻擊，往來閃爍，至天明望見滿船皆紙糊神像，眾大駭，不數日疫死過半。〔註207〕

若是對神明不敬，神明就能展現神威，輕則損失財物，重則丟掉性命。人民除了以此類故事加深信仰，使廟宇香火更加興旺，更欲告訴人們對於神明應存有基本敬畏，過於「鐵齒」的人，常常適得其反，只能自吞苦頭了。

三、儀式與習俗傳說

各地方風俗如何而來常伴隨著民間傳說，嘉義地區亦不例外。以下將本地傳說整理爲三類：祭祀、婚嫁與其他傳說，加以敘述。

（一）祭祀禮俗傳說

供奉鬼神、精靈及祖先的各種迷信儀式，都稱祭祀。〔註208〕各種迷信儀式的由來，皆是因爲人們對鬼神產生的敬畏之心，希望透過這些儀式，來達

〔註204〕《嘉義縣鄉土史料》：40～41。
〔註205〕《朴子市閩南語故事集》〈浸水王爺〉：78～80。
〔註206〕《朴子市閩南語故事集》〈下馬碑〉：82～85。
〔註207〕《諸羅縣志》：150。
〔註208〕烏丙安，《中國民俗學》，（瀋陽市：遼寧大學，1985）：316。

到神靈的庇佑。然而嘉義地區的祭祀傳說重點不在鬼神是否能庇佑人們，而在於一種人文精神的傳達。以下筆者所錄的三則傳說為本地別具地方特色的祭祀禮俗。

1、六腳鄉〈歹命交仔〉

六腳鄉頂頭厝每逢過年就會準備一鍋糙米以祭拜祖先，而且還流傳著一句諺語：「歹命交仔食糙米」，意思是指：我不是好命人，粗茶淡飯就可以了〔註209〕。傳說習俗的由來是這樣的：

> 頂頭厝「歹命交仔」，講足散的，啊講來「新厝內」做苦勞仔，有一工講在舂米，米都舂到變米心囉，啊頭家娘講在睏晝，啊「歹命交仔」講給問講：「頭家娘，白未？」「猶未啦，復舂啦！」一擺給問也講安爾，兩擺給問也講安爾，打算講問兩三擺咧，伊就安爾跪落去祝天，講：「若予我歹命交仔出身，我米到落舂白，拂起來就欲食。」欲食糙米就對啦。啊毋才這陣，頂頭厝的祖厝，若遍過年，攏要煮一坩糙米飯落去拜，原因就是安爾來的啦。〔註210〕

頂頭厝的先祖做過富有人家的長工，為了將米舂白，飽受老闆娘的虐待，因此發誓將來若有所成就，絕不為了吃白米而虐待長工，寧願自己吃糙米。這種己所不欲勿施於人的精神，代代相傳了下來，一方面提醒後代子孫莫忘祖先開創基業的血汗與辛苦，一方面也告誡後人應善待一起打拚、為你留下血汗的勞工們。

2、朴子市〈鋤頭架龜〉

過去朴子市的人常因稻米的收成不好，無法準備祭品來孝敬土地公或好兄弟，所以想出了「鋤頭架龜」的有趣方法來祭拜神靈。所謂的「龜」，代表紅龜，就是屁股的意思。傳說是這樣的：

> 有一個講去園裡啦，種土豆、蕃薯啦，講看今年看會當較好收未？尾仔，攑一支鋤頭於遐掘掘咧，就安爾倦，講：「啊我就無啥麼當敬供你，我鋤頭架龜敬供你！」就安爾把鋤頭掘站土裡，人坐站鋤頭鋈，安爾講是鋤頭架龜，「龜」就是紅龜哩，就是講尻川啦！〔註211〕

過去農業社會，土豆、蕃薯都屬於比較好栽種的糧食作物，稻米的收成

〔註209〕《六腳鄉閩南語故事集》：13。
〔註210〕《六腳鄉閩南語故事集》：10。
〔註211〕《朴子市》〈鋤頭架龜〉：102。

往往較差，但神明的祭拜儀式是不能少的，再怎樣窮困，總得想個法子來祭拜土地公或好兄弟，祈求未來一年的豐收。這個故事傳達了看天吃飯的農民的無奈，卻也生動地刻畫出了農民樂天知命的性格，不管現在如何困苦，未來仍有希望。

3、東石鄉〈戇直的人〉

東石鄉流傳著一句戲謔語，如果你在大拜拜時遇到熟人，告訴他：「你才返去厝裡食啦！」，這句話一語雙關，其一是，你吃完拜拜後，就到我家讓我請客吧！其二是，你看完戲就回你家吃飯吧！若非當地人，就只能一臉疑惑的楞在那兒了。這個典故的由來是這樣的：

> 瓦厝寮一個人，來東石給恁姊夫仔湊腳手啦，東石在拜拜啦，恁姊夫仔就得頭母，誠無閒，伊義務的，來湊腳手，做工課，湊搬母。
>
> 啊搬搬咧，恁姊夫仔有閒，去廟裡欲換伊返去食飯，啊依就去給做規日，給管顧好勢。啊恁姊夫招待人客，較閒矣，去給換講：「啊，某人啊，較緊返去厝裡時」。死矣！伊正實迸返去到瓦厝寮食，乎，往過仔，無車仔當騎，無車當坐母，用行路的母，啊去來上少也要規點鐘。
>
> 今啊食飽復來，恁姊夫給問講：「無啊，某人，你哪會返去彼久啊？」「哼，你叫我返去厝食母？」「我叫你返去厝食？我是叫你返去阮兜食，啊哈！哭枵！」〔註212〕

一個個性憨直的人，在大拜拜時給他姊夫幫忙，因為互相會錯意，這個憨直的人竟跑回路程頗遠的家中吃飯，最後才知道是一場烏龍。這個傳說頗為有趣，說明東石人可是很好客的，絕非小氣之輩，也因此流傳了這麼一句戲謔語，令人莞爾一笑，也頗具地方色彩。

（二）婚嫁相關禮俗

「婚姻」在閩南人的觀念裡是人生必經的過程之一，也因而衍生出許多與婚嫁相關的風俗習慣，而嘉義地區流傳最多的是關於兩姓不通婚的傳說，原因不外是親族之間的背叛或兩村械鬥所造成兩姓結怨，互不往來。

《六腳鄉》〈三世媽〉〔註213〕中，黃家第三代祖宗想要造反，卻被李姓

〔註212〕《東石鄉閩南語故事集（一）》〈憨直的人〉：94。
〔註213〕《六腳鄉》〈三世媽〉：14～17。

小妾通報官府，黃家雖幸而逃過一劫，卻從此交代子孫不可與李姓後代通婚。另一則〈三姓媽與李廣蟲〉中的三姓媽是個會法術的「半仙」，她有三個姓，姓黃、姓李，另一個姓已無人記得。三姓媽有一個小弟叫李廣蟲，向三姓媽借錢不成，兩人起衝突，三姓媽險些被李廣蟲害死，因此下了詛咒：「不參姓李的相稱！若和姓李的相稱，會萬代絕！〔註214〕」

《朴子市》〈郭侯無相稱〉提及清朝時，郭姓家族與侯姓家族為土地而發生械鬥，郭姓家族挖了一丈二尺寬的深溝，以阻擋侯姓家族的入侵，但侯姓家族始終不肯休兵，直到郭姓請了能人「新宜頭」在深溝上跳來跳去，姓侯的才罷休，但兩家也從此不結親家。〔註215〕

過去社會婚姻乃由「父母之命，媒妁之言」撮合而成，這種論點在大陸、台灣都曾為意識主流，而我們卻發現在嘉義地區對於兩姓之間的交往與禁忌，並不以此為主要依據。嘉義人重視的是家族之間互依互信的緊密關係，因此若有人背叛家族，或是對整個家族造成威脅，不論誰是誰非，都有可能反目成仇，互相仇殺，甚至連後代子孫都不得來往。可見宗族觀念在嘉義人的心中佔有相當的份量，有時甚至以保護自己宗族的人作為兩姓婚嫁的主要原則。

（三）其　他

嘉義地區有兩則頗具地方特色的習俗典故，一為布袋鎮天窗的由來，另一則為「最後一斗滿得尖起來」的傳說。

布袋鎮〈大聖爺作天窗〉中，傳說大聖爺〔註216〕來台遊玩，途經布袋要吃早餐，卻忘了帶錢，聽到當地人說沒錢吃飯要「吊猴〔註217〕」時，嚇得衝破屋頂，後人為了補這個被他撞破的洞，就開始在屋頂上加裝一塊玻璃。〔註218〕

天窗的用途在於採光省電，這也許和嘉義地區的好天氣有關連，然而這則傳說的重點卻不在於此，它強調儘管貴為法力無邊的神靈，對於凡人之間的規則秩序，也得遵守，若是有所違背，也只好倉皇逃走，人們可不會賣他面子。神明尚且如此，更何況只有肉身之軀的凡人呢！

〔註214〕《六腳鄉》〈三姓媽與李廣蟲〉：20。
〔註215〕《朴子市》〈郭侯無相稱〉：32～35。
〔註216〕即為齊天大聖。
〔註217〕抓來吊著綁起來當人質抵債。
〔註218〕《布袋鎮》〈大聖爺作天窗〉：18～22。

六腳鄉〈尾斗尖〉中，講述者的祖先在台南購買穀物時，救了一對被強盜搶劫的夫妻，因而暫時在祖先家中作長工，但祖先知道他們擔心後代子孫的出路，遂大方送他們一塊土地耕作，得以自立更生。從此以後，那對夫妻遂交代後人，只要是這位大方員外的後代來買穀物，一定要把「最後一斗滿得尖起來」，到現在依然如此。〔註219〕

這是一則家族間互惠的傳說，這位講述者的祖先不僅熱心助人，又能善體人意，進而大方捐出自己的土地，幫助需要的人，所以連帶子孫都能獲得福報，這也說明了嘉義人重視積德行善，福蔭子孫的道理。

綜合本節可知，鬼怪傳說方面，嘉義人對鬼神的信仰態度並非聽其擺佈，禍福不由人，相反的，只要心中有信仰、常存戒心就能趨邪避難。另外，神像途中變重而為之建廟祠的傳說，也許反映了當時交通不便、盜匪橫行的狀況，在心有餘而力不足的情況下，沈重的神像也許只能在中途休憩的地方，留給當地人供奉，若又剛好有所靈驗，更容易盛名遠播聚眾建廟，而原先請神之人也只好順水推舟的成人之美了。

漂流木成神像金身的傳說，說明了嘉義地區自古多木的農業環境，同時媽祖接炸彈型的傳說也道出了本地百姓心中的憂慮與精神恐慌，對於過去嘉義地區歷經被殖民的不平等待遇與飽受戰亂摧殘的滄桑歷史也做了有力的見證。

三爺夫人、五年千歲、觀音大士這類神明的傳說親切有趣，具有人性，和人一樣喜愛打扮、會發脾氣，有食物需求等。神明的形象對嘉義人來說，不是那麼不可親近，而是和常人一樣具有喜怒哀樂，只要能掌握住神明的喜好，就能與之和平共處，甚至獲得庇佑。但若是對神明不敬，神明就能展現神威，輕則損失財物，重則丟掉性命。人民除了能以此類故事加深信仰，使廟宇香火更加興旺，更欲告訴人們對於神明應存有基本敬畏，否則只能自吞苦頭了。

頂頭厝先祖的傳說說明己所不欲勿施於人的精神，此外，也提醒後代子孫莫忘祖先開創基業的血汗與辛苦，並告誡後人應善待辛勤的勞工。〈鋤頭架龜〉的故事傳達了看天吃飯的農民的無奈，卻也生動地刻畫出了農民樂天知命的性格，不管現在如何困苦，未來仍有希望。〈憨直的人〉是關於東石戲謔語的由來，說明東石人的好客，除了博君一笑，也頗具地方色彩。〈三世媽〉、

〔註219〕《六腳鄉》〈尾斗尖〉：52～55。

　　〈郭侯無相稱〉說明宗族觀念在嘉義人的心中佔有相當的份量，有時甚至以保護自己宗族的人作為兩姓婚嫁的主要原則。〈大聖爺作天窗〉反映了嘉義地區的好天氣，同時強調儘管貴為法力無邊的神靈，對於凡人之間的規則秩序，也得遵守，神明尚且如此，更何況只有血肉之軀的凡人。最後，〈尾斗尖〉的傳說則傳達了嘉義人認為積德行善必能福蔭子孫的觀念。

第四章　嘉義地區的故事與笑話

本章所指的故事乃是與神話、傳說有所區別的散文敘事作品。楊亮才認為：

> 狹義的民間故事，是指神話、傳說以外的富有幻想色彩和現實性較
> 強的民間故事，主要是民間童話和生活故事。〔註1〕

姜彬在其主編的《中國民間文學大辭典》「民間故事」條中說民間故事「狹義是指神話、傳說以外的民間敘事散文作品，為民間文學的一個門類，包括民間童話、動物故事、生活故事、機智人物故事、民間寓言、民間笑話及其他故事。」〔註2〕

至於民間故事的特色，江寶釵則歸納出三個要點：一、主角為平凡的庶民人物，沒有固定的姓名；二、題材來自日常生活，也有可能取材自神話、傳說；三、同類型的故事會在各地流傳，情節要素雖有小異，主題思想卻恆常不變。〔註3〕

總結以上可知，這類型的散文故事，較接近一般人的生命情調，主角可以是任何人，既不像神話是具有神格的人物，又不若傳說中的主角總是帶有部分事實根據的特定人士。故事的背景多半發生在人間，若干情節可能充滿想像，或是帶有一點奇幻成分，並且經常傳達出濃厚的主題思想，發人省思。正因如此，這類型散文故事不僅能透露出一般百姓心中的想望與願望，更隱含著當地居民的價值觀與道德取向。

〔註1〕　楊亮才，《中國民間文藝辭典》，（蘭州：甘肅人民社，1989）：273。
〔註2〕　姜彬，《中國民間文學大辭典》，（上海：上海文藝出版社，1992）：6。
〔註3〕　江寶釵，《從民間文學到古小說》，（高雄市：麗文文化）：114～115。

以下將嘉義地區的民間故事分為幻想、動物、生活、機智人物故事與笑話加以論述。

第一節　幻想故事

這類型的故事或可稱為「民間童話」，最引人入勝的地方，便是它的情節複雜而曲折，奇異而驚人，它的主角既有農民漁夫等勞動者，更有仙女、龍王或是各種妖魔。〔註4〕它所處理的事件、主題也比較單一，通常是善良的弱者能戰勝殘暴的強者，不過在嘉義地區的命定故事中也有例外。總而言之，幻想故事重在故事的幻想色彩濃厚，沒有事實、歷史的依附，與傳說有所區別；而當中的神仙角色也只是點綴陪襯的角色，這便與神話有了區隔〔註5〕。

筆者將嘉義地區的幻想故事按照主題約略分為四類，即命中注定、勸善懲惡、天賦神力與其他，以下將分類論述之。

一、命定或可易的故事

這一類的故事在講與命運相關的故事，通常指壽命、功名為天定，最多的一種是財富為命中注定，皆非人力所及，但亦有說明命運可以扭轉的故事。

（一）天意命定

《嘉義市閩南語故事集（二）》中〈福建考生的前生〉〔註6〕講述一福建商人因曾到南海普陀山貢獻香油錢，遇船難時被海底僧人所救。商人為報恩，遂為僧人整理油香帳簿，而發現自己所捐的錢在帳簿內記載一文不差。之後遇南海鱷魚神，僧人告知其將投胎在商人隔壁，並作狀元，僧人告誡商人千萬不可洩露天機。商人返回人間時，正欲說出隔壁所生男嬰非池中之物，將為狀元爺時，卻突然變為啞巴，直到男嬰長大考取狀元後，才得以回復正常。

這類型的故事在強調信仰虔誠將有善報，但天機不可洩漏，若洩漏天機，將為己招致禍患。同時，中國自古即有所謂狀元郎乃「文曲星」下凡的說法，與「南海鱷魚神」都是神仙降世為不凡之人類似，隱含著功名乃天定，早在出生之前已決定的想法。這樣的原因也許來自於古代科舉考試的困難，絕非

〔註4〕高國藩，《中國民間文學》，（台北市：台灣學生，1995）：83。
〔註5〕曾永義，《俗文學概論》，（台北市：三民，2003）：369。
〔註6〕《嘉義市閩南語故事集（二）》：64～69。

泛泛之輩能考取功名，才導致民間有這樣的說法。嘉義地區自古美名爲「台灣鄒魯」，在清領年間的科舉選甲人士冠於全國〔註7〕，文風鼎盛之程度，可想而知。嘉義人也許認爲老天爺特別厚愛諸羅城，才會在此地產生許多優秀人才，而有這樣的傳說流傳下來。

《東石鄉閩南語故事集》〈東海無龍王〉〔註8〕的東海龍王下凡巧遇老人，與老人打賭雨量的多寡，沒想到老人贏了，東海龍王不甘心，違旨亂降雨量，誤傷百姓，被玉帝懲處而死，從此東海便無龍王了。

《嘉義市閩南語故事集（二）》〈討債還債〉〔註9〕中，主角農夫生了雙胞胎，一爲討債子，一爲還債子，農夫誤將還債子當討債子，趕了出去，討債子反留家中。爲醫討債子的病，傾家蕩產，死後討債子的鬼魂還鞭打母親，母親心冷，引火焚墓園，卻誤燒甘蔗園，只好典當所有身家賠人，最後兩人淪爲乞丐。還債子因緣際會遇到善心人士的收養，還當了狀元郎，路上與父母相認，最後一家團圓。

在《六腳鄉閩南語故事集》〈蟾蜍精〉〔註10〕的故事中，石公伯和石公母向神佛求子，卻生了一隻蝦蟆。蝦蟆長大成人後要求娶老婆，父母也果然爲他娶了一個漂亮小姐。沒想到蝦蟆子脫了蝦蟆皮後竟變成一個美男子，父母便將皮藏起。十二年後蝦蟆子發現了父母所藏的蝦蟆皮，穿上皮後便不再回來。

在這些故事中可以發現，人間的子嗣、功名、禍福或災難都是早已注定好的，即便如東海龍王也不能違背天意，否則就得遭受天譴。故事中的農夫與石公石母都想藉由人力留下自己想要的東西，然而，該走的注定不留，該來的還是會來，這種天命不可違的想法普遍存於嘉義人心中，內化爲當地居民的人生觀，並在故事中展露無遺。

（二）財富命定

《東石鄉閩南語故事集（二）》〈替人儉錢〉〔註11〕的故事中，富有員外成天省吃儉用，偶然得知長工家貧，竟能大魚大肉，遂心有不甘，便吩咐老婆買隻雞來吃，沒想到卻被雞骨頭噎死。到了陰曹地府，員外大聲喊冤，閻

〔註7〕　參看第一章註5。
〔註8〕　《東石鄉閩南語故事集》：26～28。
〔註9〕　《嘉義市閩南語故事集（二）》：52～61。
〔註10〕　《六腳鄉閩南語故事集》：142～145。
〔註11〕　《東石鄉閩南語故事集（二）》：168～174。

王卻告訴他，錢財不可任意花用，此乃幫長工兒子，好吃懶做的阿川所存，後令其返回陽間。員外不甘心被命運擺弄，選擇搬離家鄉，沒想到自己的女兒還是嫁給了阿川，最後女兒和員外夫婦都死了，家產依然全歸了阿川。

這個故事帶了一點悲劇性色彩，也如同前所述，一人財富的多寡都是注定好的，強求不得，後天的努力無法敵過天生的命運，這也許能安慰家無恆產的百姓，但這樣的人生態度卻可能阻礙了欲積極發展或想改變現況的念頭發生。

（三）扭轉命運

雖說命運天定的故事頗多，但也有闡述人力可逆轉命運的故事，在《嘉義市閩南語故事集（二）》的〈彭祖〉〔註12〕就是這樣的故事。周文公原本算出他的徒弟彭祖最多只能活一到二天，彭祖只好向桃花女求救。桃花女教彭祖拿茶、水果孝敬過海的八仙，八仙因拿人手短，只好每人賜他一百歲，彭祖破除了命運，還能活到八百二十歲。

在胡萬川所編的《台灣民間故事類型》中，這則故事屬於 934D②「如何避免命中注定的死亡」〔註13〕型。在台灣流傳的彭祖求壽的故事受到元代雜劇〈桃花女破法嫁周公〉、《桃花女鬥法》小說和〈桃花女周公鬥法歌〉歌仔冊很大的影響〔註14〕，且故事中最早求壽的對象是北斗星君〔註15〕，傳入台灣後，逐漸被八仙所取代，這是受到流傳地文化的影響所致，葉淑慧認為「這可能是北斗星崇拜到後世有衰竭的傾向，而台灣區八仙的人物傳說與信仰鼎盛，這八位仙人除了有耳熟能詳的故事流傳外，並在民間的歲時節慶上有所影響，故流傳到台灣時將難北斗星君置換為八仙，不無可能……」〔註16〕。

自古以來，從帝王將相到黎民百姓，長生延壽一直是世俗的主要目標與需求，於是藉由求壽故事表達了人民的心中企求；除此之外，亦顯示了人們在面對生命時，有其自主意識與掌控方法，並非只能認命地向死亡低頭，頗有人力猶可勝天的意味存在。

〔註12〕《嘉義市閩南語故事集（二）》：8～11。
〔註13〕胡萬川，《台灣民間故事類型》，（台北市：里仁，2008）：188～189。
〔註14〕葉淑慧，《彭祖長壽故事研究》，（中興大學中文所碩士論文，2003）：152。
〔註15〕民間一向有「南斗注生，北斗注死」、「所有祈求，皆向北斗」的說法，見姜珮君，《澎湖民間故事研究》，（台北市：里仁，2007）：100。
〔註16〕葉淑慧，《彭祖長壽故事研究》，（中興大學中文所碩士論文，2003）：189。

二、懲惡勸善的故事

在這一類的故事中，通常有代表正義與邪惡的兩方，正義者在最後能得到福報，而壞事做盡的人，往往下場淒涼，除了頗有現世報的意味，也蘊含佛家濃厚的果報觀念。

（一）善惡有報

《東石鄉閩南語故事集（一）》〈有孝媳婦和不孝媳婦〉〔註17〕和《朴子市閩南語故事集》〈尿桶內雞腿〉〔註18〕都有情節相同的故事。大意是窮媳婦非常孝順婆婆，在吃完喜酒之餘，帶了一隻雞要回去給婆婆吃，卻因下大雨滑倒牛糞（尿桶）上，雞因此沾到牛糞（尿）。窮媳婦將雞洗了又洗，還向老天爺謝罪，等他餵完婆婆再劈死他。沒想到老天爺一劈，大樹卻變成兩半，出現一甕金、一甕銀，從此改善生活。另一個不孝媳婦，想依樣畫葫蘆，卻真的慘遭雷打死。

在胡萬川的分類中，此種故事屬於 779D「天雷打惡媳」型〔註19〕，強調「百善孝為先」的傳統觀念，弘揚孝順的美德，並對不孝之人做了嚴厲的批判。

《六腳鄉閩南語故事集》〈三兄弟〉〔註20〕的故事裡，三兄弟分家產，弟弟只分到一條牛。為了捉跳蚤，卻放走了牛，雞不小心啄了跳蚤，雞的主人就把雞送給了小弟，後來狗又咬死了雞，狗的主人便將狗送給小弟，沒想到這隻狗竟會犁田。

水果販、布販相繼與弟弟打賭狗不會犁田，卻輸光了賭注，弟弟贏得所有的水果和布料。壞心人想如法炮製，便向弟弟借狗來犁田，狗竟不動，壞心人將狗打死，弟弟只好埋了狗。不多久，在狗埋葬處長成大樹，弟弟砍樹拿來當舂臼，竟舂出了金子和銀子。壞心人又想依樣畫葫蘆，卻只舂出糞便，一氣之下，將舂臼燒成灰。弟弟拿灰來灑枯樹，變成一片美麗花海，得了大官許多賞賜，壞心人卻灑了滿天的灰塵，最後被關進牢裡。

在胡氏的分類裡，此故事屬於 540*「狗耕田」〔註21〕型，在台灣各地普遍流傳，雲林縣的〈兩兄弟〉〔註22〕及台南縣〈善良的小弟〉〔註23〕皆有收

〔註17〕《東石鄉閩南語故事集（一）》：126～131。

〔註18〕《朴子市閩南語故事集》：128～131。

〔註19〕《台灣民間故事類型》：141。

〔註20〕《六腳鄉閩南語故事集》：88～91。

〔註21〕《台灣民間故事類型》：92。

〔註22〕胡萬川、陳益源總編，《雲林縣閩南語故事集（一）》，（雲林縣斗六市：雲林

錄到類似的故事,《台灣民俗》〈賣香屁〉〔註24〕前半段也有相同情節。然而不同的地方在於,嘉義地區的好人、壞人並不在於兄弟之間的紛爭,而是一個壞心、沒有關係的人,而且多出了砍樹做成舂臼及灑灰成花的情節,反與蘇澳採錄「狗耕田」〔註25〕的故事情節雷同。根據余蕙靜瞭解,原來該故事為日本教育學子的內容,在《日本の昔話》第二集即有〈桃太郎、斷舌雀、開花爺爺〉的故事〔註26〕。余蕙靜認為:

> 隨著春秋戰國、秦、漢等移民東渡日本,該類故事遂流布日本。然而日本於中世紀後社會制度的改變,「狗耕田」類型的故事,便只有單純地反應同情弱勢的社會意識,去除了中國兄弟分產的結構。西元一八九五年,……日本「狗耕田」類型的故事隨著政治勢力的入侵而影響台灣,……蘇澳及台東「狗耕田」類型的民間故事,便是明顯日據時期日人文化教育影響的產物。〔註27〕

台灣目前仍是兄弟均分遺產的制度,何以在嘉義地區淡化此情節?或許可以推論,嘉義地區此類型的故事受到日人教化的影響較深,因此呈現出不同於鄰近地區的情節內容。

另外,雲林、台南地區的故事都強調弟弟利用各種方法誘使狗能耕田,如用飯糰、蕃薯誘導前進或是將犁具改小等,而嘉義地區卻沒有類似情節出現,忽略其本身亦有努力的成分,更加強「傻人有傻福」的道理。

《六腳鄉閩南語故事集》〈做牛還帳〉〔註28〕中,堂哥借錢給堂弟存稻穀,堂弟因此發了財,要還錢與利息給堂哥,堂哥假意借條不見,再向堂弟要一次錢,堂弟也不想計較,便再給一次。堂哥身亡以後,**靈魂轉世為堂弟的小**

縣文化局,1999):2~9。另有〈兩兄弟合狗仔〉見《雲林縣閩南語故事集(三)》:122~128。

〔註23〕 胡萬川,《台南縣閩南語故事集(三)》,(台南縣新營市:台南縣文化局,2001):76~87。

〔註24〕 吳瀛濤,《台灣民俗》,(台北市:眾文,1992):412。

〔註25〕 這則故事可分為以下三層:一、狗指示阿公藏金處;二、狗墓位長出的樹木做成蒸具,可使好阿公放入的米變成黃金;三、燒毀由狗墓位處做成的蒸具,其灰燼可使枯樹開花。見余蕙靜,〈狗耕田故事初探〉,《高雄師大學報》,14(2003):281。

〔註26〕 關敬吾,《日本の昔話》第二集〈桃太郎、斷舌雀、開花爺爺〉,(日本:岩波書店,1957)。見余蕙靜,〈狗耕田故事初探〉,《高雄師大學報》,14(2003):282。

〔註27〕 余蕙靜,〈狗耕田故事初探〉:290。

〔註28〕 《六腳鄉閩南語故事集》:118~125。

牛，堂哥托夢給妻子，要他務必向堂弟買小牛。經堂哥妻苦苦哀求後，堂弟將小牛送給堂嫂，堂哥也躲過了要耕一輩子田的命運。

《台灣通史》在介紹台灣佛教時曾云「生有過去、有現在、有未來，是三者不能有因而無果。因果之說，佛言之矣。〔註29〕」、「通其道而後可以悟生死、解輪迴，自度而度人〔註30〕」，可見得這則故事揉合了佛教思想的果報觀與輪迴觀念，前世欠債，後世就得償還，也告訴人們行善積德趁今世的道理。

433D「蛇郎君」型〔註31〕的故事在台流傳頗廣，嘉義就收錄到三則異文，而且各自呈現不同的情節內容，十分有趣。

東石鄉有兩則蛇郎君的故事，內容與台灣其他地區蒐羅到蛇郎的故事有很大的差異。而其中一則因為其主題思想與原本蛇郎故事的差異頗大，筆者認為將其歸在另一類較為妥當，因此留待之後論述。

《東石鄉閩南語故事集（二）》〈蛇郎君（二）〉〔註32〕描述老伯有三個女兒，大的已嫁人，二女兒許配給蛇郎君。有一日三女兒到大姊家玩，姊夫非禮不成，將她殺害。三女兒依序變成竹子、竹椅、紅龜粿，最後從陰間還魂，向大姊控訴姊夫惡行。返家後，嫁給了二姊悔婚的蛇郎君，生活富裕美滿，引起二姊妒恨，遂將她殺害。蛇郎不願改娶二姊，三妹冤魂將姊夫與二姊抓走。

這則故事的反角有兩個，分別是大姊夫與二姊，三女變形控訴的對象也是大姊夫，非一般以大姊為對象。而蛇郎對小妹忠貞不二，不願娶非小妹之人，這與其他蛇郎故事也有不同。

六腳鄉的蛇郎故事較為接近一般流傳的故事情節。內容敘述豬屎伯偷摘花，蛇郎要他嫁女兒賠償，三女兒順從父意嫁給蛇郎，生活富裕，卻遭大姊妒恨，推三女兒入井，三女兒化成小鳥、竹椅、紅龜粿，最後變成人形，教救她的老婆婆回答蛇郎的問題，終與蛇郎相認，一家團圓。〔註33〕

這則故事結合了巧女故事的情節，在台灣各地亦有類似的情況。然而，經比對雲林、台南地區的蛇郎故事發現，嘉義地區與這兩地最大的不同在於

〔註29〕《台灣通史》：579。
〔註30〕《台灣通史》：576。
〔註31〕《台灣民間故事類型》：67。
〔註32〕《東石鄉閩南語故事集（二）》：66～71。
〔註33〕《六腳鄉閩南語故事集》〈蛇郎君〉：134～140。

對反角的「寬容」，意即淡化或直接省略了反角的悲慘下場。雲林地區蛇郎故事中，反角大姊被蛇郎捉去挑沙填海，最後還被海浪捲走〔註 34〕；台南地區的大姊更慘，頭被砍下，拿去餵豬就算了，剩下的肉屑還被醃起來，甚至差點被自己的父親吃掉。〔註 35〕

簡齊儒認為懲罰情節在台灣異文變化中趨於弱化的原因在於，「傳承蛇郎故事者多為女性，故對於故事裡的角色，多起著「人情化」的因素」〔註 36〕。據筆者觀察，雲林的講述者為男性，台南、嘉義等地的講述者皆為女性，然而對於懲罰情節來說，似乎無男女之差異，甚至台南的還稍顯殘忍。筆者認為此種情節的淡化也許不在於是否為女性講述人，而在於嘉義地區的百姓普遍對於人性的理解，總是多了一份善意和包容，民間故事便映射出這樣的價值觀。

《東石鄉閩南語故事集（二）》〈虎姑婆〉〔註 37〕描述父母外出探訪奶奶，讓兩個年幼的孩子看家。虎姑婆假借姑婆來訪，讓兩個孩子信以為真，便開門讓虎姑婆進來。虎姑婆要兩人比賽摔角，贏的跟他睡，輸的睡腳邊，結果贏的被吃掉，虎姑婆騙另一人說是在吃嫩薑，這個孩子察覺不對勁，趁機逃走，先說要上廁所，讓虎姑婆用繩子繫著，再把繩子繫在水罐上，並趁機爬上大樹，待虎姑婆發現後，又騙虎姑婆說要用熱油燙螞蟻窩給姑婆吃，最後虎姑婆張開大嘴被熱油燙死。

台南地區蒐羅到相當多的虎姑婆故事，雖然在情節上大同小異，但在結尾母親出現時，總會利用謠諺「我的子熬，我的子會，啊燙死虎姑婆仔的嘴齒白 le¹se²」〔註 38〕稱讚孩子聰明、能力好；雲林所收錄的虎姑婆故事在結尾處，會有其他的成人或是自己的外婆，幫助小女孩逃脫虎掌〔註 39〕。反觀嘉義地區，不僅沒有記載謠諺的，父母或其他親人在情節開展之後，就沒有再出現過。

有學者認為虎姑婆故事中，父母出言關懷的情節，對於正在聽故事的孩

〔註 34〕《雲林縣閩南語故事集（一）》〈蛇郎君〉：140～153。
〔註 35〕《台南縣閩南語故事集（五）》〈蛇仔郎君〉：194～205。
〔註 36〕簡齊儒，〈台灣澎湖蛇郎故事之變異性——以兩姊妹角色人情化為考察主線〉，《澎湖縣文化局季刊》，29（2002）：48。
〔註 37〕《東石鄉閩南語故事集（二）》：56～59。
〔註 38〕《台南縣閩南語故事集（五）》〈虎姑婆仔〉：140。
〔註 39〕《雲林縣閩南語故事集（一）》〈虎姑婆〉：120～123、126～131。

童而言，有撫慰的作用，能使恐懼的氛圍減少〔註 40〕。嘉義地區既無父母出言安慰，也沒有其他成人幫助孩子的情節，整個故事的重點強調孩子運用機智擊退壞人，透露故事傳承人希望孩子能善用智慧，以及擁有獨立處理事務的能力。

（二）感　恩

東石鄉的〈七粒田螺〉〔註 41〕敘述一對窮夫婦以撿柴為生，有次救了七粒田螺，田螺們送他們一個會生東西的碗公，因而使他們富裕了起來。不僅借錢給別人不收利息，還蓋房子給窮人住。有兩個騙子眼紅，趁機騙了他們許多錢。想要逃跑時，聽到路邊有人說欠錢不還的人，下輩子得為人做牛做馬，遂立刻將錢還給夫婦，並被收為義子，不久，當地便成為一個大聚落。

這則故事的重點在強調夫婦的仁愛與寬厚，以及因果循環的道理。台南後壁有一則〈田螺報恩〉的故事，情節大同小異，差異較大的地方是台南地區多了一段騙子與驢子對話的情節，故事敘述這三個騙子騙了老公公九百兩和一頭驢子之後：

> 今也伊就……彼三百兩銀，三個就九百兩你呼。啊就、就號做，比
> 驢仔三個就共牽去，就牽一隻背去啊啦，背去到位抵仔行三百……
> 彼陣的時代是講三百里啦。啊行去到彼的時，彼隻驢仔呼，彼隻驢
> 仔的時抵仔好，毋知安怎然變會講話啦，講：「我較早共您三個界三
> 管米爾啦，三管的米啊我已經……共您背抵仔好一百公里，抵仔三
> 個三百公里，我已經的時號做，我的……已經犯的罪，若像講欠你
> 的債已經滿啊啦，共你背三百公里。三個抵仔三百公里，我共你借
> 三管米啦。」〔註 42〕

驢子前世曾向此三人借了三管米未還，所以今世得為這三人駄物三百里，驢子說完話以後還自踢肚子而死，情節的設計強化了警誡世人的意味，這三人也因此瞭解了因果循環的道理，急忙將錢還給好心夫婦。而本地流傳的故事只簡單敘述聽到「路邊的人」所說的話，才使騙子回心轉意。也許這是因為在故事傳布過程中，講述人忘記了複雜的情節，加快了故事結束的腳步，省略許多豐富的情節，呈現出樸素而簡單的故事特色。

〔註40〕吳安清，《虎姑婆故事研究》，（東吳大學碩士論文，2003）：47。
〔註41〕《東石鄉閩南語故事集（二）》：110～116。
〔註42〕《台南縣閩南語故事集（三）》〈田螺報恩〉：26。

　　布袋鎮〈玉帝保庇〉〔註43〕的故事描述有個漁夫很窮，但爲了拜土地公，特地買了肉孝敬土地公，土地因爲吃太多拉肚子，晚回天庭領旨，向玉帝報告經過，玉帝這才知道漁夫的誠心，遂命令海龍王賜給漁夫豐富的魚獲量，使漁夫發財。

　　東石鄉〈誠心上好〉〔註44〕中的窮人看見佛祖的廟宇如此破爛，便將身上僅有的一圓二分銀錢捐給佛祖當香油錢，佛祖受其感動，遂使他發跡。窮人富有後，常捐香油錢給佛祖，但佛祖跟他說，誠心最重要，現在捐獻的錢雖多，但心意已與以往不同了。

　　這兩則故事說明敬神貴在心誠，佛祖會因虔誠祭拜者的心意而動容，進而帶給信徒財富。

　　六腳鄉的〈蛇子〉〔註45〕敘述蛇精報恩的經過。撿柴人拾到一條小蛇，帶回家養，待其長大，無法再養，蛇遂鑽進大樹洞中，成爲蛇精，屢屢吃掉村中人。村長出賞金求殺蛇人，撿柴人認出是自己養的蛇，蛇答應自己的頭讓撿柴人砍下，未料蛇頭被偷，最後被狗和貓一起尋回，撿柴人也得了賞金，從此過好日子。

　　不難看出感恩故事的型態，都是人對神佛或動物先有所付出後，再得到異類的回報，而且著重在財富的增加，這透露以農業、漁業爲生的嘉義人，因爲無法靠著自己的能力改善貧困的生活，而希冀神奇的第三者伸出援手，改變經濟條件的想望。

（三）知　足

　　東石鄉〈人心不足〉〔註46〕故事中的小男孩救了一條小蛇，並將牠養大，可是男孩家窮，實在無法負擔大蛇的食量，蛇爲了不拖累男孩一家，便躲回山裡。後來，爲使男孩家境轉好，蛇自挖一眼給男孩賣錢，男孩一家果然富裕了起來。但男孩的媽媽和老婆不知足，要男孩再去要另一隻眼，蛇一生氣，就把男孩吃了。

　　胡萬川將此類歸於555D「被救的蛇和貪心的人」型〔註47〕，屬於新編子類，爲嘉義地區獨有的故事情節。

〔註43〕　《布袋鎮閩南語故事集》：166～170。
〔註44〕　《東石鄉閩南語故事集（一）》：156～159。
〔註45〕　《六腳鄉閩南語故事集》：124～130。
〔註46〕　《東石鄉閩南語故事集（二）》：118～124。
〔註47〕　胡萬川，《台灣民間故事類型》，（台北市：里仁，2008）：98。

　　《東石鄉閩南語故事集（二）》〈蛇郎君（一）〉〔註48〕講述蛇郎強娶長得最美的三妹，婚後住在土裡，生活很富裕。父親為看小妹，假扮成乞丐，被小妹識出後，便送父親一桶金、一桶銀，並交代不可於半途打開，父親不聽仍打開看，金銀遂飛回蛇郎家。

　　此故事因不同於一般蛇郎故事表達的主題思想，所以歸於此類討論。原本懷抱感恩心的蛇與孝順的小妹都想幫助曾經對自己有恩的人，但不知足的人往往只看到眼前的利益，如果連犧牲對方也不在乎的時候，便容易落得一場空，甚至被私心反撲。這兩則故事都在告誡後代子孫不可貪心，否則將自食惡果，當然也告誡後代為人處事應有一定分寸，不可「軟土深掘」的道理。

三、天賦神力的故事

　　故事中的主角常有驚人的力量，這力量的來源或是天生神力或是神仙賦予，都能幫助主角解決難題或挑戰，而應付的對象通常是擁有權力，能決定生死的人。

（一）天生神力

　　嘉義市〈三兄弟〉〔註49〕的故事敘述三個兄弟長得一模一樣，卻各有本領。長腳用水淹不死，貓鼠能埋在土裡三天不死，鐵骨仙刀槍不入。某日，一個男孩因跟著長腳去捉魚而被淹死，長腳帶回孩子屍體卻被誣告，縣老爺欲處死他，長腳告知縣老爺得回家與父親辭別，卻換鐵骨仙來，果然無法砍死他。縣老爺改用活埋，隔天卻換貓鼠來，當然也失敗，最後改用水淹，卻是原來的長腳受刑，縣老爺當然還是失敗了。末了，縣老爺認為這是天意，是一樁冤獄，遂放了他們。

　　太保市的〈三個擔千五斤〉〔註50〕是一則相當簡樸的故事，描述三個強壯的兄弟，擔了一千五百斤的稻米去嘉義市繳地租，地主與他們打賭若能再搬回去，就不用繳地租了，這三人果然就挑了回去，地租當然就省下來了。

　　653**「超凡的好漢弟兄」〔註51〕型的故事，在台中縣收錄為〈八個兄弟〉〔註52〕，在《台灣民譚探源》中則為〈七兄弟〉〔註53〕，情節大抵是天生異

〔註48〕《東石鄉閩南語故事集（二）》：62～65。
〔註49〕《嘉義市閩南語故事集（二）》：168～173。
〔註50〕《太保市民間傳說》：174～175。
〔註51〕《台灣民間故事類型》：107。
〔註52〕胡萬川編，《台中縣民間文學集 12 沙鹿鎮閩南語故事集》，（台中縣：台中縣

能的兄弟們因故惹了麻煩，便利用自己的特異功能解決了問題或麻煩。

嘉義地區的兄弟數目不若其他地區數目眾多，可能是因為講述者記憶有限的關係，太多複雜的情節太難記誦，因此簡化為三人，而「三」在童話故事中也是經常運用的「反覆」手法，「有助於突出其思想意義或某種特殊的韻味，或者也使之更便於記憶」〔註 54〕，因此也就利於流傳。利用這樣反覆的情節，除了凸顯三兄弟奇異的技能與團結合作的精神之外，相對於昏官的愚昧形成了強烈的對比，製造了諷刺與幽默的效果。

施氏的〈七兄弟〉是因為主動偷竊皇宮寶物，才被通緝，而嘉義市的三兄弟可是被冤枉的，因此故事的重心便著重於對抗不合理的權威者上，頗有抗爭的意味存在。升斗小民在日常生活中也許經常遭受在上位者的剝削，心中怨氣往往無法抒發，藉由這樣幽默的故事一吐為快，一撫平日所受的悶氣，也算是民間文學的功用之一。

（二）神仙賦能

六腳鄉〈阿不倒義仔〉〔註 55〕的主角阿義，因台灣生活不易，遂到番邦賣不倒翁，因番邦小孩第一次看到不倒翁，覺得新鮮，所以不倒翁大賣，阿義也賺了許多錢。回家的路上阿義誤撕了國王欲醫治女兒的告示，一定得醫治好公主的病，阿義萬般無奈下，只好搓下身上污垢給國王，沒想到太白真人因為看到阿義的悲慘，就將三顆靈丹與污垢丸掉包，醫好國王的女兒，國王遂賞賜阿義許多金銀珠寶，使阿義成為大富翁。

阿義為生活所迫，不得已離家奔波，卻因為不識字而遭遇困難，幸好太白真人慈悲，解救了他，阿義才能平安返家。

不管是擁有天生異能的三兄弟或者平凡如阿義，他們共同的對象都是高高在上，能掌握生殺大權之人。一般百姓容易受到權威者的壓迫，心中非常希望有一展怨氣的時候，而民間故事就提供了最好的發洩管道。

四、其　他

《朴子市閩南語故事集》〈周成過台灣〉〔註 56〕中的周成為台灣漁夫，有

立文化中心，1994）：42～62。
〔註53〕施翠峰，《台灣民譚探源》，（台北市：漢光文化，1985）：132～135。
〔註54〕譚達先，《中國民間文學概論》，（香港：商務印書館，1980）：129。
〔註55〕《六腳鄉閩南語故事集》：162～170
〔註56〕《朴子市閩南語故事集》：152～155。

一次因病被船友拋棄在大陸山上，被一隻人猿救了，並與他生下一子，後周成遇船得救，遂攜子殺人猿回台灣。回台灣之後，被人招贅。其子中狀元後，欲爲母親做功德，怎料出現的竟是猩猩魂魄，經兒子追問之下，周成才娓娓道出經過。

故事中說明猩猩比人類更有情意，不僅醫治好周成的病，還擔起養家的責任，而周成如此無良，竟親手殺死自己的救命恩人。一般來說，周成的故事經常與林投姐的故事結合〔註57〕，與本故事不同。周成一向給人負心漢的形象，這點在此並未有所改變，只是這個負心漢到最後並沒有受到任何的懲罰，也許是因爲對象並非人類。從這則故事透露出，一般百姓認爲妖怪的地位原本就較人類爲低，自然不爲一般世俗所接受，因此對於周成的薄情寡義並不加以抨擊。

同樣是異類婚配，反觀蛇郎君的故事，女子雖嫁給了蛇，到最後還是認同了嫁雞隨雞、嫁狗隨狗的觀念，依然選擇要跟蛇郎終老。但是，當人類主角換成男性時，雖成忘恩負義之人卻毋須負責，可見男尊女卑的觀念還是存在，特別當婚配對象非我族類時，往往只能以悲劇收場。

六腳鄉有一則〈仙試耐性〉〔註58〕的極短故事，在講神仙下凡之後，以不斷問同一個問題的方式，試人的耐性，願意不斷重複回答的人就能獲得寶物。

這則故事的情節相當簡化，角色也很模糊，重點僅在強調神靈會厚愛有耐心之人，可能只是教導幼童生活態度的小故事而已。

綜合本節可知，從嘉義地區所流傳的幻想故事看來，嘉義人也許認爲生命中的境遇、禍福甚至功名自有其定數，若要貪求，尤其是利用不爲世俗所認同的手段時，往往會得不償失。話雖如此，彭祖求壽、〈玉帝保庇〉、〈誠心上好〉的故事卻告訴我們信仰虔誠能改善自己的命運；而良好德行，如孝順、仁愛、信守承諾等，也能爲自己帶來好福氣。命運並非不可改，端視今生有無行善積德，多做好事。而其中最常見到的回饋就是財富的增加，這也說明了嘉義人渴求財富的心理及對經濟生活的重視。

此外，〈虎姑婆〉的故事亦鼓勵孩童應善用機智，與其他地區相比則更加

〔註57〕 如龔顯宗編，〈周成過台灣〉，《台灣小說精選》，（台北市：五南，2005）：122
　　　　～129。本書所蒐羅的故事乃經編者多年訪錄、搜尋、編纂而成。
〔註58〕 《六腳鄉閩南語故事集》：132～133。

強調子女的獨立性，這可能與早時農忙，父母無法在家照顧孩子，只好期望孩子能照顧好自己的心理有關。天賦神力型的故事則描述在封建時代，被官吏壓迫的平民百姓如何對抗權威，及善用諷刺與幽默的手法達到抒解心中怨氣的目的，讀來莫不大快人心，具體地展現了民間文學的功用。

〈蛇郎君〉的故事則展現了嘉義人對人性獨特的包容與寬厚，但與〈周成過台灣〉的故事相比，卻又隱含男尊女卑的觀念，要求女性必須能養育子女、孝順公婆、信守諾言與忠貞不二，而男性卻只要能提供豐富的物質生活即可。

第二節　動物故事

本節所要討論的動物故事如何與動物傳說做區別呢？施翠峰將動物故事稱為「動物譚」，並認為說明動物的由來（或動物生態上的某處特徵之發生理由），和說明動物之間的糾葛的，前者屬於傳說，後者則屬於民譚（故事）的範圍〔註59〕。

曾永義也認為動物傳說偏重於解釋動物的起源、特徵與功用，而動物故事則是：

> 以人格化的動物為主人公來鋪敘的故事。人們按照各種動物蟲魚鳥獸等的型態和習性，相對應的賦予各種人物的思想情感與性格，並假藉其語言、行為和彼此之間的糾葛，象徵性的反應人類社會生活的面貌，從而表達出作者的愛憎情感、是非觀念和理想願望。〔註60〕

由此可知，動物傳說應重在「解釋」某種特性的由來，而動物故事則偏重於藉動物之間的關係來反映人類的社會生活與感情願望。嘉義地區的動物故事只有二則，而且皆集中在東石鄉，分別是〈驚雨漏〉和〈十二生肖〉，都屬於廣泛流傳的民間故事，以下將詳細討論之。

《東石鄉閩南語故事集（二）》〈驚雨漏〉〔註61〕：一個小偷和豹都想偷一對老夫妻的牛。豹聽到老婆婆說最怕「雨漏」了，雖不知「雨漏」是什麼，卻認為應該非常可怕。後來小偷想去偷牛，正巧豹也要去吃牛，小偷誤認豹

〔註59〕《台灣民譚探源》：167。
〔註60〕《俗文學概論》：397。
〔註61〕《東石鄉閩南語故事集（二）》：123～130。

的尾巴為牛尾，拚命往外拖，直到看到是一隻豹，便嚇得往樹上爬；豹也誤以為拉他尾巴的小偷就是「雨漏」，於是豹也拚了命的往外逃。後來豹遇到獅子，兩人決定尾巴綁在一起去見「雨漏」，這時小偷卻不小心掉了下來，獅子和豹以為「雨漏」要來抓他們了，嚇得逃走，卻把各自的尾巴拉斷了，豹還自以為是的說：「我給你講真厲害，你還不相信！」〔註62〕

　　江肖梅《台灣故事（中）》〔註63〕收集到一則與上述「怕漏」情節類似的故事：有隻老虎聽到屋內的老婆婆對老公公說：「晚上老虎很凶猛，我們晚上門戶要關得很緊才好。」老公公說：「我才不怕，我只怕『鱟』。」晚上老虎要去吃豬，沒想到小偷正好來偷豬，誤抓虎的後腳，跑到路上才知道是一隻老虎，趕緊爬到大樹上躲起來；這一頭老虎也以為小偷就是厲害的「鱟」，便跟著路上遇到的虎友結伴到大樹下察看，沒想到小偷緊張的掉了下來，老虎們以為「鱟」要來抓他們了，爭先恐後的逃走了。

　　台中〈驚老毋驚虎〉〔註64〕中，老虎聽到一個老人說比起老虎他更怕老，因為人老了會全身長毛，還會到處亂翹刺人，老虎覺得奇怪，竟有比他更可怕的東西。當田裡的人開始穿起蓑衣，老虎以為那就是「老」，便嚇得逃走了。

　　這幾則故事都屬於177【老虎怕漏】型〔註65〕，故事中的動物主角因不了解人類詞彙的意義而造成了滑稽效果。嘉義東石的故事比較接近江氏所採集的故事，差異的地方在於將老虎換成了「豹」，同時故事的重點也偏重在誤判情勢的部分。

　　首先，「鱟」（ㄏㄡˋ）與閩南語的「雨漏」在讀音上其實十分相近，這也許是因為編者們在採集故事時，由於對語音與語意理解的不同，且又以不同的文字紀錄語音，而造成不同解讀所導致。

　　其次，豹與虎同是山林中的猛獸，漢語自古也常以虎豹合稱〔註66〕，從豹俗稱「石虎」〔註67〕亦可得知。與虎相較，豹雖次之，但也是百獸中的佼佼者，何況台灣自古並無產虎，卻產豹。《臺海見聞錄》曾載「臺灣無虎有

〔註62〕《東石鄉閩南語故事集（二）》：128。
〔註63〕 江肖梅，《台灣故事（中）》，（台北市：中國民俗學會複印，台北市：東方文化，1974）：50～51。
〔註64〕 胡萬川編，《台中縣民間文學集27》，（台中縣豐原市：中縣文化，1993）：130～134。
〔註65〕《台灣民間故事類型》：25。
〔註66〕 田哲益，《十二生肖與動物信仰》，（台北市：武陵，2002）：289。
〔註67〕 連橫，《臺灣通史》，（台北市：台灣銀行，1962）：710。

豹，……臺豹艾葉紋，皮薄，可爲衣。原產北路彰化，今惟淡水雞籠山時獲一、二，頗稱難構，其價亦數倍於內地豹皮也。〔註68〕」又《諸羅縣志‧物產志》載「豹……紋如艾葉者，曰艾葉豹；臺謂之烏雲豹。土產者稍大於犬，而無所害於人；或名之曰獐虎。〔註69〕」

由此可知，台灣山林有豹無虎，且毛皮極具經濟價值，人們可從其身上獲利，對人們來說，豹可怕的程度降低，無怪乎會以滑稽、呆傻的親切形象出現在民間故事中。故事主角以「豹」代替「虎」，看似特殊，實際上卻有其深厚的根源，比起他地故事而言，反而更接近台灣的實際狀況，展現了濃厚的鄉土趣味與在地情懷。除此之外，豹與小偷都因爲沒有認清實際的狀況，導致糗態百出，隱含著人若在事態未明之前，妄下論斷，常會自食惡果。

《東石鄉閩南語故事集（二）》〈十二生肖〉〔註70〕：動物界決定要以賽跑的快慢來決定十二生肖的順序。老鼠爬到牛背上過溪，趁牛衝第一時，趁機從牛角上跳了下來，贏得第一。

鴨子認爲自己跑不快，提早出發，卻跑過頭；而貓自認跑得快，先睡了一覺，沒想到醒來後卻來不及趕上了，所以後人才講：「鴨仔走過頭，貓仔走無到。〔註71〕」

台中〈看誰走上緊通來排生肖〉〔註72〕、彰化〈十二生肖的故事〉〔註73〕都有關於貓何以沒有排上十二生肖的說法；江肖梅在《台灣故事（中）》〔註74〕收錄了貓和老鼠的故事，《台灣民俗》〈貓的復仇〉〔註75〕講得亦是貓何以和鼠結仇的故事。大抵上來說，江氏與吳瀛濤等文人搜錄的情節雷同，皆是老鼠將貓推下河，導致貓無法被選入生肖，從此貓便以吃掉老鼠做爲報復手段。民間說法則是五花八門，內容多元有趣。彰化地區是貓騙老鼠說得先洗臉才能選上，等貓洗完臉，卻趕不上生肖大會了；台中地區則是老鼠騙貓說游過

〔註68〕董天工，《臺海見聞錄》，（南投市：台灣省文獻委員會，1996）：62。

〔註69〕《諸羅縣志》：235。

〔註70〕《東石鄉閩南語故事集（二）》：132～135。

〔註71〕《東石鄉閩南語故事集（二）》：132。

〔註72〕曾敦香、楊照陽，《台中市民間文學採錄集4》，（台中市：台中市文化局，1999）：49～52。

〔註73〕胡萬川，《彰化縣民間文學集7》，（彰化市：彰化縣立文化中心，1995）：168～169。

〔註74〕江肖梅，《台灣故事（中）》，國立北京大學中國民俗學會民俗叢書，（台北市：東方文化，1974）：28～30

〔註75〕《台灣民俗》：443。

河後，身體得先曬乾，否則毛潮濕是不可以排入生肖的，等貓做完日光浴，十二生肖早已選完。

由此可知，台灣這一類故事所流傳的情節大致上都以貓鼠結怨的過程開展，嘉義卻與眾不同，雖說也是講述貓何以排不上十二生肖的故事，卻與老鼠無關，反倒是因為自己太過自信所造成。除此之外，尚多了鴨因為太早做準備，跑過了頭才無法選上生肖的情節。貓與鴨，一個太過，一個不足，頗有過與不及都不如適時適當的意味存在。

貓與鴨都是民間常見的牲畜，民間一般認為貓與鼠乃為天敵，既有鼠，何以缺貓，也許因此而常引發聯想。至於鴨呢？《臺風雜記》曾記錄台人善用人工孵化以養鴨，因此繁殖易、獲利鉅，甚至一村之人皆可均分其利〔註76〕。由此可知，鴨對一般百姓而言，不僅只是生活中常見的動物，更有其經濟價值，引起人民聯想自是有其淵源了。

十二生肖配合十二地支的說法，根據學者研究，最晚至東漢已出現〔註77〕，但關於十二生肖的起源與何人所選，則眾說紛紜，莫衷一是〔註78〕。學界尚且如此，民間對此問題更顯得興趣濃厚了。也許是因為這樣，人民開始發揮豐富的想像力，結合平日觀察動物的各種習性，為沒有列入十二生肖中的動物編出許多貼切、有趣的動物故事。

台灣的動物故事一向稀少，這是何故？筆者認為施翠峰先生的論點可以作為參考。施氏認為這是因為台人在特殊的歷史背景與孤島的地理條件，使住民較注重現實的生活，而忽略了與動物的關係，人們的想像力未將之發揮在故事中，反而在與實際生活有直接關係的宗教神話或風水說之中〔註79〕。

嘉義東石地區所搜錄的故事雖少，且其類型與台灣各地動物故事相較，也不脫其藩籬，但究其主要細節，仍可發現其獨特之處。〈驚雨漏〉中以豹代替虎，顯示故事內容更貼近人民生活，具有在地的趣味與濃厚的鄉土情感，也展現的民間故事在流傳過程中極易與當地特有物產結合的特色；〈十二生

〔註76〕左倉孫三，《臺風雜記》，（南投市：台灣省文獻委員會，1996）：37。

〔註77〕王文良，〈馬公城隍廟十二生肖石雕藝術淺談兼記十二生肖的傳說及與干支的關係〉《西瀛風物》，6（1999）：44。

〔註78〕有一說為中國西北部民族創造動物紀年法後，傳入中原，兩族文化融合而產生；另一說為古代動物圖騰崇拜的影響，使古代天文學聯繫了動物形狀，人們就用一些動物的名稱來配合抽象的十二地支。見成耆仁，〈戊子新春畫吉鼠〉，《歷史文物》，175（2008）：25。

〔註79〕《台灣民譚探源》：170。

肖）不重貓與鼠的恩怨，並多添加了鴨的情節，也是一種將想像力發揮於現實生活的展現，這兩則故事的重點皆反映人們經常自作聰明誤下判斷，導致自己錯失良機或自食惡果的意味存在。

第三節　生活故事

　　這一類的故事不講求奇異的冒險、浪漫的幻想，故事內容著重在日常生活的經驗面與眞實面。曾永義曾對生活故事下了這樣的定義：

> 生活故事，現實性比較強，以反映社會上各種人物的關係和人們日
> 常生活的故事、經歷爲主要內容。因此也稱作寫實故事或世俗故事。
> 故事中的主人公通常是人們熟悉的小人物……。〔註80〕

生活故事的主角通常是不起眼的小人物，在你我的周遭都可能遇到，故事的情節內容也發生於日常生活中，並從生活百態的描寫反映當時的社會文化與百姓的心中想望，使得這一類故事常能令人感同身受，除了有其教育意義之外，也同時兼顧了娛樂性與趣味性。

　　以下按照故事的內容主題將嘉義地區的生活故事分爲家庭、科舉、民俗、美德、生活經驗與其他等五類加以分析。

一、家庭故事

　　家庭故事爲生活故事的最大宗，所佔的數量也最多，除了顯示了嘉義人對家庭的重視以外，也展現了嘉義人務實的精神。筆者以故事主要闡述的對象與關係作爲分類依據，茲分述如下。

（一）夫　妻

　　《六腳鄉閩南語故事集》〈豬肚燉蓮子（一）〉〔註81〕描述有一個丈夫對妻子不好，妻子詢問中醫師有何妙方可毒死丈夫。中醫師告訴他用「豬肚燉蓮子」，吃一百個就會死。一百天後，丈夫眞的死了。中醫師詢問妻子用什麼柴燒的？妻子回說用白茄子的枝椏。中醫師原想讓夫妻和好，沒想到卻眞的害死了丈夫。

　　夫妻間的不合導致妻子想害死丈夫，外人儘管勸合不勸離，卻無法阻止

〔註80〕《俗文學概論》：398。
〔註81〕《六腳鄉閩南語故事集》：66～67。

悲劇的發生，這類型的家庭故事直到到現今仍在上演。本則故事除了說明儘管親蜜若夫妻，若不懂得彼此互敬互愛，難免也會反目成仇。同時也隱含了夫妻之間若無法和睦相處，就算外人想插手幫忙，同樣無濟於事的道理。

　　《布袋鎮閩南語故事集》〈一個歕鼓吹〉〔註82〕講的是妻子外遇的故事。一個吹喇叭的太太不守婦道，背著他偷人。有一次太太趁丈夫出外幫人吹喇叭，約了姘夫見面，沒料到丈夫提早回來，便假意問丈夫是否矇著眼睛吹喇叭就會沒有聲音？丈夫為證明依然聽得到聲音，便讓妻子矇著眼睛吹奏，而姘夫也藉機溜走。另一次，妻子與姘夫相約在農曆五月四日看划龍舟，沒想到姘夫卻掉到河裡死了，妻兒便為他辦理後事。而這個偷人妻子以為姘夫不會有事，遂自顧自的回家了。後來得知姘夫的死訊，到了端午節當天，她邊包粽子邊掉眼淚，口中有感而發唸著：「五月初四死契兄，初五在縛粽，我無心情哦，夭壽這個龍王，你會無靈聖，前翁你唔掠哦，各共我掠這個契兄哦！〔註83〕」

　　《雲林縣閩南語故事集（四）》〈歕鼓吹送契兄〉〔註84〕亦有相同情節，不過妻子矇住丈夫眼睛的理由是認為丈夫眼睛若看不到樂譜就不會吹奏了，最後這個妻子還被丈夫諷刺若是她偷人，他會吹喇叭送走這位姘夫。

　　相較之下，布袋的妻子用的理由頗為牽強，而丈夫竟也聽信，顯見為人較憨厚。而多出姘夫死亡的情節，不僅對這個偷人的妻子作了懲罰，對於破壞家庭和諧者亦給予嚴厲的批判。顯見在夫妻關係上，嘉義人對於出軌妻的包容，並強調憨厚的丈夫傻人有傻福。

　　《朴子市閩南語故事集》〈賣缶仔的翁仔婦〉〔註85〕講述一個賣陶甕的經過挑柴的家門前，看到挑柴的妻子十分體貼他的丈夫，回去後便跟妻子聊起看到的情況，妻子說他也可以這樣做。賣陶甕的暗自高興，想到妻子要特別體貼他，就想多賺一點錢，因此隔天賣得特別晚。而賣陶甕的妻子為了體貼丈夫，特別去買了胭脂水粉，結果把自己的臉塗得像內山猴子。這時妻子坐在大太陽底下等丈夫回來，沒想到丈夫比平常晚回來，自己早已全身熱汗，臉上的妝也花了。等丈夫回家一看到妻子的樣子，氣得想拿扁擔打她，沒想到陶甕竟碎了一地，丈夫更加火大，打得妻子又哭又叫，鼻涕到處滴，滴到

〔註82〕《布袋鎮閩南語故事集》：88～98。
〔註83〕《布袋鎮閩南語故事集》：94。
〔註84〕《雲林縣閩南語故事集（四）》：168～171。
〔註85〕《朴子市閩南語故事集》：170～173。

了一隻小雞身上，小雞想吃身上的鼻涕，吃不到，反而繞著原地打轉，最後還跌倒在地。丈夫看了這景象不禁哈哈大笑，妻子以為丈夫打她之後又想逗她笑，反倒讓丈夫哭笑不得。

夫妻為增加親密關係，想要彼此體貼，反而弄巧成拙，倒是小雞的滑稽模樣解除了危機。從這則故事可以看出夫的地位高於妻子，對於妻子可以任意打罵；對妻子的形象刻意醜化，顯現其愚笨的樣貌，令人莞爾。

（二）親 子

《六腳鄉閩南語故事集》〈兩個媳婦〉〔註86〕中，從前有三個兒子，老大、老二都娶了媳婦，唯獨老三尚未娶親。兩個媳婦平常就不孝順公公，等公公生病了，老大、老二都不理，最後是老三把爸爸從山上背下來就醫。父親有山、有房舍，死的時候，老大、老二拿走房舍，老三只有孤山一座，沒想到這座山竟然變得很值錢，老三富裕了起來，老大、老二卻變貧窮了。

此則故事未說明何以山會變得值錢，旨在強調孝順善良的小弟因為懂得侍奉父親，最後獲得善報。台灣的傳統宗教經常強調人生的境遇起伏常與本身是否行善積德有關，本故事在闡明為人子女理應盡孝，也隱含善盡孝者能得福報的道理。

《東石鄉閩南語故事集（一）》〈乞的得雙份〉〔註87〕描述有個父親養育了四個兒子，只有老大不是親生的。父親年歲漸長，把財產分給三個小兒子，養子只好自己出外奮鬥。除夕夜到了，三個親生兒子都沒有來請父親吃年夜飯，只有大兒子記得去請父親，還準備了豐盛的飯菜堆滿父親的碗。第二天一早，父親請來當初分家產的公證人，重新分配財產，讓養子得一份，而長孫相當於小兒子，再得一份，因此養子得了兩份家產。

台灣的養子，又稱螟蛉子，乃是因為家族制度重子嗣繼承，若無子繼業，多有抱養子女的習慣，其中又以抱養非同姓宗族之子為多，周鍾瑄甚至斥之為「悖義傷倫」、「所當亟變者也」〔註88〕。《臺風雜記》中記載：

> 家有兄弟數人，則均分財產，住居一屋；不當招螟蛉之誹，又有幹
> 枝相衛護之義。……若夫兄弟構別屋離居者，名曰分房，任其所望；
> 唯除去祖宗祠堂金，餘則均分之？〔註89〕

〔註86〕 《六腳鄉閩南語故事集》：74～77
〔註87〕 《東石鄉閩南語故事集（一）》：150～153
〔註88〕 《諸羅縣志》：148。
〔註89〕 左倉孫三，《臺風雜記》，（南投市：台灣省文獻委員會，1996）：50。

又《安平縣雜記》也記錄了財產繼承與分房產業之情事：

> 再分鬮各房有五，均係親生，並無螟蛉，應作六份勻分者；因長房
> 長孫多分一份故也，如其中有螟蛉，不能按房勻分，酌量給與，⋯⋯
> 公親應將資產、業契、房屋、銀錢、器棋等項，秉公分配清楚，⋯⋯
> 編作六字，寫六塊紙、封密，擱在筒內，⋯⋯照長次各房拈鬮‧何
> 房拈著何字，此字內所填之業產各項，就是伊鬮分應份物業‧⋯⋯
> 此即家財繼襲習慣及各房產業分鬮之情事也。〔註90〕

由此可知，在台灣的分家制度中，不論長幼，只要是親生子皆可均分家
產，而長孫視同小兒子，可與他子均分，因此長子一家可得兩份財產。然俗
稱「嫡全，庶半，螟蛉又半」〔註91〕，養子的權力只有四分之一的額份，甚
至只能「酌量給予」。故事中的養子在一開始完全沒有分到家產，可見得當時
養子的處境艱難，得看人臉色過日子。然而故事中的養子因比親生兒子更懂
得孝親的道理，反被養父視爲親生長子而得到雙份家產，所獲得的福報勝過
親生子。本故事除了闡明孝親的重要，更說明了當時的社會狀況，同時也爲
居於家族中弱勢的養子一吐心中之怨。

《六腳鄉閩南語故事集》〈柴箱裡的金角〉〔註92〕講的是一個澎湖人有兩
個兒子故事。父親在生病時，爲二子分了家產。當父親命在垂危，卻沒有一
個孩子要去照顧。村中有一個人看不過去，想了個法子：他拿了個木箱，裡
頭裝滿石頭，用鎖鎖上，放在這個人的床頭上。大媳婦、二媳婦看到木箱，
以爲裡面裝的全是金子，爭相孝順父親，直到父親去世後還爭著出錢料理後
事。等喪事辦完，打開箱子一看才發現裡頭全是石頭。

胡萬川將此類型故事歸類爲982「想要一箱金，子女才孝順父親（母親）」
型〔註93〕，此類型故事通常廣泛流傳於中部以北的地區〔註94〕，反倒在澎湖

〔註90〕台灣銀行經濟研究室編，《安平縣雜記》，（台北市：編者，1959）：17。
〔註91〕《台灣民俗》：105。
〔註92〕《六腳鄉閩南語故事集》：146～149。
〔註93〕《台灣民間故事類型》：203～204。
〔註94〕如胡萬川、黃晴文編，《台中縣民間文學集20》〈三兄弟同三百兩銀〉，（台中
　　　　縣：台中縣立文化中心，1996）：56～67；胡萬川編，《桃園縣民間文學集7》
　　　　〈石頭飼父〉，（台中縣：台中縣立文化中心，1993）：92～99；胡萬川編，《桃
　　　　園縣民間文學集45》〈子不如石〉，（桃園市：桃園縣文化局，2006）：137～143；
　　　　金榮華編，《台灣桃竹苗地區民間故事》〈沒錢的父親肥人供養〉，（台北市：
　　　　中國口傳文學學會，2000）：142～144中皆有收錄同型故事。

地區則較少看見。兩者情節內容差異不大，唯一不同的地方在於嘉義地區將父親要求食物的供養換成了臥病在床卻無子女照料，強化了子女的不孝程度。

《朴子市閩南語故事集》〈烏籃〉〔註95〕敘述一個父親買了個黑竹籃，叫他兩個兒子抬祖父上山給老虎吃。不久後，他兩個兒子將竹籃撿了回來，父親問何以要將竹籃撿回，兒子回答說以後抬父親上山可以省下兩元，這人一聽，便立刻到山上將老父接下來。

胡萬川將此類故事歸類為980「為老來做準備」型〔註96〕，大致上的情節是作父親的要兒子將年邁的祖父（或祖母）丟棄，任其自生自滅，兒子將棄置的工具帶回，父親聽到兒子回答將來要留給自己用時，才驚悟自己若不孝，將來也會遭兒子棄養，便打消棄養父親的念頭。

雲林縣收錄了兩則〈草索拖俺公〉〔註97〕的同類型故事。與嘉義地區相較，差異的地方在於這兩則故事中的祖父都已經死去，才被孫子以草繩綑綁丟棄山野，因此在程度上來說，嘉義地區的祖父尚未死亡，父親就急著棄養老父，更顯其不孝，同時也突顯了貧困家庭的經濟重擔也許已無法奉養老父終老，才出此下策。

《嘉義市閩南語故事集（二）》〈不孝查某囝〉〔註98〕描述一個父親要拜訪女兒，在路上遇見女婿，女婿叫丈人回去吃正在燉煮的牛雜。到了女兒家，女兒說鍋裡在燙紗，自己要去洗衣服，沒空理父親，還推說有母狗在生小狗，最好不要接近爐灶邊，父親聽了一肚子火。

隔天，父親派人來跟女兒說他死了，女兒趕回來跪在門口說：「父啊父，汝昨昏則去我遐，食我三碗牛頭湯和四晚牛頭髓。轉來漲肚死？〔註99〕」父親一聽很火大，就拿支棍子往女兒腦門敲下去，女兒便死了。事後，這個父親還替女婿再另外取了個太太。

故事中的女子不僅不孝，甚至連女婿都不如。本故事雖強調不孝養父母者枉為人，但也同時凸顯了父親在家族中的權威地位，子女的生殺大權操在父母手中，對於子女人權的輕視值得注意。

〔註95〕《朴子市閩南語故事集》：126～127。
〔註96〕《台灣民間故事類型》：197～198。
〔註97〕《雲林縣閩南語故事集（一）》：156；《雲林縣閩南語故事集（三）》：162。
〔註98〕《嘉義市閩南語故事集（二）》：136～139。
〔註99〕《嘉義市閩南語故事集（二）》：138。

　　《嘉義市閩南語故事集（一）》〈三個查某囝較輸一個肉豆〉〔註100〕中描述一個母親生了三個女兒。接近正午時，他先到大女兒家，大女兒想中午都還沒到，母親大概要到老二家吃中飯吧，便沒有請媽媽吃飯。到了正午，到二女兒家，老二以為媽媽在老大那裡吃過了，所以也沒有請媽媽留下來吃飯。等過了正午，到了三女兒家，老三以為媽媽早在二姊家吃過了，所以也沒有請媽媽吃飯。這個母親餓了一餐，回到家裡隨手拿了把肉豆煮了吃，吃得很飽，心中感嘆三個女兒還不如一條菜園裡的肉豆呢。

　　在雲林亦有採錄到情節雷同的故事，講得都是三個女兒不請父親（或母親）留下來吃中餐的故事。通常來說，各地的特有物產往往會成為民間故事在流傳過程中產生異文的原因，如雲林地方採錄的是絲瓜，台南是皇帝豆〔註101〕，嘉義的則是肉豆。《台灣通史》中記載皇帝豆乃台南特產〔註102〕，《雅言》也說皇帝豆在台南「冬、春盛出，他處未見」〔註103〕，因皇帝豆有其地方特色，在台南民間故事中出現便十分合理。然而，絲瓜與肉豆全台皆有，是頗為普遍的食物。肉豆又稱扁豆，在《諸羅縣志》曾載：「一名娥眉豆，俗名肉豆，形似皂莢，色青，花有紅、白二種〔註104〕」；《台灣通史》亦說「冬時盛出，煮以佐食〔註105〕」，而絲瓜在《諸羅縣志》中記載「老則其中有絲；去皮取絲，可擦鍋，俗亦名菜瓜〔註106〕」，可見得肉豆與絲瓜皆是日常生活中常見的植物，而且僅算得上是佐料類的食品，或是用過可丟的洗滌用具，充其量填填肚子而已。因此，筆者推論二者的出現也許僅是為了強化子女不孝的形象，以及老人的辛酸模樣，並藉以譏諷不孝的子女連賤價的植物都不如吧。

　　《六腳鄉閩南語故事集》〈後母假鬼〉〔註107〕講述有個生意人，死了妻子，卻留下一個孩子。後來生意人娶了一個後母要來照顧孩子，可惜這個後母人前對孩子好，等生意人外出洽商，便虐待孩子。

　　有一次，生意人又要外出了，特地請老師照顧他的孩子。生意人前腳一出，後母便特意化鬼妝，手拿冰塊，連續兩天晚上裝鬼嚇孩子。孩子上學精

〔註100〕《嘉義市閩南語故事集（一）》：120～123。
〔註101〕《雲林縣閩南語故事集（三）》：130～133。
〔註102〕連橫，《台灣通史》（南投市：台灣省文獻委員會，1992）：659。
〔註103〕連橫，《雅言》（台北市：台灣銀行，1963）：91。
〔註104〕《諸羅縣志》：202。
〔註105〕《台灣通史》：659。
〔註106〕《諸羅縣志》：201。
〔註107〕《六腳鄉閩南語故事集》：146～149。

神恍惚，老師察覺不對，詢問孩子，孩子告訴他是家裡有鬼。第三天晚上，老師帶了一群孩子到這個孩子家巡邏，聽見哀叫聲便破門而入，可孩子早被嚇死了，後母躲在床下，被老師摸到脖子還是熱的，才發現原來是後母扮鬼，嚇死了前妻的兒子。

壞心的後母嚇死了前妻的孩子，這故事真是駭人聽聞，老師雖然發現是後母搞鬼，故事卻只到此結束，並未給予壞心的後母懲罰，這亦是嘉義人對人性寬厚的再次展現。俗諺：「前人子不敢食後母奶」、「春天後母面」，都描述了繼母豺心狼性，喜怒無常，似春候之善變〔註108〕，可見得繼母壞心腸的印象深入民心，而民間故事也顯露世人對後母的觀感似乎是難以改變。

（三）婆　媳

《東石鄉閩南語故事集（二）》〈孝媳得金山〉〔註109〕講述的是一對夫妻租了座山經營，但先生病了無法工作，婆婆每天又要吃三顆雞蛋，因此家境困難，妻子的衣服經常是破爛的。小姑知道了他們的困境，便帶著大嫂去挑布料。可是她東挑西挑怎樣都不滿意，小姑便將錢給她，叫她下次自己買。可是這個妻子不捨得拿錢買布料，便拿去買小雞和雞籠，雞長大便可以生雞蛋給婆婆吃。有一次媳婦在清雞屎時，竟發現了黃金，便把整座山買下，因此富裕了起來。

孝順的媳婦挑起了全家重擔，既要照顧先生也要照顧婆婆，幸好小姑伸出援手，媳婦也因為存有孝心，而能得到善報。

台南縣亦有類似情節的故事〔註110〕。首先，幫忙的人變成了二嫂，而且是直接給小姑錢。其次，台南得金的地方較為特殊，乃是雞群從特定的石頭縫中食得。相較於台南地區，嘉義流傳的小姑處事較圓融，深知看不見的體貼才是真正的體貼，讀來倍感窩心；而台南地區得金的情節較為繁複奇異，不似嘉義地區的簡樸，因此故事的流傳可能較嘉義地區晚。

六腳鄉有一則〈豬肚燉蓮子（二）〉〔註111〕的故事：有一對婆媳不和，媳婦問中醫師有什麼藥方可以讓人慢慢死去？中醫師教他「豬肚燉蓮子」，吃一百個就會死去，並交代媳婦要對婆婆好一點，婆婆才會吃。

〔註108〕周榮杰，〈台灣諺語之社會觀的探討〉，《台南文化》，29（1990）：28。
〔註109〕《東石鄉閩南語故事集（二）》：156～160。
〔註110〕《台南縣民間文學集4》〈有孝新婦〉：36～41。
〔註111〕《六腳鄉閩南語故事集》：68～72

　　媳婦回去後，每天都燉豬肚蓮子給婆婆吃，並且噓寒問暖，態度十分和善，婆婆受了感動，便將自己的嫁妝、首飾、財富都交給媳婦。媳婦感到後悔，趕緊詢問中醫師有何法子可救他婆婆，中醫師才告訴他「豬肚燉蓮子」是好東西，不是害人的。媳婦深知悔恨，此後婆媳兩人便和睦相處了。

　　台灣人一向重「食補」，而豬肚燉蓮子過去在台灣家庭來說，是頗為普遍的日常食補，通常是家庭主婦用來增進孩童食慾的補品〔註112〕。故事中的醫師不僅擁有仁術，且有仁心，解決了婆媳之間的問題，使其言歸於好。同時也點出婆媳之間若能將心比心，不計較得失，進而彼此體貼，就算是沒有血緣關係，也能互敬互愛，甚至得到長輩厚愛。

　　東石鄉〈二九暝無杮媳婦〉〔註113〕講述者提及過去農業社會生活較清苦，婆婆都會怕媳婦偷吃東西，不過，習俗上，除夕夜不能讓媳婦餓肚子。有一個婆婆在除夕下午叫媳婦把中午剩下的碎米粥吃完。到了晚上，公公叫媳婦吃飯，媳婦說中午吃碎米粥吃飽了，吃不下年夜飯。公公氣得打婆婆，怪婆婆虐待媳婦，只讓她吃碎米粥，還說媳婦常偷吃，一定是平常婆婆不讓媳婦吃飽之故。

　　故事中的婆婆因捨不得家中多一口子吃飯，而虐待媳婦，最後反遭公公打罵。此故事展現了媳婦的聰明才智，也傳達了當時媳婦在家中的地位及苦處。

（四）姻　親

　　嘉義市的〈諸羅縣老爺出巡〉〔註114〕是一則有趣的謎語故事。話說諸羅縣令看到一個尼姑在為一個喝酒又夾雞肉吃的醉漢搧風，諸羅老爺問尼姑怎可看這些雞肉和酒食，並為這個醉漢搧風呢？醉漢出了道謎說：「迄個醉漢妻弟是尼姑的舅啦乎。」尼姑也補上一句：「尼姑的舅姐是醉漢的妻啦。」〔註115〕縣老爺想了五六分鐘，終於想通了兩人的關係。

　　這則故事中的醉漢其實就是尼姑的姨丈，兩人有姻親關係。照理說出家為尼，應該不管俗事，所謂「六塵不染，五蘊皆空〔註116〕」。然本故事卻似乎不認同這種觀點，並強調儘管出家，仍應該注重家庭倫理，把家人擺在佛祖

〔註112〕《台灣民俗》：201。
〔註113〕《東石鄉閩南語故事集（一）》：116～118。
〔註114〕《嘉義市閩南語故事集（二）》：154～159。
〔註115〕《嘉義市閩南語故事集（二）》：156。
〔註116〕《台灣通史》：579。

之前，就算僅是姻親也該如此。可見得對嘉義市人來說，重倫理的儒家觀顯然勝過佛家之理。

布袋〈海口親姆〉〔註117〕是一則黃色笑話，而且情節曲折繁複，十分有趣。一個內山女孩嫁到海口，內山的親家要到海口親家作客。內山親家客套的說菜不用那麼多，海口親家就用男性的生殖器和陰毛來比喻菜很少，不用客氣。吃午飯時，貓和狗都在桌底下撿骨頭吃，海口親家想把貓狗趕走，便跟內山親家母說：「親姆啊，你骹骨異懸予我捊一下喔！〔註118〕」

席間，海口親家拚命勸酒，太太怕內山親家不勝酒力，便叫先生不要這樣對待客人，這時先生卻說：「驚啥物貨？這若做瀄，咈才有一個囡仔頭通好食。〔註119〕」過了一會，海口親家買了紅蟳回來，內山親家問紅蟳要怎麼養？海口親家母說要用又鹹又肥的水就能養活。吃完後還拿了一隻紅蟳給內山親家帶回。

回到家，內山親家想說又鹹又肥的水才能養紅蟳，便將紅蟳暫時養在尿裡。半夜起床要上廁所時，忘記裡頭有紅蟳，紅蟳也以為海水來了，要抓小魚吃，竟把下體當小魚，而夾住了親家母，她的先生為了要救他，嘴巴一下子靠過來要咬開紅蟳的肢管，卻忘記還有另一隻肢管，因此嘴巴也被紅蟳另一隻肢管給夾住了，最後夾得兩個老人哀叫不已。

台南的〈親家請親姆〉故事中僅敘述了親家公為趕桌下的小狗，叫親家母把腳抬高而不小心語帶雙關的情節〔註120〕，而且並未強調雙方各是是哪裡的人。布袋的這則故事不僅多了許多情節，最後甚至複合了白賊七的整人故事。

雖說故事中的海口親家表面上看起來十分粗俗不得體，然其熱情好客、直爽不拘小節的布袋人本色卻顯露無遺，相較之下，內山的親家竟顯得拘謹又愚笨了。

（五）巧婦拙夫

「巧女」與「呆女婿」這兩類故事在中國、台灣各地流傳甚廣〔註121〕，

〔註117〕《布袋鎮閩南語故事集》：112～124。
〔註118〕《布袋鎮閩南語故事集》：114。
〔註119〕《布袋鎮閩南語故事集》：116。
〔註120〕《雲林縣閩南語故事集（四）》：160～161。
〔註121〕20世紀80年代以來的中國民間文學普查，證實這一類型的故事在中國漢、
　　　　滿、蒙、朝、苗、壯、侗、瑤、白、黎、土等30多個民族中都是廣為流傳的。

一巧一呆，相映成趣，均深得民眾喜愛，成爲生活故事中的代表作〔註122〕，因此放在一起加以討論。

　　六腳鄉〈大家奻做人〉〔註123〕描述婆婆爲三個媳婦照顧小孩，因無法兼顧所有的孩子，反而引起媳婦間的齟齬，婆婆覺得十分難爲。有一次，三個媳婦問婆婆要什麼禮物，婆婆說只要糯米人。這三個媳婦怎麼做都做不好糯米人，因爲糯米一直扁掉，這時三個媳婦才領悟婆婆說的「做人很難」的道理，終於明白實在不應該互相計較。從此這三個媳婦都非常孝順婆婆了。

　　婆婆本來心存好意，誰知這三個媳婦不僅不知感恩，還埋怨婆婆不公平。聰明的婆婆不需生氣或花力氣罵人，只用了個方法便讓媳婦們領悟她的難處，不僅維持了家庭的和諧，還巧妙的化解了彼此的糾紛和心結。

　　《布袋鎮閩南語故事集》〈選翁婿〉〔註124〕的故事描述某個家庭爲獨生女兒招贅，但父親並不滿意這個女婿，遂又另擇三人下訂，這三人分別是老師、蓋房子的師傅以及打拳賣膏藥的王祿仔仙。女兒不滿父親所爲，以比三根指頭、五根指頭的方式考這四人對對子。教書的談科舉，蓋房子的論地理，賣膏藥的列藥材，而自己原先的丈夫則藉此大吐自己所受的怨氣「天啊地啊！各遮我進無步退無路，我三日若去趁五百箍耳，阿攏交因父子囝，今仔日各偷睍毋好，卜各共我趕出去〔註125〕」，最後聰明的女兒仍選擇了早已入贅的丈夫。

　　本故事是很典型在台灣流傳的中國民間故事，而其中的招贅、下訂等都是台灣民俗，《嘉義管內采訪冊》有云：

> 俗喜贅婚，貧家許多但行訂盟之禮，餘皆從儉。所以贅婿者，其故有二，或因有女無男，或因年老子幼，憑媒議定。或議一外孫傳嗣，或議數年後待舅仔長成，方許娶回婿家。男家貧乏者，大抵從俗入贅。不然，完婚之時，親朋戚友恭賀新婚，無論大小，應備酒席酬謝，開費浩繁，故從俗以省之。〔註126〕

而「番俗入贅之男如于歸之女，順以聽命，無敢自遂；賤孰甚焉！」〔註127〕

　　　　見劉守華編：《中國民間故事類型研究》，（武漢：華中師範大學，2002）：637。
〔註122〕劉守華：《故事學綱要》（武漢：華中師範大學，2006）：43。
〔註123〕《六腳鄉閩南語故事集》：78～81。
〔註124〕《布袋鎮閩南語故事集》：56～65。
〔註125〕《布袋鎮閩南語故事集》：62。
〔註126〕《嘉義管內采訪冊》：36。
〔註127〕陳淑均：《噶瑪蘭廳志》（南投市：台灣省文獻委員會，1993）：240。

在台灣人的觀念中，一般正常男子是不考慮入贅的，入贅為婿通常都是因家貧或其他不得已的原因。入贅女婿在家中的地位甚低，就算把所有賺來的微薄薪資都交給父女兩人，丈人也可以找其他藉口把看不順眼的女婿趕出去。故事除了道盡入贅為婿者在女方家中所受的怨氣，故事的結局也幫因貧賤入贅之人主持了公道。除此之外，故事結局亦透露了女子應「從一而終」的守節觀念。

布袋鎮〈講譀古〉〔註128〕說的是聰明媳婦為公公解決了難題的故事。有四個好朋友比賽吹牛，因為總是老大第一個說，所以老大不曾請過客。這次三個小弟決定要讓老大請客，便決定由最小的開始說。老四說宜蘭三貂腳那兒有一頭牛，頭低下來可吃到南台灣的草，影子一蓋下來，被遮蔽到的地方收成都不好，減少的量可以讓台灣吃三年呢；老三說基隆有兩棵竹子，竹尾稍垂下來可到恆春，影子遮蓋到的地方，減少的收成可讓台灣三年都吃不完；老二說阿里山上有一棵檜木，用鋸子切斷橫切面，可在上面擺戲臺演戲，四個角落還可以擺四張桌子宴客。老大說不過他們，這下輸了，得請客。

回去後，老大愈想愈不甘心，躺在床上吃不下飯。媳婦要公公放心，她有法子可解決。待兄弟三人要來老大家請客了，媳婦推說公公不在，昨夜聽到唐山演戲和敲鑼打鼓的聲音，就到唐山看戲了。三人連說不可能，問哪有那麼大的鼓？媳婦說用阿里山的大檜木做的；三人又問，哪有那麼大張的皮？媳婦說用三貂腳的牛皮做的；三人接著問哪有那麼大支的鼓錘？媳婦回說，用基隆的那兩棵竹子做的，一打起鼓來，全世界都聽到了。三人連說不可能，太誇張，也間接承認媳婦幫公公贏了這場吹牛大賽。

本故事的吹牛情節在雲林〔註129〕及《台灣民俗》〈吹牛〉〔註130〕中皆有類似記載，故事中的宜蘭三貂腳、基隆以及物產都是台灣所有，尤其是阿里山的檜木、南部的稻作收成等都展現了嘉義地區特殊的地理景觀，因此頗具地方特色。

本故事與其他同類故事相異的地方在於複合了巧女故事，聰明的媳婦幫公公解決了難題，除了展現女子有解決問題的才幹，也顯露家族對媳婦應聰明機智的要求。

〔註128〕《布袋鎮閩南語故事集》：132～146。
〔註129〕《雲林縣閩南語故事集（四）》〈講譀古〉：154～157。
〔註130〕《台灣民俗》：470～471。

　　六腳鄉有一則〈巧媳婦〉〔註131〕的故事：狗仔在村中小店中和眾人打賭，說自己的媳婦因忌諱自己的名字中有「狗」字，所以平常說話絕對不會說出「狗」字，若是媳婦說出一個「狗」字，就算他輸。眾人不信，便相約到狗仔家買狗。此時，九人來到狗仔家：

　　　　九個人入去就問：「阮欲來找狗仔，敢有於在？」媳婦講：「恁欲找
　　　　阮大官喔！有啦！雨傘四支五支倚厝邊，四個五個入內坐。恁欲做
　　　　啥？」「阮就欲給恁買狗啦！」「阮彼隻幼毛乖乖，在給阮顧門頭，
　　　　不甘賣啦！」退的人就返去。恁大官就問：「是啥？來欲做啥？」「啊
　　　　就四個、五個人啦，舉四支雨傘，五支雨傘，來咱此，講欲買彼隻
　　　　幼毛啦！我講咱幼毛乖乖不甘賣。」〔註132〕

巧媳婦果然一個狗字都沒提到，這些人只好認輸。

　　另外東石鄉也有一個雷同的〈巧媳婦〉〔註133〕，只不過多了一個巧解隱物的情節：九叔公有兩個媳婦，大家都說其中的一個比他還聰明。九叔公不服氣，想來試試這個媳婦有多聰明。

　　有一天，這兩個媳婦要回娘家，九叔公出了道難題，要他們兩個一個住七天，一個住八天，回來時一個要拿紙包火，一個要拿紙包風。聰明的媳婦聽了，立刻明白，便教另一個妯娌該怎麼做。十五天後，兩人回夫家，一個拿燈籠，一個拿紙扇，九叔公又想再試這個巧媳婦一次。

　　九叔公向大家炫耀她的媳婦從不曾說過「九」這個字，不信的人可以到他家試試。於是，九個人拿著九支雨傘來家裡作客，看巧媳婦要如何招呼他們。只見巧媳婦說：「四支、五支偎門邊，四個、五個來退坐。〔註134〕」大家都認為這個媳婦果然絕頂聰明，九叔公也承認這個媳婦果然比他聰明。

　　此二則故事屬於胡萬川分類中的875F「避諱」型〔註135〕，情節大抵上是聰明的姑娘或媳婦巧妙的避免使用某個忌諱的字而令大家讚賞。東石鄉的巧女故事還複合了875D「找聰明的姑娘做媳婦」型〔註136〕，也就是公公出謎題考兒媳們，聰明的媳婦解決了問題，得到公公的讚賞或認可。這個情節單元

〔註131〕《六腳鄉閩南語故事集》：92〜95。
〔註132〕《六腳鄉閩南語故事集》：92。
〔註133〕《東石鄉閩南語故事集（一）》：120〜124。
〔註134〕《東石鄉閩南語故事集（一）》：122。
〔註135〕《台灣民間故事類型》：163。
〔註136〕《台灣民間故事類型》：160。

廣泛流傳於中國、台灣等地，嘉義採錄的並未有其特殊之處，幾乎是完整的流傳下來。

雲林亦有採錄到相同的故事〔註137〕，也是屬於「避諱」型，情節幾乎一樣，沒有太大差別。「避諱」情節的出現可能是因為傳統社會重視宗法制度所致。過去社會為展現晚輩尊敬君主或家中長輩，以免僭越之嫌，做晚輩若是碰到與長者名字相同的字，就算音同義異，通常是能避則避。因此，如何說話就成了一門學問，尤其若是遇到刻意刁難又能迎刃而解，則更顯機智。

閩南語中的「狗」與「九」同音，在口語流傳的過程極有可能引起誤用，這是可以理解的，而六腳鄉多出不叫「小狗」音而另呼狗名「幼毛」的情節，在意義上則更顯得巧媳婦在處事、說話方面的高明、細膩與圓融了。

朴子市〈刻白翎鷥〉〔註138〕敘述一個雕刻師傅花一個禮拜刻了一個一尊白鷺鷥，沒想到被四處走動的雞跳上桌子，讓白鷺鷥掉下來，斷了一隻腳。師傅氣壞了，再重新雕刻一個也沒有時間，就氣得想把它摔壞。誰知妻子靈機一動，要師傅修改成單腳站立的白鷺鷥，師傅果然一下就修改好，還得了大獎。

故事中的妻子不僅勸誡丈夫別意氣用事，甚至提出巧思，解決丈夫的難題，最後更退居幕後，讓丈夫風光得獎，充分展現了機智與賢慧的美好妻子形象。

綜觀嘉義地區的巧媳婦故事可發現，傳統所謂「女子無才便是德」的觀念並不存在於一般平民百姓中，這些故事的婆婆、妻子、媳婦，在家族內充分展現了其聰明機智、賢良淑德的一面，對解決家族難題、維持家庭和諧，甚至是自己的婚姻大事，都有左右大局的能力，也許真如屈育德所說：「因為小農經濟，一家一戶的興旺安定，與女人公有密切的關係，因此人們重視並喜愛聰明才幹的女性。〔註139〕」可惜的是，這些場景都脫離不了家庭，似乎巧女施展才能的舞台只能存在於家庭，無法擴及範圍更大的公共議題或國家大事。同時，亦展現了嘉義人對女子在家族中的要求，除了要具有靈機應變的能力之外，從一而終、處事圓融、做事細膩以及隱身幕後不居功等優點也是必備的。

〔註137〕《雲林縣閩南語故事集（五）》〈巧新婦無愛講「九」〉：94～95。
〔註138〕《朴子市閩南語故事集》：104～107。
〔註139〕屈育德，《神話‧傳說‧民俗》〈民間故事三談〉，（北京：中國文聯出版公司）：145。

　　六腳鄉〈戇子婿〉〔註140〕描寫傻女婿的太太生了兒子，妻子叫他拿竹青回娘家報喜。他上大號後，隨手拿了知竹木椿回去。娘家以為女兒死了，哭著過來，才發現是烏龍一椿。接著，娘家託女婿帶回麻油、酒、鴨蛋、麵線、雞鴨等補品。路途上，傻女婿看見土地裂開，認為土地渴了要喝水，便將麻油和酒全倒了進去；怕雞餓，放雞出去讓他吃稻子；怕鴨渴，放鴨出去喝水。雞鴨抓不回來，就把麵線當網子抓，鴨蛋當石頭丟。路上聽到竹子摩擦的聲音，以為竹子冷了，就拿布把竹子包起來，最後兩手空空回家說明實情，老婆只好叫他趕緊去把布拿回來，沒想到他竟奪下喪家頭上的的布帛，被打得沿路哭回來。老婆教傻女婿應該要哀泣才對；後來他見到人家娶新娘，卻哀泣了起來，當然又被打了，老婆教傻女婿要說紅艷漂亮才對。接著，他出去看到人家房子著火，就說是紅艷漂亮，當然只有被打的份，老婆教傻女婿應該去幫忙才對。之後他看到兩條牛在打架，趕緊去幫忙，結果被牛角撞哭了回來，老婆就教他應該要跑啊。最後他看到兩隻麻雀在打架，就拚命的跑開了。

　　本故事屬於1696A*「大戇呆」型與1696A「總是晚一步」型〔註141〕的複合，傻女婿帶著禮物回家，卻在路途上因為各種不合邏輯的理由將禮物一一弄丟，還因為不會分辨或應對各種場合的禮節，而大鬧笑話，令人啼笑皆非。

　　故事中的竹青與木椿、坐月子用的麻油、雞鴨、麵線，都是台灣民間普遍的民俗物品，運用在故事中則顯得別具台灣特色。台南地區的呆女婿回家報喜的是田菁，是一種綠肥，早期由政府鼓勵農民種植；竹青則是帶有嫩葉的翠綠竹子，最常用在新娘車上掛豬肉或是家中神明桌上的裝飾，有帶來吉祥的意味。台南縣農地廣大，田菁所以在故事中出現應屬合理；嘉義地區山林資源充足，竹林亦多，拿竹青報喜除了符合故事本事的趣味性，也頗具地方鄉土特色。

　　與台南〈戇子婿的故事〉相較，嘉義地區多了「總是晚一步」的情節，呆女婿經常不懂得應對各種場合而說錯話或做錯事，而引人發噱。

　　《東石鄉閩南語故事集（二）》〈戇子婿〉〔註142〕講的是一個笨人要娶太太，他的母親怕他不懂房事，遂指著正在交配的公雞和母雞給他看，正巧那隻公雞正撲在母雞頭上，發出「咯咯咯咯」的叫聲。到了晚上，這個人如法

〔註140〕《六腳鄉閩南語故事集》：170～173。
〔註141〕《台灣民間故事類型》：266。
〔註142〕《東石鄉閩南語故事集（二）》：72～75。

炮製，抓著新娘的頭，雙腳跪著，也發出「咯咯咯咯」的叫聲。母親在窗外偷看，著急的說是下面那一個，兒子一聽跑到床下，撞到了頭，頓時流血，大叫著：「母仔，流血呢！」母親鼓掌叫著：「好，流血才好，流血才好。」

　　本故事屬於 1685ˊ「不懂房事的傻新郎」型〔註143〕，傻子因未諳世事，不懂如何和妻子圓房，其母在門外偷窺，順便下指導棋，一聽兒子大喊「流血了」，還暗自竊喜。

　　台南地區亦有類似的故事，不過教導者是妻子，而對於性事的描寫經過頗為露骨〔註144〕，相較之下，嘉義地區則顯得保守。

　　這兩則呆女婿故事都顯現出男子雖呆傻，卻有其天真憨厚與可愛的一面。呆女婿為竹子穿衣、餵大地喝油、放雞鴨喝水等等，都流露出其悲天憫人的性格，雖說人們通常會讚揚機智聰明摒棄愚笨，但對於呆女婿的故事卻能接納寬容，甚至十分喜愛，也許原因在於呆女婿的故事反映人們對選婿的要求以憨厚、純樸、善良為佳，而不懂性事的女婿也以幽默嘲諷的方式反映了百姓平日對性的壓抑心態，與對傳統禮教的反彈。

　　從嘉義地區的家庭故事來看，可以發現「家和萬事興」的觀念深植人心，無論夫妻、親子、婆媳之間問題的解決總是強調應以和氣化解糾紛，而且維持家庭和諧最主要的關鍵角色在女性，常是利用其聰明機伶、能言善道、細膩的處世手腕來達到一家和氣的主要目的，而其中特別強調應以委婉圓融的態度來解決家庭紛爭，維繫家庭和諧。

　　對嘉義人來說，直爽、淳樸、樂觀比起工於心計、斤斤計較的個性來說，更值得推崇，並且引以自豪，從〈憨子婿〉、〈選翁婿〉、〈海口親姆〉、〈歕鼓吹送契兒〉等故事就可略知一二。

　　嘉義人特別重視儒家的孝道觀念，生活故事中佔了最多數的就是親子之間的故事。與他地相較之下，嘉義地區特別突出子孫不孝的程度，讓讀者更加同情父母的處境，唾棄為人子女的不孝，尤其〈乞的得雙份〉還點出了當時的社會背景，並且隱含了親生子女如不若養子與女婿孝順時，是可以給予嚴厲處罰的。

　　嘉義地區的生活故事中融入了許多台灣與嘉義本土的特產，像是豬肚燉

〔註143〕《台灣民間故事類型》：260～261。
〔註144〕《台南縣民間文學集 4》〈憨子〉：66～73；《台南縣民間文學集 4》〈食豆仔放暢尿〉：72～75。

蓮子、竹青、阿里山檜木、紅蟳等等，都蘊含濃厚的鄉土味與地方特色，讀來十分親切。養子、入贅等台灣的風俗習慣也灌入情節元素之中，讓人得以一窺當時社會的文化背景與風俗習慣。除了故事本身的已有的含意之外，也有其鄉土教育的意義存在，使後代能更加認同並愛惜這塊孕育你我生命的土地。

二、科舉故事

　　凡與科舉考試有關的故事，都放在這一類討論。在台南、雲林等地並無採集到這一類的故事，反倒在嘉義地區廣為流傳，頗令人玩味。

　　六腳鄉〈泉州舉人〉〔註145〕，泉州、浙江各有一個舉人，準備進京趕考。浙江舉人洋洋灑灑寫了三千七十個字，泉州舉人卻什麼也想不出來，經主考官題點後，只寫了「一筆化三千七十字」便得了狀元，浙江舉人只得了探花。浙江舉人不服氣，在狀元遊街時，故意考狀元說：「我這浙江可比銅牆鐵壁，千軍萬馬不能入。〔註146〕」狀元答：「我這泉州可比火爐遇鐵融。〔註147〕」

　　又一次，浙江舉人帶了三大船書來到泉州，狀元聽到消息，立刻扮起撿拾豬糞的人等在碼頭邊，將他拿來的書讀了讀，說：「這我擷豬屎的都會曉，你提這欲做啥？〔註148〕」遂把三大船的書全扔進海裡，浙江舉人這才服氣，駕船回家了。

　　嘉義市〈獪用咧強求〉〔註149〕，江西考生和福建考生考科舉。江西考生的詩句為「作就五湖三島賦，吟成四海九洲詩；月中丹桂連根拔，不許旁人折半枝。〔註150〕」而福建考生的詩句為「騎鯨直上九天台，親見嫦娥把桂栽；幸遇廣寒宮未閉，被臣連月抱歸來。〔註151〕」事後福建考生中了狀元，江西考生不服，便攔路要求狀元應對詞句。

　　江西考生出題：「江西一片鐵。」福建考生答：「中原火爐熱。」江西考生再說：「真金不怕火。」狀元答：「見火便消失。」〔註152〕

〔註145〕《六腳鄉閩南語故事集》：160～163。
〔註146〕《六腳鄉閩南語故事集》：160。
〔註147〕《六腳鄉閩南語故事集》：160。
〔註148〕《六腳鄉閩南語故事集》：162。
〔註149〕《嘉義市閩南語故事集（二）》：174～175。
〔註150〕《嘉義市閩南語故事集（二）》：174。
〔註151〕《嘉義市閩南語故事集（二）》：174。
〔註152〕《嘉義市閩南語故事集（二）》：174。

　　嘉義市另一則〈不能強求〉〔註153〕，則補充了六腳鄉〈泉州舉人〉的故事，話說福建考生乃楊榮的學生，江西考生則為楊士奇的學生。楊榮是主考官，楊士奇是考官，最後錄取此二人，欲分出第一、第二名。考試一開始，福建考生見江西考生雙手可寫字，雙腳能磨墨，一時愣住，不知如何是好，就在此時，主考官前來察看，見自己學生尚是一張白紙，遂手敲木魚三下，示意交卷，在分三寸紅紙為試卷時，福建考生忽然悟出應棄繁就簡的應變方法，遂在紅紙上寫下「化三千」交卷。

　　後來楊士奇、楊榮為爭辯誰是第一、第二名在皇帝面前辯論，楊榮謂：「國家取士，以能應變機敏活用方法為上材。〔註154〕」皇帝讚許，遂取福建考生為狀元。

　　以上幾則故事的取士方法難免有誇張之嫌，自然不能與實際科舉取士相比，但從講述的內容可知，嘉義人對身為閩南人的自豪。從講述者的資料分析，嘉義市的講述者有漢學底子，因此在故事的鋪陳與情節的設計上都十分合理，可以顯現其文學造詣的深厚；六腳鄉的講述者則只有小學畢業，因此故事較為簡潔質樸，卻也充滿民間趣味。

　　故事中提到的楊榮與楊士奇在明成祖與英宗期間同為文淵閣大學士，負責編修明朝史書《太祖實錄》，楊榮為總編輯。楊榮為福建人，建文二年（西元1400）進士；楊士奇為江西人，為王淑英引薦入朝為官。〔註155〕

　　對一般百姓而言，經由科舉取士的楊榮當然要比經由推薦入朝的楊士奇來的高明。嘉義的閩南人原本就大多來自於福建，而嘉義六腳鄉的居民人口有85%來自於泉州〔註156〕，加上嘉義地區在清領時期的科舉取士人數冠於全台，百姓心中對家鄉文風鼎盛的自豪便反映在民間故事上。

　　六腳鄉〈考狀元〉〔註157〕敘述有三個人要考狀元，路途中遇見三顆眼鏡蛇的頭在墓碑上，以為是三隻鵝。其中一個考生心生貪念，叫兩個人先走，自己返回墳墓，一把抓住蛇頭，卻被蛇緊緊纏繞而死，其他兩人則雙雙上榜。

　　東石鄉〈落第秀才〉〔註158〕講述一個落第秀才，因盤纏用盡，回鄉中途

〔註153〕《嘉義市閩南語故事集（二）》：176～179。
〔註154〕《嘉義市閩南語故事集（二）》：178。
〔註155〕維基百科全書，楊榮 http://zh.wikipedia.org/w/index.php?title=%E6%9D%A8%E8%8D%A3&variant=zh-tw。瀏覽日期：2008/05/04。
〔註156〕請參考筆者第二章第三節——人口來源與信仰。
〔註157〕《六腳鄉閩南語故事集》：164～165。
〔註158〕《東石鄉閩南語故事集（一）》：134～139。

遇到武館，便直接躺在踢館專用的師傅椅上休息。武館師傅以為他要來踢館，這些徒弟也不想善罷干休，這個秀才心想乾脆就趴下來任人宰割好了。沒想到這師傅沒看過這種招式，心想若是出了糗就毀了一世英名，便連夜打包跑走了。這些徒弟便只好拜這個秀才為師。秀才在武館上方綁些粗繩，要徒弟們每天拉，也趁機收了些學費。話說武館原來的師傅在唐山練藝後，回到武館要與秀才一較高下。以前的徒弟看到師傅回來，很高興拉著師傅要請吃飯，沒想到這一扯竟把師傅的皮給扯掉了，原來是秀才訓練他們每天拉繩子，把手的力氣變得力大無比，這下前師傅又只得落荒而逃了。秀才攢了三年的錢再次上京趕考，終於讓他考上了狀元。

〈考狀元〉中的秀才因為貪心使自己遭遇橫死，同行的兩人因無貪念雙雙上榜；〈落第秀才〉中的潦倒秀才，陰錯陽差當了武館師父，不費吹灰之力，運用自己的聰明才智便趕走了原來的師傅，還賺了盤纏，得以上京趕考，狀元及第。

在封建社會的選材取士制度之下，錄取率已微乎其微，加上大多數老百姓與科考無緣，因此若是自己的家鄉出了有功名的讀書人，真可謂光宗耀祖，家鄉父老莫不額首稱慶，大肆渲染一番，而一般百姓也許就開始附會祖宗積德、老天保佑等神奇事跡在民間故事上，以彰顯此地的地靈人傑。對傳統的東石鄉民來說，身為討海人是一件頗為辛苦的事情，希望自己的後代子孫能藉由科考改變身份地位是理所當然的想法。另外，故事中還特別刻畫了讀書人的聰明與武夫的愚蠢，更闡明智力可以打倒蠻力的道理！

三、民俗故事

凡是與風水或迷信有關的故事皆放在此類討論，嘉義地區這一類的故事以叫人不要迷信為主，與傳說有很大不同，頗具有科學精神。

六腳鄉〈兩兄弟〉〔註159〕，巫明生了兩個兒子，一個叫巫一，一個叫巫二。家裡很窮，只能靠撿拾番薯奉養老父親和突然來的老乞丐。後來巫明死了，沒錢下葬，兩兄弟和當地理師的舅父借了二十兩銀子要埋葬父親，因肚子太餓，兩人花了八兩吃飯，後來想要靠賭博來幫父親賺棺材本，卻賠到只剩四兩，不得以只好草草用草蓆包裹著父親遺體等埋葬。

〔註159〕《六腳鄉閩南語故事集》：82～87。

有一塊稱為「絕戶穴」的寶地，為涼葬之地，且必須是有福之人才能葬於此地，否則將會絕子絕孫。兩兄弟抬著父親遺體欲埋葬時，剛好看到地上有一個挖好的洞，便將父親埋在裡面，殊不知這正是「絕戶穴」。後來舅父給兩人各三十兩銀子去發展，巫一往北方走，因強壯有力又勤勞，老闆便將女兒許配給他，因此富貴了起來；巫二往南方發展，來到沿海，看到蔡牽的軍隊非常凶殘，便信手抓起一塊石頭往蔡牽頭上擲去，蔡牽因而斃命。他再撿起一塊石頭打倒另一海盜，海盜就此撤退，巫二也因此加入軍隊，從此大富大貴。

六腳鄉〈好額及散赤〉〔註160〕講述從前有兩戶人家，同時要蓋新房。富有人家舉凡動工、上樑都請地理師算好時辰，窮人請不起，只好按照富人的時辰蓋房。地理師選在初十要上樑，這個時辰對富有人家很冒險，弄不好還會家道衰落。窮人家因人手不夠，趕緊喊妻子前來幫忙，而妻子因來不及梳理，只好披頭散髮出來，沒想到此舉卻破了這個時辰的煞氣，家運日漸昌隆。反觀富人未能破除煞氣，因而家道逐漸衰敗。

這兩則故事與地理風水有關，情節核心都是因為主角不合常理的作法而獲得好風水，因而得到好運氣或財富。台南縣〈三兄弟得好風水〉〔註161〕講的是三個兄弟意外將母親葬於福地，而使自己事業飛黃騰達的故事，同時複合了「百鳥衣」〔註162〕的情節，更增添故事的傳奇性、幻想性。相較之下，嘉義地區的故事少了許多神奇的因素，顯得較為質樸、實際。

《嘉義市閩南語故事集（一）》〈風水無影〉〔註163〕，一個飢貧交迫的人聽說有個員外要請地理師來看風水，還要辦桌請這些地理師。為了填飽肚子，他假扮成地理師來到員外家，找個八角桌的位置便坐了下來，誰知這是「大位」，若非有把握的地理師是不敢坐的，其他的地理師以為此人比自己高明，便紛紛逃走，最後只剩他一人。員外看剩他一人，便請教他要在何地開井，風水較好？他隨處找了個最乾最硬的地方便叫員外挖下去，沒想到竟挖到金子，員外此後便相當信任這個假地理師，凡事都要請他幫忙看風水。日子一

〔註160〕《六腳鄉閩南語故事集》：156～159。
〔註161〕《台南縣民間文學集2》：59～81。
〔註162〕百鳥衣故事在中國大江南北廣為流傳，故事梗概為：一貧苦者娶了美妻，卻被皇帝強行選入宮中為妃，美女入宮前教丈夫縫製百鳥羽衣，兩夫妻靠著此計，除掉皇帝，並讓丈夫當上皇帝。見劉守華，《中國民間故事類型研究》：627。
〔註163〕《嘉義市閩南語故事集（一）》：68～75。

久，這窮人心想自己也該心滿意足了，便要找個法子逃走。某日，員外想請他看祖先的風水，假地理師便騎著馬走在前面，工人跟在他後面。為了逃脫，假地理師愈騎愈快，最後逃到一叢林投裡，累得倒下來氣喘吁吁，以為脫身了，沒想到還是被工人找到。他無奈地表示立刻開挖此地，沒想到又讓他挖到了金子，員外還因此大大獎賞了他！

在台灣人傳統的風水觀念裡，墳地的好壞、建屋懸梁是否挑選吉時都能影響後代子孫或是家業的興衰禍福，因此請地理師看風水、測吉時便是一件很重要的事情，民間故事便反映了這樣的風俗習慣。這三則故事中的主角都是貧困之人，卻因禍得福，而獲得了好運氣與財富，也就是說，只要上天認定你是有福之人，不需特別努力即可獲得報酬，這種不勞而獲的「命定」觀念普遍存在於嘉義人心中。同時，故事的主角本身都是貧窮的百姓，這也許是因為貧苦百姓對己身命運的悲嘆，在現實生活中既無法翻身，便藉由民間故事將自己的美好想望實現，並藉此表達對窮困者的同情與憐憫。

布袋〈死童乩，活桌頭〉〔註164〕，有一家人，家裡有人生病，想去向神明問藥，但為了測試神明是否靈驗，便什麼都不肯透露。這桌頭想了個法子，混到大公廁裡，和附近的人閒聊，竟也問出原來是這家的媳婦生病，連病症都問出來了。到當日，桌頭提示乩童說可以起乩了，乩童是神明的代言人，說的是什麼沒有人知道，桌頭就負責翻譯，便藉機把當日他問到的情形都說出來，並開了幾帖草藥，吩咐這家主人帶回去吃就沒事了。

六腳鄉〈死童乩活桌頭〉〔註165〕，某個富翁因為家裡的屋頂上來了隻狗，便請了一尊據說有靈驗的神明回來，想問看看是否有什麼涵義？乩童與神媒被請到富翁家裡住，住了半天，也不知富翁想問些什麼？住久了也覺得不好意思，便想個法子，找來一群孩子問富翁家到底發生什麼事？孩子說是因為一隻狗爬到屋頂，而富翁想搞清楚到底有什麼涵義在？到了晚上，乩童發輦，說些人家聽不懂的神語，神媒藉此告訴富翁這狗是來幫他巡視環境的，不用擔心，家裡一切安好。

朴子市〈道士遇著鬼〉〔註166〕，有位道士前去幫人作法補運，臨走前，主人請他吃紅龜粿，他不知道一屁股坐著了小孩偷吃完的墊紅龜粿的葉子，葉子便黏在衣服後面。等他離開時已天黑了，他一邊走，葉子一邊「啪啪、

〔註164〕《布袋鎮閩南語故事集》：148～156。
〔註165〕《六腳鄉閩南語故事集》：152～155。
〔註166〕《朴子市閩南語故事集》：132～138。

啪啪」的作響，他嚇得把牛角、銅鈴、法繩等趨鬼法器拿出來，沒想到「啪啪」聲依然緊跟著他，他愈走愈怕，遂把法器全丟了，拚了命似的跑回家，搗起被子全身從頭蓋到腳，就這樣嚇了一夜。隔天早上才發現只是一片葉子，而法器也早已丟棄，從此改行做別的事業去了。

「童乩」在書寫習慣上稱「乩童」，它與法師、桌頭、紅姨等專精於令鬼神附身以替人祈福解禍之類的人，有個古老的稱謂叫「巫覡」〔註167〕。

周鐘瑄在《諸羅縣志》談到「好巫、信鬼、觀劇，全台之敝俗也。〔註168〕」，還說台灣居民「尚巫，疾病則令禳之。〔註169〕」其後的《嘉義管內采訪冊》〔註170〕（大約成書於1897至1901年）也有類似的記載。由此可見，在十八世紀到十九世紀末，嘉義地區的病人通常都會請童乩為他們祈福避禍，甚至是醫治疾病。

這種行為與目前的情形很不一樣，雖說童乩仍然盛行，卻被大多數人視為迷信、騙術、殘忍、落後以及阻礙文明的代名詞。這種轉變的關鍵點來自於日治時期，日本政府開始對童乩這一類人展開管理，並開始以心理學、醫學的觀點來抨擊、病態化其人格。國民政府來台之後，在官方、學者與基督教宣教師等力量的影響下，童乩被判定為一種具有邪惡、詐欺、瘋狂、病態、無恥之個性或人格特質的人，而其行為和宗教活動則被稱之為「非法」、「迷信」、「殘忍」、「騙術」、「弊害」、「陋習」。這樣的社會形象，透過教科書、研究報告、座談會、演講和媒體報導，反覆刻畫和傳播，可謂深入人心〔註171〕。

這三則故事除了反映過去一般百姓遇事總先請教童乩、道士的風俗習慣，其真正的情節核心，都是叫人不要迷信，因為童乩、桌頭與道士在一般人心中多少帶有些「欺騙」的成分存在。〈道士遇著鬼〉中的道士除了被迷信惡整，最後還決定轉行，可見得人民對這種行業有其輕視、鄙視之意，也說明了在歷代執政者的教化之下，百姓崇信民俗心理的轉變。

嘉義地區的風水與迷信故事多在強調地區內的風水寶地能為人帶來幸福，使得人為努力的成分被忽略，這樣的命定觀念在嘉義人的心中根深柢固；

〔註167〕林富士，〈醫者或病人——童乩在台灣社會中的角色與形象〉，《中央研究院歷史語言研究所集刊》，76:3（2005）：514。

〔註168〕《諸羅縣志》：136。

〔註169〕《諸羅縣志》：147～148。

〔註170〕佚名，《嘉義管內采訪冊》，（南投：台灣省文獻委員會，1993）：13。

〔註171〕林富士，〈醫者或病人——童乩在台灣社會中的角色與形象〉，《中央研究院歷史語言研究所集刊》，76:3（2005）：551。

由於歷代統治者的教化，使得童乩、桌頭、道士一類的人在百姓心中被深植為「欺騙」、「落後」、「不文明」的代名詞，故事除了凸顯了信者的愚蠢，也刻畫了道士的可笑行徑，利用趣味與反諷的手法提醒著人們凡事不應太過迷信的道理。

四、美德故事

　　這類故事多講述人與人之間交往應守的份際與為人處事的美好道德價值。

　　朴子市〈葫蘆墩阿九舍〉〔註172〕，說的是豐原阿九舍的故事。阿九舍是個富翁，有十二個妻子。有個叫進財的人，每天砍柴到阿九舍家賣，阿九舍也請他吃飯。不久，進財病了，向阿九舍借了三十兩銀子醫病，就這樣花到去世，沒剩下什麼錢，便草草埋葬了。進財的妻子和女兒只能靠幫人洗衣服過活，日子很辛苦。一個月後，阿九舍來到進財家中，向進財的妻子連本帶利要討回九十兩銀子，進財妻還不起，阿九舍就要他拿女兒來抵債，當他的第十三個小老婆。

　　阿九舍後來半身不遂，沒有人要照顧他，而他的妻子、財產在私底下都早已被僕人們標示去了，等他一死，僕人就將他抬到亂葬崗埋一埋，而財產、妻子也都被一一瓜分掉了。

　　阿九舍的確不仁不義，但其僕丁竟能輕而易舉的奪取他的一切，這是何故？周鐘瑄在《諸羅縣志》〈雜俗〉中曾載：

> 各莊佣丁，山客十居八、七，靡有室家；漳、泉人稱之曰客仔。客稱莊主，曰頭家。頭家始藉其力以墾草地，招而米之；漸乃引類呼朋、連千累百，飢來飽去，行兇竊盜，頭家不得而過問矣。田之轉移交兌，頭家拱手以聽，權盡出於佃丁。〔註173〕

　　由此可知，這些僕丁在初始因無家室，又亟需溫飽，因此常被地主招攬開墾，但時日一久，人數眾多，又呼朋引伴而來，得以成群結黨，最後竟能反客為主，奪取地主的產業。與故事對照之下，似乎也反映了當時的社會現象。

　　故事中除了強調阿九舍是個好色之人，也是個專門欺負弱小的人，也許

〔註172〕《朴子市閩南語故事集》：156～161。
〔註173〕《諸羅縣志》：148。

本身早已多行不義，加上當時的社會背景，最後也只能落個晚景淒涼的下場。本故事教化意味深厚，警戒富裕之人應多行善積德，樂善好施，並且小心身邊人的反撲，畢竟多行不義必自斃。

《東石鄉閩南語故事集（二）》〈留我一個就好〉〔註174〕，敘述從前有次淹大水，一個人爬到高高的樹梢上躲大水，認為大水淹不到他，還說：「啊！規個攏予流流去喔！留我一個又好啦！」結果大水將整棵大樹連根拔起，真的只「流」走了他一個人。

這則故事具有閩南語諧音「留」與「流」的趣味，同時又告訴子孫做人不可太自私，應常保惻隱之心，否則當受害的人是自己時，可就一點都不值得同情了。

《東石鄉閩南語故事集（二）》〈跳未過蚊罩〉〔註175〕描述有兩個當兵時的好朋友，一個住小琉球，以討海為生，一個則住在內山。有一天，住在內山的人想去看住在小琉球的朋友，遂千里迢迢來到小琉球，無奈朋友出海了，他的新婚妻子便熱情招待他吃飯，到了夜晚，兩個孤男寡女該如何共處一室？妻子拿了蚊帳綁在床的兩邊，兩人就這樣過了一夜。第二天，妻子戴了斗笠要送這個朋友去坐車，沒想到風把她的斗笠吹進了約一人高的籬笆內，這位內山朋友一下子就跳過圍籬將斗笠還給她，然後就回去了。太太認為這人竟能跳這麼高，卻不會藉機侵犯她，真是一個正人君子，做妻子的很高興先生有這樣的朋友。

按照常理來說，這位男子在知道朋友不在之後，理應返家，或是在附近的客棧借宿，以免瓜田李下之嫌。這位妻子輕易留宿男子，似乎不合常理。《諸羅縣志》曾載諸羅子弟「尚結盟，不拘年齒，……。歃血而盟，相稱以行次。家之婦女亦伯叔稱之，出入不相避；多凶終隙末及閨閣蒙垢者〔註176〕」，又說「失路之夫，不知何許人；緣一借寓，同姓則為弟姪，異姓則為中表、為妻族，如至親者。……亦有利其強力，招來家；男女相雜，久而狎之，桑間濮上之風，非無自也。〔註177〕」從記載上來看，留宿陌路男子，似乎在當時司空見慣，但卻也容易造成男女相狎，淫風盛行。因此，本則故事的寓意除了告誡朋友之間應當義氣相稱，不可戲人之妻，也充分反映當時的社會

〔註174〕《東石鄉閩南語故事集（二）》：22～23。
〔註175〕《東石鄉閩南語故事集（二）》：150～155。
〔註176〕《諸羅縣志》：147。
〔註177〕《諸羅縣志》：148。

狀況，並強調內山男子爲人之高尚，當爲世人學習。

《嘉義市閩南語故事集（二）》〈一下好卜各較好〉〔註178〕，一個騎白馬掛金鞍的人走在前面，後面跟著一個騎普通馬的人，騎普通馬的人羨慕前者的馬可以掛金鞍；騎馬後面的人跟著一個挑柴的，挑柴人羨慕前面有馬可騎的人；挑柴人後面有一個盲人，盲人羨慕挑柴的人還看得見才能挑柴。後來這個失明的人撿到地上的金子，怨嘆自己如果看得見，可以撿到更多的金子，說著說著竟難過地哭了。

故事中的騎馬者、挑柴人與盲者，只顧著羨慕別人，卻忘記己身已擁有的，不知足的想要更多。其中最幸運的應屬盲人了，可他毫不知道自己有多幸運，竟還難過的哭起來，這不是「吃碗內看碗外」的最佳寫照嗎！人如果不懂得知足惜福，不僅旁人看了可笑，還徒增許多莫名的煩愁，受困於物欲之中，難以解脫。

嘉義市的〈目金銀做人〉〔註179〕中，有一個人弄了尊玩偶要給人猜是金子做的還是銀做的，猜中的就將玩偶送給他。許多人圍上去觀看，有一個撿豬屎的也圍上去，卻被大家嫌臭，叫他別靠過來。撿豬屎的說：「目金，銀做人。」便走了，那個做偶的人把他叫回來，說他答對了，原來這尊木偶眼睛是金做的，身體是銀做的。這尊玩偶因此歸屬於撿豬屎的，物主還請一團鼓吹樂隊將他送回去呢！

這是一則俗諺故事。原本這句俗語叫「目金（今）錢做人」，意指世人眼睛只看到錢，論斷他人也以是否有錢來衡量其價值。

雲林〈目今錢做人〉〔註180〕的故事補充了嘉義地區故事的不足。大意是一個富人說石塊板被太陽曬彎了，一個年輕人指出他的錯誤，其他人卻一味的附和這有錢人。年輕人因而氣得離家，幾年後賺大錢回鄉，便做了一個金銀人偶來諷刺當年這些只看錢財的膚淺鄉民。

《台灣民俗》〈窮人說話〉〔註181〕的情節中，也有石板被太陽曬彎的情節，只不過是返鄉年輕人富有之後所說的，鄉人當然附和他所說的話，當年輕人說明過去被輕視乃因其窮困時，鄉人莫不臉紅耳赤、慚愧低頭。

〔註178〕《嘉義市閩南語故事集（二）》：141～143。
〔註179〕《嘉義市閩南語故事集（二）》：160～163。
〔註180〕《雲林縣閩南語故事集（二）》：138～141。
〔註181〕《台灣民俗》：402～403。

　　民間故事在流傳的過程中，難免會有因互相感染而產生異文的情形發生。雲林、嘉義因地理環境與在政治形勢上也頗為類似，因此民間故事在流傳的過程中，產生異文的狀況較少，情節也大同小異。

　　這幾則故事都利用地位低下之人，如乞丐、撿豬屎的最後得了人偶來嘲諷世人看不清人間的真理，而只有親身經歷過大起大落的人才能看清世態炎涼。這則故事除了給予地位低下之人獲得平反的機會，一抒己怨，也警戒世人不能只以金錢來衡量人的價值，而忘記人間真正的公理與正義。

　　嘉義地區的美德故事反映早期台灣的社會背景，如主僕易位、男女界線不明等不合傳統禮制的狀況，亦有警告世人的意味存在，若主角能知禮尚義則廣為傳誦。在為人處事方面則強調應樂善好施，知足常樂，且應常存惻隱之心，不可抱著看好戲的心態。另外，〈目金銀做人〉則強調世態炎涼，大多數人只知攀炎附勢，而忽略了公理正義。

五、生活經驗與其他故事

　　嘉義地區有許多和生活經驗相關的故事，有如何處理不義之財的，有處世哲學的，這些故事累積了前人的智慧也充滿了生活哲理。其中尚有一類是屬於無法歸類的故事，為數不多，因此一起放在此段討論。

　　東石鄉〈撿到錢不是福〉〔註182〕，有個人騎著腳踏車載著銀票，後座的銀票不小心掉了，兩個出家人看到了，一個想撿，一個不撿，其中一個出家人便說銀票是邪，會引來他人的恐嚇覬覦，兩人便沒有撿，卻被一個種田的撿走了。這個種田的開始蓋房子、買土地。被附近的流氓察覺他由貧困而致富，便來向他恐嚇勒索，結果財產被拿走，還被砍傷了一隻腳。這兩個出家人告訴這個農人：「我彼陣仔，給你講這是邪，且有影抑無影？你洶洶有錢，人就會起野心，來給你恐嚇，向安爾啦，錢予人提去，腳骨復了一支矣。若有撿著錢，提來交政府，猶復有一個名譽，足好的！古早人講『貪字貧字殼』，人不當想貪啦。」

　　故事中的農夫無意中拾得大筆金錢，卻因不知低調行事，反而給賊人勒索的機會，最後使自己一無所有，還壞了一隻腳；反觀兩個老和尚因有先見之明，瞭解社會上人心險惡，早已料到突然的富有會引起他人覬覦，造成自

〔註182〕《東石鄉閩南語故事集（二）》：164～167。

己家破人亡，還不如將錢交給有關單位，還能得到一個好名聲。

　　兩個和尚洞悉人性之深，處事之高明令人佩服。東石位於沿海，居民大部分以漁業為生，要靠此業富裕本就不易，在這樣的生活條件之下，若有人突然富裕，就容易盜心四起。因此本故事除了勸人不拾不義之財之外，還奉勸世人做人做事要腳踏實地，就算一步登天也難有好事，也是一種對自己勞碌命運的安慰吧！

　　朴子市〈擔醃缸的老人〉〔註183〕，一個做醃缸的老人，一日做好兩個大醃缸要給顧客送去，雖挑著擔子綁著兩個醃缸，行經下坡處，一邊的醃缸卻鬆脫，往溪邊滾去，老人一氣之下，想說剩一個也沒用，遂把另一邊的打破。後來到溪邊察看，才發現那鬆脫的醃缸並沒有破掉，心裡懊惱著，便把剩的醃缸也給打破了，這下只好回家重做了。

　　朴子地近布袋，而布袋以漁業為主，《東瀛紀事》曾云：

> 澎民以海為田，得魚則需鹽孔亟，而風信不常，或暴風不已，海船
> 有數月不至者。儻郡鹽接濟稍缺，則無以為醃魚之用，而民受其病。
> 故不若民間自晒之為便也。〔註184〕

　　因此，對同樣以海為生的布袋人來說，用鹽來醃製銷售不完的魚獲應該也是日常重要之事，而醃缸想必也是當時日常生活的必備用具，融入於民間故事中就成了具有地方特色的情節元素。

　　故事中的老人以為大勢已定，加上又沒有耐性探察究竟，自己打壞了親手做的兩個醃缸，真是吃力不討好，得不償失。本故事在告訴後代子孫做人處事都要用心與耐性仔細觀察，不到關鍵時刻，絕不輕下判斷，若剛愎自用、武斷行事，後果可能不堪設想。

　　東石鄉〈未食攏無穩〉〔註185〕，一個孫子端了碗雞湯要來給阿公喝，孫子跟阿公說：「阿公仔，穩食囉啦！」他阿公說還沒吃進肚子裡都不是穩當的。孫子回說：「哼，阿公仔，捧來到此欲予你食囉，猶無穩？」

　　阿公嫌太燙，想等涼一點再喝，結果一隻公雞跳上桌子，就把雞湯翻倒了。阿公便說：「阿孫仔，我給你講無穩乎，你不信！無食落去攏無穩啦，食落去才有穩啦！」

〔註183〕《朴子市閩南語故事集》：108～111。
〔註184〕林豪，《東瀛紀事》，（南投：台灣省文獻委員會，1997）：68。
〔註185〕《東石鄉閩南語故事集（一）》：154～155。

本則故事與俗諺「煮熟的鴨子飛了」有異曲同工之妙，意謂還沒有結果的事隨時都有變動的機會，不可輕下論斷，也有不到最後一刻，勝負未見分曉的含意存在，隱喻人就算處在自認為已知的未來，仍要小心行事，否則大意失荊州，可就得不償失了。

嘉義市〈十二甕銀〉〔註186〕描述一富有人家聽隔壁窮人家說三餐都有瘦（其實是地瓜）、肥肉（其實是蘿蔔）可吃，遂將女兒嫁給窮人當媳婦。窮人家認為富人竟將女兒嫁給自己如此貧窮的人，他們家想必很有錢。窮人遂敲打富人三間房子的十二個牆角，沒想到敲出十二甕銀，反而比富人家更有錢了。

富有的人貪心不足，想要更加富有，不僅不收聘金就將女兒嫁過去，還白白損失了自己的財富，真是賠了夫人又折兵。本故事除了隱含人應知足，其實也告訴世人不可輕易顯示自己財力的道理。

六腳鄉〈辯夢〉〔註187〕講述以前有個皇帝做了個「花開、山崩、海乾、鏡破」的夢，要丞相解夢，解不出來就得砍頭。丞相的孫子知道了，便告訴爺爺花開就是結籽成，山崩就是見太平，海乾就是龍王現身，鏡破就是兩片明。丞相如實告訴皇帝，皇帝驚訝丞相的孫子小小年紀就如此聰慧，便將孫子也延攬為相了。

台灣人相信夢是事情的前兆，如作夢之後自己無法料想而猶豫不決時，即請學者先生卜卦判斷〔註188〕。從解夢的角度來說，夢是心的折光鏡，也就是夢境中所見的事物，其背後所標誌的通常是以當地人心的喜怒哀樂作成光源，曲折的象徵地表示其慾望，體現實際的功利〔註189〕，因此夢境中出現的事物常隱含當地人民豐富的社會生活和思想感情的世界，夢是有其現實性的。

嘉義地區背山向海，擁有豐富的海洋與森林資源。「海乾」表示帶走生機與資源，對靠天吃飯的嘉義人來說，是一種剝奪生存的象徵，也顯示人民對海洋的重視與崇敬。嘉義位處地震帶，多次的地牛翻身所造成的「山崩」現象，帶來許多產業災害與生命的消逝不計可數，古籍更記載當嘉義每次山崩

〔註186〕《嘉義市閩南語故事集（二）》：164～167。
〔註187〕《六腳鄉閩南語故事集》：100～101。
〔註188〕片岡嚴著，馮作民、陳金田合譯，《台灣風俗誌——第九集》〈第一章——台灣的巫覡〉（台北市：大立出版社，1981）：28。
〔註189〕高國藩，〈唐朝人如何解夢〉，《歷史月刊》，39：29～30。

時，便是民亂四起的時候〔註190〕，因此山崩化身爲故事中的元素，表示嘉義人對生命消逝的恐懼。

除了「花開」以外，「山崩」、「海乾」、「鏡破〔註191〕」在意念上都隱含著不吉的直覺想法，而故事中神童所說的「見太平」、「龍王現身」等，都是百姓將山與海洋視爲有神靈而加以崇拜的泛靈信仰的反映。本則故事也許想要表達人世間的禍福雖說自有定數，但心念的改變，也許能產生新的契機與希望。凡事若能以樂觀的態度來面對與處理，往往會有不一樣的結果，又何必杞人憂天呢？

《東石鄉閩南語故事集（二）》〈新陳三五娘〉〔註192〕先說明以前的婚姻都由父母作主，要在結婚當天才能看到對方的臉。有一個人的姑丈爲了看自己未曾謀面的妻子，第一次假裝成布商，要未來的媳婦下來看布料做新衣，可她卻請嫂嫂幫忙挑選即可。第二次姑丈假裝成賣皮鞋的，無奈新媳婦只畫了腳紙板拿下來量。姑丈兩次都未能看到未來的媳婦，只好等到新婚之夜。待新婚之夜到來，姑丈用尺掀起新娘頭紗，看到新娘原來很美，才放了心，還責怪新娘不給他看呢。

嘉義地區很早已前就有所謂在結婚前，先由男女雙方家屬互探新郎新娘的風俗，諸羅縣志曾載「諸羅議婚後，女家遣人視男家且覷，名曰探家風。男則母或諸姆造女家覷媳，攜金銀簪親插其髻，名曰插簪仔……〔註193〕。」因此，男方在婚前是可派家族女性長輩至女方家探視新娘的，並可藉此得知新娘的相貌如何。故事中的新郎多次假扮商人想要一探究竟，則稍顯心急了點，不過也顯示在憑媒妁之言、父母之命成親的古代，與素未謀面的人論及婚嫁，的確令人擔心也無可奈何。

由本類型故事可知，在生活經驗的傳承方面則闡述了不義之財不可取，否則將引來禍事，同時也傳達了做人應腳踏實地，頗有安慰己身勞碌命運的用意。

〈擔醃缸的老人〉與〈十二甕銀〉的故事中，除了含有與地方特色結合

〔註190〕 如「咸豐十一年大尖山崩，後戴萬生反」，見倪贊元，《雲林縣采訪冊》，（南
　　　　　投市：台灣省文獻委員會，1993）：41；光緒十四年大尖山再崩，而施九緞起
　　　　　事，見《台灣風俗誌——第八集》，〈第一章——台灣人對自然現象的觀念及
　　　　　迷信〉：21。

〔註191〕 鏡破主夫妻離別，見《台灣風俗誌——第九集》，〈第一章——台灣的巫現〉：39。

〔註192〕 《東石鄉閩南語故事集（二）》：50～53。

〔註193〕 《諸羅縣志》：139。

的情節元素，也顯示在結果未明前，應小心求證，不可輕下判斷，以免得不償失。

〈辯夢〉的故事中，融入台灣解夢的習俗，而夢境的事物也反映了嘉義人的思想與感情，更強調心念的轉動可以改變對事物的看法；〈新陳三五娘〉則顯示早期社會對婚姻自主的嚮往，以及對未知的婚姻對象感到焦慮與無奈的心情。

本節生活故事在嘉義地區故事類的民間文學佔大多數，且故事內容之間重複較少，為更清楚瞭解生活故事的整體概況，故整理表格如下：

表 4-3-1　嘉義地區生活故事類別統計表

類別	分項	地區	故事名稱	數量總計	分項比例	分類比例〔註194〕
家庭故事	夫妻	六腳鄉	〈豬肚燉蓮子（一）〉	1	13%	53%
		布袋鎮	〈一個歕鼓吹〉	1		
		朴子市	〈賣缶仔的翁仔婦〉	1		
	親子	六腳鄉	〈兩個媳婦〉	3	30%	
		六腳鄉	〈柴箱裡的金角〉			
		六腳鄉	〈後母假鬼〉			
		東石鄉	〈乞的得雙份〉	1		
		朴子市	〈鳥籃〉	1		
		嘉義市	〈不孝查某囝〉	2		
		嘉義市	〈三個查某囝較輸一個肉豆〉			
	婆媳	東石鄉	〈孝媳得金山〉	2	13%	
		東石鄉	〈二九暝無枵媳婦〉			
		六腳鄉	〈豬肚燉蓮子（二）〉	1		
	姻親	嘉義市	〈諸羅縣老爺出巡〉	1	9%	
		布袋鎮	〈海口親姆〉	1		
	巧婦拙夫	布袋鎮	〈講譀古〉	2	35%	
		布袋鎮	〈選翁婿〉			
		六腳鄉	〈大家歹做人〉	3		

〔註194〕分類比例即為生活故事的五大類故事除以所有總數得來之比例，如家庭故事共 23 則，除以總數 44 即為 53%；分項比例則為當類故事中的分項故事所佔當類的比例，如夫妻故事共 3 則，除以家庭故事總數 23 則，即為 13%。

		六腳鄉	〈巧媳婦〉			
		六腳鄉	〈戇子婿〉			
		朴子市	〈刻白翎鶯〉	1		
		東石鄉	〈巧媳婦〉	2		
		東石鄉	〈戇子婿〉			
民俗故事		六腳鄉	〈兩兄弟〉	2	100%	17%
		六腳鄉	〈好額及散赤〉			
		嘉義市	〈風水無影〉	1		
		布袋鎮	〈死童乩，活桌頭〉	1		
		六腳鄉	〈死童乩活桌頭〉	1		
		朴子市	〈道士遇著鬼〉	1		
科舉故事		六腳鄉	〈泉州舉人〉	2		11%
		六腳鄉	〈考狀元〉			
		嘉義市	〈獪用咧強求〉	2		
		嘉義市	〈不能強求〉			
		東石鄉	〈落第秀才〉	1		
美德故事		朴子市	〈擔醃缸的老人〉	2		11%
		朴子市	〈葫蘆墩阿九舍〉			
		東石鄉	〈留我一個就好〉	3		
		東石鄉	〈跳為過蚊罩〉			
		東石鄉	〈撿到錢不是福〉			
生活經驗與其他	生活經驗	東石鄉	〈未食攏為穩〉	1	60%	11%
		嘉義市	〈一下好卜各叫好〉	2		
		嘉義市	〈目金銀做人〉			
	其他	嘉義市	〈十二甕銀〉	1	40%	
		六腳鄉	〈辯夢〉	1		

　　由以上表格可看出，嘉義地區的生活故事，以家庭故事所佔比例最重，其他各類則平均分佈。科舉故事乃雲林、台南較為缺少的部分，顯見此類故事在嘉義地區的特殊性。家庭故事中又以親子與巧婦拙夫的故事比例最高，可知嘉義人重視直系血親與配偶之間的相處更甚於其他宗族關係。

　　綜合本節可知，嘉義地區在日常生活中，首重家庭關係，除了強調孝道的重要，也發現嘉義人認為維繫家庭和諧的關鍵角色為女性；在人際交往方

面，則重視圓融處事的技巧，在個人品德方面強調應知禮重義並擁有惻隱之心；科舉故事的盛行，除了表達本地居民對自己土地的熱愛與自豪，〈落第秀才〉也闡述了尚智不尚武的態度；民俗故事的情節核心說明嘉義人受歷來統治者教化之深，改變了舊時社會崇信民俗心理的態度。嘉義當地的土特產與當時的文化背景、風俗習慣皆融入故事情節中，藉以展現此地特殊的風土情味，也饒富鄉土教育意義。

第四節　機智人物故事

施翠峰將此類故事稱為「機智譚」，主角通常利用其聰明才智，想出妙計解決各種難題〔註195〕，但也有的只是為了博取聽眾一笑，情節不合邏輯，甚至有些誇大〔註196〕。曾永義則認為此類主角通常「以辛辣的言詞和巧妙的手段，出奇制勝的打擊和嘲弄那些驕橫、虛偽而貪婪的統治壓迫者〔註197〕」。

嘉義地區這類型的故事，以邱罔舍、白賊七與賊女婿的故事流傳最多，通常主角以捉弄他人取樂見長。筆者以故事內容的主要角色作區分，略敘於下。

一、邱罔舍的故事

《嘉義市閩南語故事（二）》〈邱罔舍出世〉〔註198〕說明了邱罔舍的出生原因：邱秀才在考科考之前是私塾老師的，他刻了一隻木雞腿，每天沾鹽湯下飯。有一次鄰人丟了雞，以為是邱秀才偷的，但又找不到證據，兩人便一起到伽藍爺那兒擲筊，請伽藍爺作證。顧廟的小孩知道這邱秀才將來必是狀元，便請伽藍爺不管何事都要應允他一百個筊桮。陰錯陽差之下，村人都認為雞是邱秀才偷的，秀才有苦說不出，還被判監禁三年。出獄後，邱秀才考上狀元，欲報此仇，便把伽藍爺綁在馬上，將馬尾點火，讓馬一直奔跑，那尊伽藍爺便摩擦到斷手斷腳。伽藍爺一狀告到閻羅王那兒，說要投胎當邱罔舍，向邱秀才討債二十年。

話說這邱罔舍在冬天用畚箕裝銀子，撒落在大埤底，叫奴才們潛進去找，

〔註195〕《台灣民譚探源》：125。
〔註196〕《台灣民譚探源》：144。
〔註197〕《俗文學概論》：406。
〔註198〕《嘉義市閩南語故事集（二）》：144～153。

還問他們：「會寒燴？猶會寒燴？〔註199〕」還有一次，邱罔舍放出風聲要放大炮，他果然做了一座大炮，好幾百人扛都扛不動，許多人聞風而來，沒想到「噗」一聲就沒了，他還發放銀子給那些來看的人，要多少有多少。又一次，他用石臼來燉豬腳，買了幾百輛車的燈心來將石臼燒到通紅，豬腳才爛。接著，又故意刁難閹豬的來閹整圈都是公的豬，讓他全身沾滿豬屎，也找不到母豬閹，最後也是付錢了事。

《六腳鄉閩南語故事集》〈邱罔舍（一）〉〔註200〕收錄了一則罕見的故事：邱罔舍向母親要錢做生意。母親要他買不會漏氣、不會減重、不會臭、不會爛的東西。結果邱罔舍買了一隻大石獅和一隻小石獅，母親罵他是狼狽子，他回說：「阿母仔，這隻狼狽子，啊後背彼隻母就大狼狽。〔註201〕」

六腳鄉另有一則〈邱罔舍（二）〉〔註202〕：正月初一，邱罔舍用白布條纏在鄰家小孩頭上，然後在每個人身上塞紅包，打了一巴掌後，叫小孩哭著回家。家裡大人看到小孩在大過年時像哭喪的喪家，氣得想找邱罔舍算帳，但一看到孩子身上的紅包就做罷了。

這是目前嘉義地區所能搜羅到在民間流傳關於邱罔舍的故事，以下將從其主要的情節單元作為區分，加以探討之。

（一）轉　世

台灣地區大部分所蒐羅的都說邱罔舍是鱸鰻精轉世〔註203〕，關於邱罔舍乃伽藍爺投胎轉世的故事，則較為少見。陳健銘分別在福建漳州與宜蘭縣蒐集到神明轉世的傳說，不過宜蘭縣的對象換成了土地公〔註204〕。雲林縣〈偷掠雞考狀元〉〔註205〕以及〈邱罔舍的故事〉〔註206〕皆有收錄到類似的情節，神明分別是王爺公與伽藍爺，不同的是在〈偷掠雞考狀元〉中並未有投胎情節，也未說明主角是誰。

〔註199〕《嘉義市閩南語故事集（二）》：150。
〔註200〕《六腳鄉閩南語故事集》：102～103。
〔註201〕《六腳鄉閩南語故事集》：103。
〔註202〕《六腳鄉閩南語故事集》：104～105。
〔註203〕如李獻章，《台灣民間文學集》〈邱妄舍〉：142～144。
〔註204〕陳健銘，〈從丘蒙舍故事看民間傳說的移植與變貌〉，《民俗曲藝》，61（1989）：96～97。
〔註205〕《雲林縣閩南語故事集（一）》：12～19。
〔註206〕《雲林縣閩南語故事集（四）》：98～127。

邱罔舍在台灣是家喻戶曉的機智人物，關於邱罔舍故事的來源，林培雅曾就此問題推論出：

> 邱罔舍故事的來源最先是來自漳州丘蒙舍的故事，後來還加入漳州
> 的「謝能舍」，以及泉州的「蔡六舍」、「鱸鰻舍」等等故事。〔註207〕

也就是說，邱罔舍故事乃從福建移植而來並吸收了相類似的故事。而在台灣的流傳過程中，為了配合當地的文化背景，便不斷地轉化或豐富其故事情節，這也許可以解釋各地投胎轉世的情節相似，但神明卻各有不同的原因。

（二）戲弄他人

戲弄他人是邱罔舍故事中最主要的情節內容，嘉義地區所收錄到的水中撈銀、放大炮、過年穿喪服等情節，流傳較為廣泛，與其他文本差異不大。其中較少於其他文本看到的是戲弄閹豬人、燈心爛蹄與狼狽子的情節。筆者發現嘉義地區燈心爛蹄的傳聞同樣出現在福建漳州「謝能舍」〔註208〕的故事，而戲弄閹豬人則可在雲林〈邱罔舍的故事〉找到，可見得嘉義地區邱罔舍故事不僅與雲林地區甚為接近，而且頗有可能直接承襲了福建漳州的原型故事，數百年來改變不大。

狼狽子的情節在其他文本較少發現，不過，忤逆長上的情節經常在邱罔舍的相關故事中出現，但對象經常是父親，嘉義地區所蒐羅到的是母親，頗為特殊。

（三）死　亡

在台灣所搜錄的故事中，大多都有關於邱罔舍死亡的情節，以跳海自盡〔註209〕為主，內容大致是邱罔舍身上只剩下三百兩銀子，邊走邊逢人問自己要去哪裡，大家東猜西猜怎麼也猜不到，只有一個老婆子嫌他煩，順口說了他要「去死」，邱罔舍立刻將所有的銀子給他，便自行跳海了斷。從研究中發現，嘉義與雲林地區皆無邱罔舍自殺情節，純粹只是以戲弄他人取樂為主，少了警惕世人的意味。

〔註207〕林培雅，《台灣地區邱罔舍故事研究》，（清大中文所碩士論文，1995）：53。

〔註208〕見陳健銘，〈從丘蒙舍故事看民間傳說的移植與變貌〉，《民俗曲藝》，61（1989）：106～107。

〔註209〕如李獻璋，《台灣民間文學集》〈邱妄舍〉：166～167；江肖梅，《台灣故事（下）》〈邱懷舍〉，（台北市：中國民俗學會複印，1987）：41；林曵《台灣民間傳奇》〈邱罔舍傳奇〉，（台北市：聯亞，1979）：498；陳健銘〈從丘蒙舍故事看民間傳說的移植與變貌〉：108 皆有收錄自殺情節。

二、白賊七的故事

　　《東石鄉閩南語故事集（一）》〈好鼻師〉〔註210〕中的白賊七愛撒謊，搞得大家真以為他上知天文、下通地理，就去告訴皇帝有這麼個奇人。皇后知道了就想測試白賊七，便將青蛙放進她的粉盒內，要白賊七仔猜裡頭是什麼。白賊七哪裡知道，心裡想著完了，便隨口唸著：「烏白臆啊，烏白臆〔註211〕（胡亂猜之意）」，沒想到一旁的軍師聽成「白蛙」，粉盒一開，果然是白蛙，因為青蛙全身已被盒中的白粉沾成全白的了，皇帝便封白賊七仔為「好鼻師」。

　　《六腳鄉閩南語故事集》〈白賊七仔〉〔註212〕的白賊七騙大嫂說溪裡都是魚，大嫂叫大哥趕緊跟白賊七去捉魚。誰知白賊七半路折了回來，先騙大嫂說哥哥淹死了，要拿門板去扛屍體，等大嫂哭著去找大哥，白賊七又先大嫂一步告訴大哥家裡失火，兩個夫妻在路上哭著相遇，才知道被白賊七騙了。兩人一氣之下，將白賊七捉進布袋，吊在樹上。一個駝子正巧經過，白賊七告訴駝子說在布袋中搖著就會治好駝背，駝子信以為真，便代替白賊七吊在樹上，而白賊七卻趕走他的鴨子，還到處跟人說他遇到閻羅王，閻羅王要招他作女婿，還賜他那群鴨子。

　　《布袋鎮閩南語故事集》〈白賊七仔〉〔註213〕的大嫂問白賊七何以今天不騙人？白賊七邊卸下門板邊說大哥跟人洘溪〔註214〕，被淹死了。白賊七說完就扛著門板去找大哥，大哥問白賊七為何要扛門板，白賊七說因為家裡全燒光了，只剩下門板。大哥一聽，立刻跑回去，白賊七看到大嫂也從家裡跑了過來，心想就要被揭穿了，便把門板一丟，躲進甘蔗園裡去了。

　　彭衍綸曾針對白賊七的故事內容區分為十七個情節單元，分別是做壽、撿魚、溺水、失火、戴孝、寶衣、押解、醫駝背、逢貴人、入水、剝皮、騙牛、萬里獸、借物過年、寶鍋、寶棍與取馬〔註215〕。嘉義地區與之相類似的情節單元則有撿魚、溺水、失火、醫駝背、逢貴人等五個情節，對照彭氏的

〔註210〕《東石鄉閩南語故事集（一）》：160～162。
〔註211〕《東石鄉閩南語故事集（一）》：160。
〔註212〕《六腳鄉閩南語故事集》：106～111。
〔註213〕《布袋鎮閩南語故事集》：66～73。
〔註214〕把溪水圍堵在一處，然後把溪水洩掉，以圍捕溪魚。
〔註215〕彭衍綸，《台灣民間故事〈白賊七的趣話〉及其相關研究》，（政大中文所碩士論文，1996）：42～44。

「台灣地區白賊七故事情節單元比較表」之後可發現，嘉義地區中的所有情節皆收錄於記載白賊七故事最早的《台灣昔嘩》〈白賊七仔〉〔註216〕中，其中撿魚的情節在彭氏收錄的諸多文本中較少出現，僅在《台灣昔嘩》與施翠峰的〈白賊七仔〉有這樣的情節。布袋鎮自古以漁業為生，民間故事流傳到了此地，這樣接近地理背景的故事內容便因此流傳下來。

雲林縣收錄了兩則白賊七〔註217〕的故事，內容除了經常出現的「入水」與「醫駝背」〔註218〕情節之外，另外與嘉義地區相似的便是與「好鼻師」故事的結合。唯其不同的地方在於幫「皇帝」找金印，而同樣的情節在於剛好白賊七所說的話與要找的東西有諧音，而碰巧找到，皇帝便賜給白賊七寶物或是封號。

白賊七本身並無才能，甚至到處偷拐行騙，或以愚弄他人為樂，行徑類似小混混，對於其懲罰情節則有所缺漏，甚至有強調其運氣好的現象，頗值得人玩味。

從邱罔舍與白賊七的故事內容發現，其情節單元都有其重複的地方，尤其是戲弄他人的部分，明確的說就是邱罔舍的故事內容偶爾在白賊七的故事中也可以發現，兩者的同質性很高，但嘉義地區比較強調邱罔舍的揮霍形象，其機智形象相對減弱了許多，相較之下，白賊七善於戲弄他人的機智能力倒是較為凸顯。兩者相同的地方在於，對懲罰情節的缺漏，也顯示嘉義人對此類故事傾向以娛樂為主，並不帶有說教目的，甚至希望可以從主角刻意挑戰傳統禮制的作法當中獲得樂趣的心理現象。

三、賊女婿

這裡的賊女婿除了講明女婿的工作是賊之外，也有賊頭賊腦的意思，說的都是女婿愚弄丈人一家的故事。

〔註216〕參見彭衍綸，〈白賊七故事在台灣的演變〉，《國立中央圖書館台灣分館館刊》，4:2（1997）：87。

〔註217〕《雲林縣閩南語故事集（一）》〈白賊七仔的故事〉：112～119。《雲林縣閩南語故事集（四）》〈白賊七仔好鼻師〉：84～93。

〔註218〕指白賊七欺騙某人說要帶他去找自己的富貴丈人（或請他為自己說媒；或說要去龍宮理論事情），並蓄意讓那人在海上落水淹死；白賊七吊在樹上，騙駝背之人此法可醫治駝背，遂與他交換，接著還接手了駝子的一群鴨子，拿去賣或者騙人說那是龍王或閻王送給他的禮物。

　　《六腳鄉閩南語故事集》〈賊仔女婿〉〔註219〕中，有個員外三個女兒都嫁了，大女兒嫁給讀書人，二女兒嫁給農夫，三女兒嫁給小偷，但員外不知道三女婿是小偷。這一天，員外做壽，請女婿們說些好話來聽。大女婿說：「白紙白波波，手筆舉起來亂亂攪，讀冊真艱苦，做官好逸陶。〔註220〕」二女婿說：「田水白波波，手耙舉起來亂亂攪，做穡真艱苦，收冬好逸陶。〔註221〕」三女婿想趁機讓大家知道他的行業，就說：「白壁白波波，刀子舉起來亂亂攪，做賊真艱苦，提物好逸陶。〔註222〕」員外知道三女婿是小偷後，便和他打賭看能不能偷走家裡的一隻羊，若偷得走，就把錢給他。

　　三女婿前二天皆敲鑼打鼓宣告偷羊，但都沒去，看羊的僕人兩天沒睡，到第三天累得睡著了，而看羊的狗也被女婿用食物騙到前院，最後不知跑去哪裡。女婿很順利偷了羊，便把羊耳放在佛桌上；羊肚擺在樓梯；子宮擱在大姊床上；兩粒睪丸綁在員外鬍鬚上；拿來拔羊毛的鍋鼎，則倒蓋在狗睡覺的地方；羊眼睛丟進爐灶的起火洞裡；羊腳立在板凳上。

　　小妹與大姊同睡一床，她摸到子宮時，以為大姊生了，員外夫婦趕緊起床，走到樓梯時卻踏到羊肚，滑了下來；員外摸到自己鬍鬚，以為自己的睪丸從嘴巴跑出來；夫人要去起火，看到羊眼，嚇了一跳，撞倒羊角，羊角插進屁股裡；夫人還想去拿聖筊來拜神，卻摸到羊耳，以為聖筊也被嚇軟了。最後員外總算知道真相，氣得拿棍子要去打狗，卻打到鍋鼎，這下連鼎也被打破了，全家被三女婿弄得雞飛狗跳。

　　一個與偷羊故事頗為類似的，還有東石鄉的〈作賊打鑼〉〔註223〕。內容敘述有兩個人坐著閒聊，一個說作賊之前會先敲鑼通知，另一個不信，於是兩個人打賭看羊會不會被偷走。這個作小偷的連續兩個晚上敲鑼，這個顧羊的連續守了兩夜，到第三天累到睡著了，醒來後，羊就被偷了，這作賊的人就說：「但有影否？我作賊攏嘛打鑼。〔註224〕」

　　賊女婿誇下海口，並且說話算話，除了將了丈人一軍，在某種程度上也展現了自己的「專業」能力，同時也給那些倚仗著自己有錢的富有人家一些

〔註219〕《六腳鄉閩南語故事集》：112～119。
〔註220〕《六腳鄉閩南語故事集》：112。
〔註221〕《六腳鄉閩南語故事集》：112。
〔註222〕《六腳鄉閩南語故事集》：114。
〔註223〕《東石鄉閩南語故事集（一）》：140～142。
〔註224〕《東石鄉閩南語故事集（一）》：140。

教訓。

　　台南的〈賊女婿〉講的也是類似的故事，除了有些物品錯置的情節，大抵上都是羊的內臟或五官嚇壞了員外一家人。兩者相同的地方在於，女婿皆利用敲鑼打鼓的方式先宣告要偷羊了，兩個晚上都沒出現，等大家都鬆懈了以後，才順利偷到羊，並且都贏得賭注，這有錢又自以為是的老丈人輸了面子也輸了裡子。兩者雖在情節上的差異不大，但還是有些不一樣的地方。故事一開頭，台南地區強調得說句話來為員外助興，大女婿用筷子夾了一粒花生，然後說：「閹雞啄水米」，二女婿用手抓了一把花生，說：「五虎下山」，三女婿整盤端起來倒進碗裡，說：「四山落雨歸大海」。〔註225〕相較之下，嘉義地區的女婿得說四句聯，難了許多，尤其這位講述者還是個不識字的農民，更顯現民間文學在傳承中的確具有教育的作用。

　　其次，台南地區的故事中並未強調三女婿是個賊，僅說他和員外打賭可以三天內偷他一隻羊，而在偷羊時故意灑豆子在屋頂，製造下雨的聲響，讓員外誤以為女婿不會來了，才讓羊被偷。嘉義地區的賊女婿則是利用食物引開看守的狗，才得以順利偷羊。方式雖不同，但同樣利用人性的弱點，而達到自己的目的。

　　另外，嘉義地區的情節較為合理，內容也較為完整，可做為台南地區缺漏情節的補充，其中原因也許和講述者的記憶有較大的關連性。

　　《嘉義市閩南語故事集（一）》〈第三個囝婿〉〔註226〕講一個員外有三個女兒，大女兒、二女兒都嫁給有錢人，唯獨三女兒想要靠自己的命運，這員外就將她嫁給一個十分貧窮的人。有一天，員外要過生日，三個女兒和女婿都回來了。大女婿和二女婿都能在桌上吃飯，三女婿只能端著飯碗在一旁，大女婿、二女婿都有紅床鋪可睡，三女婿只能睡柴房。三女婿心想竟如此看不起我，便決定惡整大、二女婿。他先到廚房跟廚子說大丈、二丈都喜歡吃鹹，愈鹹愈好。接著又跑去跟婢女說，大丈、二丈夜裡喜歡喝整壺的茶，叫他們多泡一點放在房裡。

　　晚餐時，大丈、二丈因為吃太鹹，又不好意思嫌棄飯菜，只好回房間猛灌茶，沒想到茶喝太多，開始想拉肚子，想把房門打開，卻開不了，因為三女婿早把房門反鎖了。兩人沒辦法，只好到閣樓拉了，拉滿了兩面鑼和一面

〔註225〕《台南縣民間文學集4》：106。
〔註226〕《嘉義市閩南語故事集（一）》：96～105。

鼓，連褲子都沾到，他們兩人想，反正都穿長衫，沒人知道他們沒穿褲子，可三女婿在房門外偷聽的一清二楚。到了正式拜壽的那天，三女婿將兩人的長衫一掀開，裡面都沒有穿褲子，大女婿、二女婿這下可出了大糗。

　　雲林縣〈拜壽無穿褲〉有相似的故事，情節較爲簡單，甚至有些語焉不詳，嘉義地區的故事可以作爲其補充說明之用。兩者不同的地方在於，嘉義地區故事的開頭複合了胡萬川的 923B*【爲自己命運負責的千金小姐】類型〔註227〕，台南地區則複合了呆女婿〔註228〕的故事。嘉義地區強調父親在家中可指揮一切的權威，台南地區則強調女婿的窮困與弱勢。

　　這兩則故事都顯現了富人瞧不起窮人的嘴臉和態度，而這三女婿也利用機智，趁機教訓了他們。在古時社會，原屬封建制度，貧窮的人難以翻身，經常得受富人的氣，本故事也許藉此諷刺爲富不仁者的愚蠢面貌，同時也隱含了善用聰明機智者可以一抒己怨，並贏得自尊。

　　《東石鄉閩南語故事集（一）》〈變猴〉〔註229〕也是一則女婿欺負妻子娘家人的故事，不過在其他地方並無找到類似的故事。東石每年六月十五日迎媽祖，四月十五、十月十五都會請戲班來演戲，這時許多人會從外地來此，人山人海，好不熱鬧。有一個人專門以捉弄人爲樂，有次他也來參加聚會，卻手拿兩個草人，臉上戴著鬼面具衝到朋友家裡，拿了根骨頭啃著就跑，嚇得大家目瞪口呆。又有一次，他做了個薄板棺材，叫小孩送到朋友家，嚇得那家人連忙求神拜佛，祈求改運。到隔壁村大拜拜時，這人的小姨子、小舅子特地來邀請他參加廟會，表面上他答應了，卻穿蓑衣、戴斗笠擋在小姨子前頭，不讓他看戲，還因此被人打了一頓。

　　有一天，他的老丈人要到東石作客，這女婿事前喬裝打扮，暗中埋伏在丈人必經之路，等丈人一經過便撲上去，把泥土塗得他滿臉滿身都是，等丈人到家，還嘲笑他怎麼穿了這麼髒的衣服出門。

　　這個故事中講述了東石地區的傳統節慶，也有台灣人所忌諱的民俗習慣，情節有些類似白賊七與邱罔舍，也許有受到這些故事的影響。故事中被

〔註227〕這類型的故事是說富翁有三個女兒，唯獨三女兒要靠自己吃飯，富翁一氣之下便將她嫁給窮人。見《台灣民間故事類型》：174。

〔註228〕小女婿到丈人家時，見到大女婿、二女婿站起來，就說：「哦～蒼蠅沾糞便，見我就飛起。」此一情節乃呆女婿在路上學的話，卻誤打誤撞地諷刺了大女婿與二女婿。見《雲林縣閩南語故事集（二）》：179。

〔註229〕《東石鄉閩南語故事集（一）》：88～93。

捉弄的對象除了女婿自己的朋友以外，其他就都是娘家的人，不過受到戲弄最嚴重的應屬丈人了，他不僅不知道是誰害他的，還被自己的女婿給奚落了一頓，也許這丈人平常太虧待他了，才讓女婿興起了作弄他的念頭。整篇故事頗爲有趣，除了講述女婿惡作劇的太過份，害自己被打，有自作自受的意味，在丈人與女婿之間隱含的糾結情感，也令人玩味。

女婿在女方家族中屬於「半子」，傳統上並無財產分配與繼承的權利，然而卻必須和妻子一樣，把岳父岳母當自己的父母般敬重，每逢過年過節也得略表心意，甚至陪同妻子長途跋涉回娘家，若是不顧這些傳統禮數，定會遭人非議，這點也許是早期造成女婿心中對太太娘家起怨懟的原因，若是正巧岳父又是富有人家，其地位的卑微則更爲凸顯。一般百姓一向同情弱者，在這樣的故事中，難免將現實生活中的處境以相反的方式反映在民間故事中，除了達到抒發己怨的目的，同時也正是大眾對己身自卑心理的投射。

綜合本節可知，不管是白賊七、邱罔舍還是賊女婿，他們的性格總是玩世不恭，不肯屈服於傳統觀念中的社會階層或是禮教制度，並以戲弄他人爲樂爲其言行的最高指導原則，不在乎所戲弄的對象是否爲自己的朋友或親人，純粹只是爲了顛覆傳統而顛覆，沒有太高尚的道德說教意味，由此可知，嘉義地區的百姓對此類故事的傳述重點僅在有趣好玩，以看人出醜達到娛樂身心的成分較高，只要是無傷大雅的玩笑，幾乎都照單全收。其中，賊女婿故事群所戲弄的對象以岳父最多，一個家族中擁有最大權力的長者被女婿如此對待，百姓願意將這樣的故事流傳下來，似乎顯示女婿在女方家族中，面對岳父強勢的無奈與亟欲掙脫束縛的自卑心理。

第五節　笑　話

民間笑話是一種流傳於民間具有詼諧逗趣、寄託諷刺性的短小故事，以滑稽的形像、言詞、動作使人感到愉悅、發笑，產生滑稽感。通常能一針見血的揭露事物的本質，使人在笑聲中得到娛樂及啓示。曾永義認爲笑話要令人發笑有三個要素，一要用詞淺顯，二要簡短有力，三要講求誇飾、襯托、反覆、雙關的技巧。〔註230〕

高國藩則提出民間笑話與其他民間文學體裁的區別。首先，笑話中出現

〔註230〕《俗文學概論》：227。

的經常是受批判的反面人物，而且不似機智人物或傳說有一特定的人物和其所串連起的許多諷刺故事；其二，民間笑話中出現的典型形象始終是人，而不是動、植物、神怪等等；最後，民間笑話通常是真人真事型的，唯有透過如此，才能使民間笑話達到一針見血、諷刺人心、揭露社會不良現象的目的。〔註231〕

因此，我們可以說笑話就是短小精幹、引人發笑，卻又隱含深意的民間故事，大多數以批判他人為主，主要角色一定是人類，並且以發生在生活周遭的真人真事型為主要特徵。

嘉義地區經由田野調查所蒐集到的笑話也大都具有這些特點，筆者根據笑話內容針對的主題大致分為四類：分別是嘲諷他人、取笑愚笨、嘲弄殘疾與其他類。

一、嘲諷他人者

這些故事以嘲弄不學無術、貪婪、懶惰與其他不合乎情理現象為主，內容犀利有趣，也頗有深意。

《布袋鎮閩南語故事集》〈新塭囝仔遠足〉〔註232〕：老師帶著一群中學生從布袋走到嘉義經過朴子遠足。首先經過大寮東港，孩子看到公雞、母雞、公鴨、母鴨在交配，老師認為說話得文雅，便告訴孩子那叫「喜相逢」；後來經過貴社，看到養豬的地方養著猴子以避邪，老師說猴子要叫「大樹王」才好聽；接下來經過嘉義市林森東路的監獄，老師告訴孩子要叫「青年城」才好聽；最後一站到了朴子，遇到火警，老師說那叫「滿天紅」。

後來，這位女老師要結婚了，學生們決定請班長做一首詩送給老師當賀禮，這首詩是這樣的：「老師今年喜相逢，明年生一隻大樹王，生一隻花開佇青年城，因兜一年四季，自按呢滿天紅。」

故事中賀詞雖然極盡嘲諷能事，但也不失為恰如其份的祝福。這位老師不僅誤導學生，還教錯詞語，最後聰明反被聰明誤，讓自己淪為被嘲諷的對象。

台南與雲林地區並無這樣的故事，不過在台中大安鄉的〈讀冊人講話〉

〔註231〕《中國民間文學概論》：122～125。
〔註232〕《布袋鎮閩南語故事集》：100～111。

〔註233〕有非常類似的情節，只是將猴子換成「石頭公」，監獄換成「納涼館」，其他則沒有太大的差異。不過，嘉義地區的故事巧妙的融入本地地名，如布袋、朴子、大寮東港，而嘉義監獄更是此地曾有的建築地標（目前已改建為地方法院），結合地理空間的故事，令身為嘉義人的筆者讀之，感到身歷其境，十分親切，而其蘊含的教育意義則更加濃厚了。

另一則諷刺讀書人的故事是《嘉義市閩南語故事集（一）》的〈体惰讀冊〉〔註234〕：有一個懶惰的讀書人，春天的時候說春天不是讀書天，所以不讀。到了夏天就說夏天是睡覺天，也不讀。到了秋天，又嫌天氣冷，想到年底再讀，到了年底，想說一年又過了，明年再來讀吧！別人就幫他編了一首詩：「春天不是讀書天，夏來天氣正可眠，秋又澈冷冬又雪，此日打卸待來年。〔註235〕」

這樣的情景似乎也曾出現在一般人的身上，讀來心有戚戚焉。這個故事結合了打油詩，讀來不只覺有趣，也諷刺了懶惰的讀書人，不論何時總有藉口為自己的行為合理化。

這兩則故事都顛覆了一般「萬般皆下品，唯有讀書高」的傳統觀念，讓我們得以窺見讀書人的迂腐與面對生活的無能景象。一個真正的讀書人應以此為誡，時時刻刻充實自己，虛懷若谷。倘若胸無點墨，又自以為高人一等，自然不免淪為被嘲諷的對象了。

《布袋鎮閩南語故事集》〈條條有理〉〔註236〕：從前有一個紳士和人爭土地，請了一個和事佬來調解。以往都要拿金條請和事佬調解，這紳士拿了兩條給他，另一人只拿半條，算是交差了。等兩人一五一十說出事情經過，和事佬就說，紳士給了他兩條金塊，所以是「條條有理」，而另一人只給了半條，所以「半條無理」。

清朝《笑林廣記》〈有理〉有這樣一則故事：話說一官最貪，一日拘兩造對鞠，原告餽以五十金，被告聞知，加倍賄託，及審時，不問情由，抽籤竟打原告，原告將手勢做五數勢，曰：「小的是有理。」官亦以手覆曰：「奴才！你講有理？」又以手一仰曰：「他比你更有理哩！」〔註237〕由此可知，嘉義地區的這則故事應與古笑話有淵源，而其中最大的轉變就是貪官換成了

〔註233〕《台中縣民間文學集27》：142～150。
〔註234〕《嘉義市閩南語故事集（一）》：92～95。
〔註235〕《嘉義市閩南語故事集（一）》：94。
〔註236〕《布袋鎮閩南語故事集》：194～197。
〔註237〕摘取自陳麗娜，〈台灣民間笑話之探析〉，《美和技術學院學報》，20（2002）：44。

「和事佬」。

　　陳麗娜曾針對台灣流傳於民間的笑話做過研究，發現關於貪官污吏的笑話極少，他認為其原因在於官員任期屆滿就調回大陸，未在台灣生根，以及官員屬於台灣人口結構金字塔頂端的極少數，一般百姓接觸的機會相當少所導致〔註238〕。

　　台灣自清朝以來，吏治一直是個嚴重的問題，《治臺必告錄》曾載有當時貪官污吏影響民生鉅大的紀錄：

> 抗官、拒捕、奪犯、殺差者，泉、漳之民有其具也，而絕無其心。
> 絕無其心，則絕無其事也；而間或有之者，何哉？是有故焉。
> 官之不能持平也，民習之矣，無敢怒者；官之受賕也，民尤習之矣，
> 非特無敢怒者，且朝犯罪名、暮已鳩金以俟也。官之下鄉也，曰民
> 壯、曰胥吏、曰差役、曰皂隸、曰跟隨、曰轎夫，統計其數多則百
> 餘人，少亦不下七、八十人。飲食起居，取給於民；既行，則悉奪
> 其供具財物，民非敢惜也。然惟官不受賕而志在緝兇，則縲繫其人，
> 胥隸肆其劫奪焉無怨。官既受其賕，則必脫其罪，雖餘贓未完，不
> 得復繫其人與肆其劫奪。苟有然者，其變立作。〔註239〕

　　官吏既貪且暴，毫不可靠，加上訴訟需要花費大量的時間和金錢，因此百姓們往往只能靠找調解人排解生活糾紛。舉凡家產繼承、房屋租賃、人際糾紛等事宜，台灣人都習慣找「和事佬」作證或調解，一來所費不多，二來有所憑據，非到最後關頭是不會考慮訴訟管道。本則故事除了說明當時的社會狀況，也寓有諷刺之意：和事佬尚且如此貪婪，更何況是當時的官吏呢？

　　《東石鄉閩南語故事集（二）》〈清氣小姑〉〔註240〕：從前有一個小姑常嫌自己的嫂嫂邋遢、不愛乾淨。後來小姑結婚了，嫂嫂想去拜訪小姑，正巧小姑的小孩爬到桌上玩，還大便，小姑怕大嫂看見，趕緊拿碗蓋住，沒想到嫂嫂老遠就看到了，等她一來便將碗掀開，還說：「哎唷！清氣小姑，碗盍屎唷！」

　　嫂嫂因平常被嫌不愛乾淨，這下可逮到機會報仇，揶揄了這待人苛刻的小姑。自古以來，姑嫂之間就經常存在著矛盾與磨擦，小姑往往是新婦嫁入

〔註238〕楊雅心，《台灣民間笑話研究》，（國立高雄師範大學國文教學碩士論文，2004）：204。

〔註239〕丁曰健，《治臺必告錄》，（台北市：台灣銀行經濟研究室，1959）：106。

〔註240〕《東石鄉閩南語故事集（二）》：108～109。

夫家，欲熟悉新環境的的最好媒介，但若小姑有意刁難，則新婦難為。等到小姑自己嫁做人婦，才知道持家不易，非口頭說說如此簡單。此則故事以幽默的手法，諷刺了小姑的不懂事，也隱含著家人間應彼此體貼的道理。

二、取笑愚笨者

《布袋鎮閩南語故事集》〈量錘糊塗〉〔註241〕：一個婦人自作聰明在量豬的秤錘上糊上土，讓人家以為豬比較重，可以賣得好價錢，誰知被老公點出一隻一百斤的豬怕是量起來七十斤也不到，是自己老婆吃了虧，還打了她一巴掌。

太太想要多賺一些錢，可惜用錯方法，還反遭丈夫打了一巴掌。故事除了嘲笑女子自以為是的聰明之外，也隱含著男尊女卑的觀念，亦即男子在家中的權威地位，可以對妻子任意打罵。

《布袋鎮閩南語故事集》〈西北雨落儓過田岸〉〔註242〕：一個女人遇到西北雨，又剛好自己尿急，想說雨都已經淋到腳踝了，如果蹲下來尿，全身很容易就濕了，所以就乾脆邊跑邊尿，反正全身都濕了也沒關係，誰知道才剛尿完，雨就停了，當旁人問起全身何以濕答答時，他就回答是尿害的。

所謂的西北雨，就是午後雷陣雨，是一種在台灣夏季西南部經常出現的天氣狀況，傾盆大雨瞬間而來，但旋即停止，《諸羅縣志》也載：

> 五、六、七月間風雨俱至，俗所謂「西北雨」、「風時雨」也。舟人
> 視片雲上黑，則收帆嚴舵以待之；瞬息之間，風雨驟至，隨刻即止。
> 若備之少遲，則收帆不及，或至傾覆。〔註243〕

故事中的女子自以為聰明，忽略了西北雨的特性，反倒讓自己成為笑柄。除此之外，將布袋地區的天候狀況融入故事中，含有重要的鄉土教育意義。

《東石鄉閩南語故事集（二）》〈講好話〉〔註244〕：以往漁民在出海捕魚時，會在路邊曬網，而且嚴禁女子跨過漁網。有一聰明女子急著回家，想要跨過漁網，便邊跨邊說：「烏裙跨恁網，一尾攏九斤重，予恁著到攏無縫。〔註245〕」沒想到出海捕魚的漁夫們真的豐收，還特地挑了條大魚送給這位

〔註241〕《布袋鎮閩南語故事集》：172～174。
〔註242〕《布袋鎮閩南語故事集》：184～187。
〔註243〕《諸羅縣志》：22。
〔註244〕《東石鄉閩南語故事集（二）》：110～113。
〔註245〕《東石鄉閩南語故事集（二）》：110。

聰明的婦人。另一婦人聽到連自己的公公都誇獎她，很不以為然。幾天後，他遇到漁夫在曬網，故意跨過去說：「我的烏裙跨恁網，一尾攏一斤重，牢到攏無縫。〔註246〕」沒想到一斤魚太小了，都從網縫中溜走了，漁夫連一尾也沒抓到。

　　東石鄉民以從事漁業維生，漁民在海上捕魚，靠天吃飯，風險自然大，對於一些不吉利的言行難免比一般人多忌諱。一般最常見的民間忌諱就是漁夫家吃魚不可「翻面」，因為等同於「翻船」，而羅問在《台灣民間禁忌》中亦有嚴禁女性隨船出海的禁忌，因為漁人認為這是魚獲量減少的原因〔註247〕。

　　本則故事反映出東石人的民間禁忌，一般女子是連魚網都不能踏過的，若是非得要過，得要說吉祥話以「解煞」。除此之外，本則故事也反映出民間視女子為不潔的象徵，有男尊女卑的意涵在。

　　《嘉義市閩南語故事集（一）》〈漢文用之有所，毋通讀死冊〉〔註248〕：某個員外請一個漢學老師來教他兒子。某日，員外上山買牛，欲賣牛的兒子，員外問他父親哪兒去了，孩童回答：「吾父不在家，上山撮和尚。」員外接著又稱讚農家牆上的畫畫得好，孩童乃說：「此乃禽獸之俗，何為其美耶？」又問：「貴客來吾家，未知何事？」員外說要來買牛，孩童回說：「秋天既到，自己要用，不賣他人。」這時有一隻狗從屋內汪汪跑來，孩童斥道：「小犬啊！小犬，貴客在堂。何必 ngauh ngauh？」

　　員外回到家中講述經過，十分稱讚，員外兒子認為自己也會。某日，媒婆要來為姊姊說媒，來到家裡。媒婆問母親在嗎？小兒回答：「吾母不在家，上山撮和尚。」媒婆稱讚家中神龕很精緻，小兒回答：「此乃禽獸之俗，何為其美耶？」員外在內堂一聽，已快發火。小兒接著問：「貴客來吾家，未知何事？」媒婆說要替姊姊說媒，小兒想第三句可以說了，便答：「秋天既到，自己要用，不賣他人。」員外忍不住，從屋子裡連珠砲似的罵三字經出來，小兒立刻道：「小犬啊！小犬，貴客在堂。何必 ngauh ngauh？」

　　這個傻兒子只知依樣畫葫蘆，卻不曉得對學得的知識加以適當地運用，因而鬧出大笑話。雲林縣〈員外合憨後生〉〔註249〕中有類似的情節，而且講述者說這個故事是他在五十年前，到嘉義戲院所看到的，因此這個故事的來

〔註246〕《東石鄉閩南語故事集（二）》：112。
〔註247〕羅問，《台灣民間禁忌》，（台北：禾馬文化事業有限公司，2001）：110～114。
〔註248〕《嘉義市閩南語故事集（一）》：126～131。
〔註249〕《雲林縣閩南語故事集（五）》：108～115。

源應該也是來自於嘉義。這兩個故事差異的地方在於雲林地區將「買牛」換成「向佃農收租」，稱讚牆上的畫則改為稱讚牛養得很好。雲林地區點出佃農之子與員外之子社經地位的差異，雖為佃農之子，卻比員外的兒子聰明，似乎凸顯了富人之愚蠢，頗有為窮人出氣的意涵，而嘉義地區並無特別強調此點。再來，嘉義地區所用的詞句皆比雲林地區文雅，可惜並未說明講述人的學經歷，故事重點只放在員外之子學舌的笑點上，純娛樂的成分較多。

《六腳鄉閩南語故事集》〈兩個查某人〉〔註250〕：有個人新居落成，宴請賓客，當賓客稱讚房子蓋得好時，這位新居的夫人就說是大家幫的忙，不是老公能幹；有一位婦人曾參與新居落成的宴會，她生了小孩，也要請滿歲酒，當賓客稱讚這孩子真漂亮時，他依樣畫葫蘆說都是靠大家幫的忙，不是她老公能幹。

《嘉義市閩南語故事集（一）》〈戇查某〉〔註251〕：有一個人去讓人家請客後回家稱讚別人老婆煮的「烏龜和麵」很美味，老婆就說只要買得到材料他也會做。有一日，她先生要宴請客人，請他做「烏龜和麵」，等麵快吃完時，正疑惑龜肉去哪兒了，這時烏龜爬了出來，看到四隻龜腳都好好的，才知道她老婆把麵炒一炒，把烏龜蓋著而已。

又一次，先生去他人家赴宴，稱讚別人太太很會說話，說房子這麼大一棟，都是大家幫忙蓋的。換自己慶祝小孩彌月，宴請客人，客人來賀禮，稱讚小孩真漂亮，他太太卻說都是眾人幫忙的。

以上兩則故事十分類似，都屬於1387*【愚婦學巧婦】型的故事，學話或學動作的人只是一味的死背句子，不知變通，不會分辨說話的時間和地點，而鬧出一堆笑話。

雲林縣〈逐個鬥腳手〉〔註252〕講得也是大同小異的情節。川合真永的《台灣笑話集》中的〈眾人代一〉〔註253〕，以及後來《台灣民俗》的〈眾人之功〉〔註254〕皆有收錄異曲同工的故事，可見得這類型故事很早就在台灣流傳，而且在情節的變異上不大，應該是因為十分受人民喜愛，才能近乎完整的流傳下來。

〔註250〕《六腳鄉閩南語故事集》：150～151。
〔註251〕《嘉義市閩南語故事集（一）》：132～135。
〔註252〕《雲林縣閩南語故事集（三）》：194～195。
〔註253〕川合真永，《台灣笑話集》，（台北：台灣日日新報社，1915）：91～94。
〔註254〕《台灣民俗》：482。

三、嘲弄殘疾者

《東石鄉閩南語故事集（二）》〈規家伙仔攏臭耳人〉〔註255〕：有一家人全家都是聾子。有一天，爸爸叫兒子吃完飯後，將稻米拿到倉庫，兒子卻去告訴老婆，爸爸嫌他今天煮的菜怎麼那麼湯，媳婦卻聽成爸爸嫌菜臭酸，跑去質問公公，公公卻聽成兒子叫他幫忙扛米，跑去跟老婆訴苦兒子不孝，婆婆卻聽成媳婦以為她嫌棄媳婦沒帶嫁妝來，四個人各說各的，吵成一團。

本故事屬於 1698【聾子和他們的愚蠢回答】型〔註256〕，意思是全家都是聾子，彼此誤會對方的話語而產生的笑話。同樣的故事類型在《台灣民俗》〈耳聾的兒婿〉〔註257〕、《台南縣民間文學集 4》〈臭耳人〉〔註258〕以及如彰化、台中、宜蘭、桃園等地皆有收錄〔註259〕，可見得此則笑話在台灣流傳之廣。

《台灣民俗》〈耳聾的兒婿〉講得是女婿因為聽不見，以為對他吠的狗在打哈欠，而使在座的人笑得將正在吃的冬粉噴出鼻孔；台南〈臭耳人〉將話聽錯的順序一開始是兒子說有人來「買牛」，母親誤聽為「棺飯」（拿便當），妻子再誤聽為「繪生」（不會生），最後兒子聽成「簿你的錢」（賭博用你的錢），聽錯的語音之間並無特別關連性；而嘉義〈規家伙仔攏臭耳人〉誤聽的順序為：「粟倉」（米倉）、「煮者湯」（煮得這麼湯）、「菜臭酸」（菜臭掉了）、「湊扛」（幫忙扛），最後聽成「嫁妝」。

我們可以發現東石地區〈規家伙仔攏臭耳人〉在故事的安排上增添了閩南語諧音的趣味，比起〈耳聾的兒婿〉純粹只是嘲笑耳聾之人，與台南〈臭耳人〉的只是因為重聽而聽錯，更顯得具有語言上的趣味，增添幽默，降低了諷刺殘疾人士的刻薄程度。

《東石鄉閩南語故事集（二）》〈近視的唻田螺〉〔註260〕，俗話說：「六月天七月火。」有一個近視的人到河邊撿拾田螺，正要吃時，田螺不小心掉到地上，有一隻小雞走過來吃掉了，還順便拉了一團屎，雞屎與田螺形狀頗像，近視眼的很節儉還想撿起來吃，卻吃進了雞屎，一吃是苦的，以為是天氣太熱，才剛掉下去田螺就臭了。

〔註255〕《東石鄉閩南語故事集（二）》：104～107。
〔註256〕《台灣民間故事類型》：274。
〔註257〕《台灣民俗》：475。
〔註258〕《台南縣民間文學集 4》：140～145。
〔註259〕陳麗娜，《台灣民間笑話研究》：56。
〔註260〕《東石鄉閩南語故事集（二）》：100～103。

在《台灣笑話集》〈近視的舐雞屎〉中，近視的人誤將雞屎當成荳醬吃進去，才知誤食雞屎〔註261〕；《台灣風俗誌》〈近視先生〉則是先將螞蟻看成斷成好幾截黑線，接著又誤以為蕃薯為黃金，拾起後才知錯誤〔註262〕。陳麗娜以〈近視先生〉與《笑林廣記》〈拾螞蟻〉相較，認為此類台灣民間笑話有繼承古笑話的痕跡〔註263〕。筆者認為嘉義〈近視的倲田螺〉的故事情節與《台灣笑話集》〈近視的舐雞屎〉較為接近，而川合眞永所搜錄的笑話在大正三年（1914），亦即 1914 年前已有，可見得嘉義地區此類笑話應與其有較深的淵源，與古笑話的情節反而差異較大。

與〈近視的舐雞屎〉相較之下，嘉義東石的內容結合了本地的天候狀況，與台灣南部常見，並經常作為食用的水產物種。這種在地的鄉土趣味與傳遞知識的意圖，使故事讀起來倍感親切。而這位近視先生，到了結尾尚不知事情的真相，還自做聰明的歸結錯誤原因，其冬烘愚昧的形象至此表露無遺，更是大大強化了故事的趣味性，使笑點倍增。

四、其 他

《布袋鎮閩南語故事集》〈咱的查甫人較惡霸〉〔註264〕：一個丈夫特別吩咐太太不可在他與人聊天時插嘴，太太反駁便遭他打了一巴掌，太太就在房內從傍晚哭到晚上，心中感到非常不甘願。後來又來了一群人圍在家中聊天，談論何種植物的葉子最大，有的說是芋仔葉，有的說是木瓜葉，太太知道是香蕉葉，但又不敢出來插嘴，最後還是忍不住出來，就說：「啊嗆咧嗆咧乎，若講你就卜扑阮乎，啊燴講芎蕉筁上界大。〔註265〕」大家就罵她老公不對，不應該不讓他老婆出來講話，因為她講的才是對的。

《布袋鎮閩南語故事集》〈三更半夜〉〔註266〕：兩個夫妻在夜裡爭論「三更半夜」的半夜到底是三更還是兩更半，丈夫堅持是三更，太太認為五除以二是二更半，丈夫氣老婆如此固執講不聽，便打了老婆一巴掌，太太大喊：

〔註261〕《台灣笑話集》：38～40。
〔註262〕《台灣風俗誌——第六集》〈第一章——台灣人的小笑話〉：13。
〔註263〕一近視者將地上的螞蟻看成黑線，卻無法拾起，便認為這黑線應斷成好幾截。
　　　　見陳麗娜，《台灣民間笑話之探析》：42。
〔註264〕《布袋鎮閩南語故事集》：176～181。
〔註265〕《布袋鎮閩南語故事集》：178。
〔註266〕《布袋鎮閩南語故事集》：188～192。

「膨肚短命，三更半暝扑，扑卜死。」，先生卻說：「啊你就自本就講三更半暝，我那著各扑即下。」〔註267〕

在〈咱的查甫人較惡霸〉中，眾人雖為妻子出了口氣，但實際上仍無法改變丈夫對妻子的態度；〈三更半夜〉中，夫妻兩人因對詞彙有不同的解釋而吵了起來，丈夫因打了妻子一耳光而佔上風。故事的情節除了強調丈夫在家庭中的權威性，更為男子的行為找到合理的台階下，甚至有點志得意滿、終於取勝的意味在。

這兩則故事雖是講述夫妻之間的爭吵，卻透露出兩個觀念，一是在父權制度下，男尊女卑的觀念是一直存在的，丈夫是妻子的天，丈夫所說的，妻子必須順從，否則任人打罵；其次，不管丈夫是否合理，或是妻子如何比丈夫能幹，都不能強出頭，否則只是自找苦吃，咎由自取。

《東石鄉閩南語故事集（二）》〈引人講古的方法〉〔註268〕：若要引人講故事是有方法的。有一個老人故意將「薛仁貴舉大杉」說成「薛仁貴舉大竹」的故事，引起另一人來糾正他，這老人剛好裝不懂，便順勢請他來說這則故事。

本則故事只是說明若想要人和盤托出，得先拋磚引玉，並且得故意說錯，才能收到成效。平日與人共處，若想保持低調，似乎這也是不錯的方法。

《嘉義市閩南語故事集（一）》〈大諏〉〔註269〕：有一隻牛在南京，將頭伸到北京偷吃草，被人家從牛耳扯下，剝皮張鼓。

有隻烏龜和老鷹作朋友，那隻烏龜要老鷹帶他四處玩，沒想到老鷹沒抓緊烏龜，烏龜從天上掉下去，從初一那天掉下後，到十五才響。

這是一則屬於如何吹牛的故事，可將第三節布袋鎮〈講諏古〉〔註270〕與雲林〈講諏古〉〔註271〕做一比對。布袋與雲林的〈講諏古〉，皆有融入台灣地名，如牛屁股在基隆，牛頭在台灣南端，屏東鵝鑾鼻就是牛的鼻子等誇張情節。相較之下，嘉義市的這則故事不僅顯得簡短，而且用的皆是大陸地區的地名，缺少了融入在地地名的趣味，不過至少可推測這一類的故事，在台灣與中國的民間都有流傳。

〔註267〕《布袋鎮閩南語故事集》：190。
〔註268〕《東石鄉閩南語故事集（二）》：162～163。
〔註269〕《嘉義市閩南語故事集（一）》：136～137。
〔註270〕參考本章第三節生活故事。
〔註271〕《雲林縣閩南語故事集（四）》：154～157。

　　《嘉義市閩南語故事集（一）》〈狗驚猴，抑是猴驚狗〉〔註272〕：有隻狗到深山去抓柴草，遇到一隻猴，狗咬猴子，猴子咬狗，猴子跑了，狗也跑了，到底是狗怕猴，還是猴怕狗。

　　這是一則具繞口令性質的笑話，利用閩南語諧音來製造笑料，十分有趣好記。

　　綜合本節可知，嘉義地區的民間笑話樣貌多元，有諷刺讀書人的愚昧無知、社會賄賂風氣盛行或是家庭和諧等現象，也有純粹講究諧音趣味效果的笑話。對於重聽與近視的人雖有嘲笑意味，比起他地，尖酸刻薄的程度降低，重在引人發笑的娛樂效果，不過也有勸誡意味在，說明人皆有盲點，若不實事求是，自以為是的結果，則是成為他人笑柄。

　　嘉義地區的笨人故事多以嘲笑婦女愚笨為主，且以鸚鵡學舌類的故事最多，故事立場除了載明說話做事應注意場合、地點外，也隱含了男尊女卑的意涵。將本節的愚婦與嘉義布袋、東石「戇子婿」的故事相較，呆子婿儘管常做錯事情，依然可以得到妻子與母親的原諒，並且殷殷指點，毫無不耐之意。然而，笑話中的愚婦只要做錯事，便經常招來丈夫的責罵或挨打，而且不論對錯，也許真如〈咱的查甫人較惡霸〉的講述者所說，本地男子就是比女子惡霸，身為女人就稍微忍著點吧！

　　笑話的另一個特點就是大量融入台灣或本地的特殊生活背景與特殊物產，儘管其中有些古笑話的痕跡，如〈大譀〉、〈條條有理〉，卻也並非一脈傳承，通常都產生了相當大的變異性。〈新塭囝仔遠足〉結合嘉義地區的地名、〈條條有理〉將官員改成和事佬，〈西北雨落儅過田岸〉西南部地區特有的「西北雨」、〈講好話〉的東石民間禁忌，以及結合天候狀況與當地物產的〈近視的唻田螺〉。這些笑話不僅有趣，更展現了親切的鄉土情懷，讓我們在捧腹大笑之餘，更瞭解這就是我們家鄉所發生的事，鄉土教育的意義不也正是如此嗎。

〔註272〕《嘉義市閩南語故事集（一）》：138～139。

第五章　結　論

　　嘉義地區的民間故事蘊含了濃厚的地方色彩，與其他地區相較之下，顯得較為獨特，而這些特色便是其價值所在，以下茲就特色與價值詳述之。

第一節　嘉義地區閩南族群民間故事的特色

一、鮮明的地方色彩

　　嘉義地區的民間故事經常融入了大量的本地地理、自然環境、土特產，以及地方歷史，顯示人民對家鄉的重視，以及愛護土地的心理。經整理之後，發現有四項是嘉義人特別重視與在意的地方事物，將分述如下。

（一）首重自然環境

　　嘉義地區是個第一級產業都市，早期人民以農林漁業維生，亦即靠天吃飯的成分相當高，而對大自然的敏銳度與觀察力自然比其他地區高，這一點便在民間故事中展露無遺，如虹的由來、日月在天體運行的路線。而東石「刺尾風」與布袋鎮〈西北雨落嬒過田岸〉是人民對本地「西北雨」所發揮的想像力；天地分離神話、人背部凹溝的由來、東石〈近視的睞田螺〉、朴子〈鋤頭架龜〉、布袋鎮〈大聖爺作天窗〉的故事傳達了嘉義地區的氣候型態與農民看天吃飯的無奈；漂流木成神像金身的傳說群，則說明了嘉義地區自古多木的林業環境。

　　以上可以看出，民間故事內容隱含著先民對知識的傳遞，雖然不夠科學，甚至有些荒誕不經，但是對於大自然的變化卻作了清楚的紀錄，也展現了當

地先民豐富的想像力與創造性，以及爲保留智慧結晶的不遺餘力。

（二）反映社會現象

嘉義的民間故事經常反映早期的社會現象，像是對本身地方父母官的不信任，而跨界請彰化縣官楊桂森幫忙的〈王得祿兄嫂佔人田園〉；清領時期，在民變、械鬥的社會背景下，舉凡家中私藏防禦武器、羅漢腳到處造謠生事等社會現象一一呈現在太保〈庄拼庄〉的傳說中；神明在民變事件中亦佔有重要地位，如〈白鷺卿與林爽文〉城隍在戰時顯聖的傳說，其在政治與經濟上的利益，使得官方與民眾皆樂見其顯聖事跡的流傳。某些風水寶穴，如〈金牛厝〉，有照顧農作收成或抵禦外侮的功用，顯見土地對人民而言，不僅是安家立命之所，更是凝聚向心力的重要場所。

天賦神力型的故事，如〈三兄弟〉、〈三個擔千五斤〉、〈阿不倒義仔〉等，則描述在封建時代，被官吏壓迫的平民百姓如何對抗強權，及善用諷刺與幽默的手法達到抒解民怨的目的。笑話〈條條有理〉中，只要給雙倍的金條，和事佬就判你有理，說明社會賄賂風氣的盛行。〈虎姑婆〉的故事與其他地區相比則強調子女的獨立性，這可能與早時農忙，父母無法在家照顧孩子，只好期望孩子能照顧好自己的心理有關。

生活故事中，朴子市〈葫蘆墩阿九舍〉、東石鄉〈跳未過蚊罩〉則分別反映了主僕易位，與男女界線不明的社會現況。

（三）結合地方歷史

嘉義民間故事中，處處可發現嘉義人對土地的重視，並且常將之與當時或當地的歷史做結合，以顯示對地區的熱愛與深厚的感情。

〈美國人是猩猩傳的〉可能是古神話結合了近代美國曾援助台灣而發展出的新型神話。王得祿的民間形象與官方記錄大相逕庭，應與其出身軍功團體及後代恃寵而驕有關；〈庄拼庄〉的傳說將械鬥時的社會概況呈現在世人眼前；土特產傳說中的〈土虱好食〉、〈塗虱魚〉與械鬥、民變的歷史結合，不僅使故事更具吸引力，相對地也可能提升當地特產的「身價」，且不論是因村莊械鬥或因民變之故而導致土虱肥美，傳說也使後人體認，現在所擁有的豐饒物產其實乃是先民血淚所砌，應多加珍視。

吳鳳傳說顯示口傳文學一脈相承，不受後來人為的影響，而且更接近人物的生命情調，使我們得以接近吳鳳的真實面目。

在地方山川勝蹟傳說方面，嘉義人傾向於將一地的衰敗或繁榮歸因於歷史名人在此地的作為，像是〈嘉慶君遊小楝椰〉中，嘉慶君的一席話竟讓楝椰衰亡；王得祿一句話竟讓加走庄衰敗；鄭成功的部下葉覲美將水牛葬在寶地之中，得以保護庄中的農作與財產。另一則是原有地理環境遭到破壞，而導致風水敗壞或是為人招來禍患，通常有三個原因，一是公共建設造成，如：〈加走埤〉，一是有人惡意破壞，如王得祿壞龍目井，一是天意如此，如〈九十九彎〉。本是靈穴寶地，竟常遭人破壞，難怪嘉義人如此心有不甘，或許也反映出百姓感嘆自己的土地無人賞識的補償心理吧。

地名傳說則經常附會名人，乃因民眾對自己土地的驕傲，想藉由這些歷史人物展現出來。如嘉慶君封六腳鄉村名「榕樹王」，或鄭成功與民雄（打貓）地名的關係。又如為緬懷祖先而與地方史事結合，而為之命名的，如張竹仔腳、新厝內、頭家厝等。〈東石有三條港〉除了傳達了古時地理環境的特色之外，更可見到民眾把對東石港的深厚感情與沒落後的悲傷寄託於神明，強調人民落寞心情。

媽祖接炸彈型的傳說，則對於過去嘉義地區歷經被殖民的不平等待遇，與飽受戰亂摧殘的滄桑歷史，做了有力的見證。

（四）融入當地特產與風俗習慣

嘉義地區的民間故事在流傳過程中極易與當地特有物產結合，雖然其中常有大陸原鄉的痕跡，但主要的元素卻都隨著地方的特產而發生變異。

六腳鄉〈九個日頭〉中的馬齒莧，應是先民們看到路邊經常有這類植物，加上對人們的用處也頗大，因此發揮想像力附會於太陽傳說。

朱元璋傳說中出現的花生乃嘉義地區的特產；〈驚雨漏〉中以豹代替虎，顯示故事內容更貼近人民生活。生活故事群更是大量的將本地的文化背景、風俗習慣皆融入情節當中，像是豬肚燉蓮子、竹青、阿里山檜木、紅蟳等，而養子、入贅等台灣的風俗習慣也灌入情節元素之中等等。笑話類則有〈新塭囝仔遠足〉結合嘉義地區的地名、〈條條有理〉將官員改成和事佬，〈講好話〉的東石民間禁忌，以及結合天候狀況與東石當地特產的〈近視的哺田螺〉。這些民間故事都展現了嘉義特殊的風土情味，也饒富鄉土教育意義。

二、濃厚的人文精神

（一）性格特徵

〈憨直的人〉是關於東石戲謔語的由來，說明東石人的好客；布袋〈海口親姆〉雖粗俗，卻展示了東石人的熱情豪爽與不拘小節的性格；〈戇子婿〉、〈選翁婿〉、〈歕鼓吹送契兄〉則展示了嘉義人的直爽、純樸與樂觀的個性；〈蛇郎君〉故事群則展現了嘉義人對人性黑暗面獨特的包容與寬厚；黃進士遭王得祿陷害的傳說則展現嘉義人較同情弱者的心理。

（二）對人品的要求

民間故事對人品的要求，首先講求文武兼備。如故事中特別凸顯〈黃牛〉、羅安等人的大力氣，〈三個擔千五斤〉的故事也強調力氣大可解決問題。除此之外，智力也是不可或缺的，如科舉故事的盛行，除了有其社會背景因素，也強調文才的重要，黃進士的傳說則兼備文武，而〈落第秀才〉甚至讓讀書人勝過武夫。

〈虎姑婆〉的故事鼓勵孩童善用機智，生活故事群中的巧媳婦、笑話中的白賊七、邱罔舍與賊女婿等，都以過人的機智解決問題，或達到整人自娛的目的；笑話中諸多取笑愚笨者的民間故事，也都間接襯托出智力的重要性。

其次，在個人品行方面則讚揚孝順、知足、感恩、惻隱之心、實事求是等良好德行。幻想故事〈有孝媳婦和不孝媳婦〉與〈尿桶內雞腿〉與生活故事〈兩個媳婦〉、〈乞的得雙份〉、〈三個查某囝較輸一個肉豆〉及〈柴箱裡的金角〉等皆弘揚孝順的美德；〈葫蘆墩阿九舍〉、〈人心不足〉、〈一下好卜各較好〉與東石鄉特殊的蛇郎君故事，皆懲罰了貪心不足的主角；六腳鄉〈九個日頭〉、〈蛇子〉與東石鄉〈七粒田螺〉等故事給予知恩圖報者豐富的報酬；東石〈留我一個就好〉說明人應有惻隱之心；蔡牽、朱一貴的傳說，生活故事中〈擔醃缸的老人〉、〈十二甕銀〉、動物故事中的〈十二生肖〉、〈驚雨漏〉、〈規家伙仔攏臭耳人〉、〈近視的倲田螺〉則說明人應具有實事求是的精神。笑話中的〈体惰讀冊〉、〈新塭囡仔遠足〉強調讀書人應多多充實自己，以免成為多烘先生。

（三）重人際之間的相處

在人際交往方面，民間故事首先強調應知禮重義，並具有仁愛之心。如推崇徐、林二公之間知恩圖報、情深義重的感情；又如〈跳未過蚊罩〉中強調朋友之間應守道義與遵守男女份際的重要。皇帝朱元璋的傳說比起雲林、台南等地，總是多了分仁愛之心；又推崇羅安為民犧牲的偉大義舉；頂頭厝

先祖的傳說說明己所不欲勿施於人的精神，並告誠後人應善待辛勤的勞工。〈大聖爺作天窗〉強調即使貴爲神靈也得遵守人間的秩序，更何況只有血肉之軀的凡人。在動植物傳說方面，貓埋屎的傳說提醒著待人以誠的道理。

三、嚴謹的家族觀念

嘉義地區屬於一級產業都市，以小農經濟爲主。自古以來，農家生活講求自給自足，需要大量的人力提供勞動力，因此同宗族的人常住在同一村落，彼此可交換資源或相互扶持以抵抗外侮，強調宗族（家族）團結與凝聚力。在民間故事中，便反映出嘉義人對家庭與宗族的重視，其中又特別強調孝道與倫理的重要，而女性與女婿在家族中的角色與地位亦有其特殊之處。

如〈諸羅縣老爺出巡〉說明宗族觀念在嘉義人的心中比神佛更重要；〈三世媽〉、〈郭侯無相稱〉更以保護自己宗族的人作爲兩姓婚嫁的主要原則。

（一）首重孝道

嘉義民間故事的親子故事群中，以弘揚孝道爲情節重點，與其他地區相比，特別強化子女不孝的程度，藉此增強孝順的重要性。如六腳鄉〈兩個媳婦〉、東石鄉〈孝媳得金山〉講述善盡孝道者能得福報，東石鄉〈乞的得雙份〉養子因孝順得到更好的福報。

六腳鄉〈柴箱裡的金角〉、樸子市〈鳥籃〉特別凸顯子女不孝的程度，嘉義市〈三個查某囝較輸一個肉豆〉以譏諷不孝的子女連賤價的植物都不如來加強孝順的重要。嘉義市〈不孝查某囝〉除了強調不孝養父母者枉爲人，也凸顯了父親在家族中的權威地位，可擁有子女的生殺大權，使子女淪爲父母的附屬品。

（二）女性的角色與地位

嘉義地區的民間故事展現了濃厚的父權主義。一方面，丈夫可以對女子任意打罵、羞辱，妻子對自身的處境只有無奈。另一方面，女性又被要求在家族中擔任維持家庭和諧的角色，而且需以圓融的技巧處理家庭事務，不可傷了家人和氣。

〈蛇郎君〉的故事與〈周成過台灣〉的故事相比，隱含男尊女卑的觀念，要求女性必須能養育子女、孝順公婆、信守諾言與忠貞不二，而男性卻只要能提供豐富的物質生活即可。

將笨人故事群中的愚婦與嘉義布袋、東石「戇子婿」的故事相較，呆子婿儘管常做錯事情，依然可以得到妻子與母親的原諒。然而，笑話中的愚婦只要做錯事，便經常招來丈夫的責罵或挨打，而且不論對錯，就如〈咱的查甫人較惡霸〉的講述者所說，本地男子就是比女子惡霸，身為女子儘管無奈也只能忍耐。

〈孝媳得金山〉中，小姑以圓融婉轉的方式幫助大嫂，讀來倍感窩心；東石鄉〈二九暝無桁媳婦〉，媳婦巧妙讓公公得知被婆婆虐待的情形；六腳鄉〈豬肚燉蓮子（二）〉強調婆媳之間應相互體諒；六腳鄉〈大家歹做人〉、布袋鎮〈講誚古〉、六腳鄉與東石鄉的〈巧媳婦〉故事中婆婆、妻子、媳婦，在家族內充分展現了其聰明機智、賢良淑德的一面，並以圓融的處事技巧解決家族難題、維持家庭和諧。可惜的是，這些場景都脫離不了家庭，巧女施展才能的舞台似乎只能存在於家庭，無法擴及範圍更大的公共議題或國家大事。

（三）女婿的角色與地位

呆女婿的故事反映了人們對女婿的要求以憨厚、純樸、善良為佳，並認為女子應成為男性的輔助者。如六腳鄉〈戇子婿〉與東石鄉〈戇子婿〉都顯現出男子雖呆傻，卻有其天真憨厚、悲天憫人的一面，而母親與妻子都屬於協助男子為人處事的角色。

父權主義下，父親在家族中的地位是至高無上的，甚至可以左右子女的生殺大權與婚姻生活，這對入贅的女婿與家族背景較為弱勢的賊女婿來說，無疑是一個巨大的心理障礙，反映在民間故事中，岳父就成為經常被這兩者嘲弄的對象。如布袋鎮〈選翁婿〉，道盡入贅為婿者在女方家中所受的怨氣，故事的結局也幫因貧賤入贅之人主持了公道。

六腳鄉閩南語故事集〈賊仔女婿〉、嘉義市〈第三個囝婿〉除了將丈人一軍，同時也給那些倚仗著自己有錢的富有人家一些教訓。賊女婿故事群所戲弄的對象以岳父最多，百姓願意將這樣的故事流傳下來，似乎反映了居於弱勢的女婿在女方家族中，面對強勢岳父的亟欲掙脫與哀嘆財富不如人的自卑心理。

四、務實的信仰觀念

（一）崇敬神明

嘉義地區的信仰傳說相當的多，顯現了對神靈的敬畏與崇敬，但一方面

又受到歷代統治教化的影響，使得信仰民俗的心理有所轉變，並不完全地迷信民俗，特別是對於所謂神明的「代言人」，如乩童、桌頭、巫師等特殊行業人士，百姓在民間故事中皆特別強調他們的愚蠢及心術不正的形象。

六腳鄉〈哮枵的老榕樹〉、〈好兄弟〉的鬼怪怕餓，東石先天宮的五年千歲脾氣不好，太保市三位王爺夫人喜歡胭脂水粉等，可見得神明的形象對嘉義人來說，和常人一樣具有喜怒哀樂，只要能掌握住神明的喜好，就能與之和平共處，甚至獲得庇佑，顯見人民信仰的功利心態。

另一類是講述神明顯蹟的故事，如土地公守財富，五年千歲救船難、醫治疾病、預言未來，媽祖斬妖除魔，三奶夫人幫助婦女生子，朴子市〈浸水王爺〉、〈下馬碑〉則懲治對神明不敬之人，朴子市、義竹鄉的媽祖與觀音甚至可在戰時化身為戰神，抵擋大砲或轟炸機的攻擊，這些神明可謂無所不管，無所不能。顯聖傳說除了表達人民對神明的敬畏與崇敬之意，也有幫助地方廟宇香火旺盛的經濟目的在。

鬼神雖可畏，但依然有制服鬼怪的傳說出現，如六腳鄉〈八卦瞀〉收服水鬼、朴子〈鬼仔潭的故事〉以佛經嚇走鬼怪、朴子〈食鬼的來矣〉豬販吃了鬼怪，表示只要有信仰、常存戒心就能趨邪避難，不受擺佈。民俗中常見的善施符術之人，如眞主評、洪道士則被百姓視為心術不正之人，常常禍及子孫，不得善終，而生活故事中的〈死童乩，活桌頭〉與〈道士遇著鬼〉等故事，皆顯示在歷代統治教化的影響下，人民對民俗信仰觀念的轉變。

（二）濃厚的命定與因果觀念

嘉義地區有濃厚的命定觀念，認為一個人的成就取決於是否命有福底或祖先是否佔得好風水，而忽視人物自身努力的可能性。這樣的命定觀念，顯示只要有好運氣與好風水，就可獲得美滿的人生，這種「只看結果，不看過程的通病，有『好逸惡勞』的心態」〔註1〕，如王得祿、黃奠邦等人的傳說中都透露這樣的訊息。從嘉義地區所流傳的幻想故事看來，也有這樣的傾向，如嘉義市〈福建考生的前生〉、〈討債還債〉、東石鄉〈替人儉錢〉中的財富、功名與禍福自有定數，人力無法改變。話雖如此，彭祖求壽、〈玉帝保庇〉、〈誠心上好〉的故事卻告訴我們信仰虔誠就能改善自己的命運；而良好德行，如孝順、仁愛、信守承諾等，也能為自己帶來好福氣。

〔註1〕 張昀浚，《民間地理風水傳說》，（台北市：台灣書房，2008）：73。

善惡有報、因果循環的佛家思想，也深刻地左右嘉義人立身行事的想法與態度，平時若能積德行善，就能福蔭子孫。如東石鄉〈有孝媳婦和不孝媳婦〉和朴子市〈尿桶內雞腿〉，不孝媳婦受到嚴厲的懲罰；六腳鄉〈三兄弟〉，壞心人被關進牢裡，弟弟獲得財富，但此則故事與其他地區相比則強化弟弟「傻人有傻福」的形象；六腳鄉〈做牛還帳〉中，堂哥騙了堂弟錢，得一輩子為堂弟耕田。

東石鄉的〈七粒田螺〉驢子前世借米未還，今世得馱物三百里，最後還自踢肚子而死，情節的設計強化了因果循環的道理；六腳鄉〈尾斗尖〉的傳說則傳達了先人行善，福蔭子孫的道理。嘉義市〈自作自受〉、〈惡有惡報〉與〈東石傳說〉等故事皆是因為人為的設局陷害，而使受害者產生冤情，因而冤魂不散前來討債，或使之喪神失志，或奪走人命，其中隱含因果報應之觀念，乃在勸誡世人多行不義必自斃的道理，警世意味相當濃厚。

五、取之有道的金錢觀念

許多民間故事皆可看出嘉義人對經濟財富的重視，這也反映了嘉義人維持生計的辛苦，在民間故事上希望獲得彌補的心理願望。儘管如此，卻也強調錢財須取之有道，不義之財往往會惹來災禍。

六腳鄉〈三兄弟〉中，貧窮卻善良老實的弟弟最後得到大官的賞賜；東石鄉〈蛇郎君〉孝順的小妹從此過著富裕的生活；東石鄉〈七粒田螺〉仁厚的老夫婦得到會生東西的碗而富有；布袋鎮〈玉帝保庇〉神仙賜給虔誠漁夫豐富的魚獲量；東石鄉〈誠心上好〉中的窮人因捐香油錢變成大富人；六腳鄉〈蛇子〉中，善良的撿柴人最後獲得賞金。這些民間故事中，好心人的福報都偏重於財富的增加，說明了嘉義人渴求財富的心理及對經濟生活的重視。

東石鄉〈東石傳說〉、嘉義市〈自作自受〉與〈惡有惡報〉等傳說主角皆是因為財物（漁網也是生計的代表）而喪失性命，加害者也都得到一定的懲罰，明白表示「不義之財」不可得的道理。

東石鄉〈人心不足〉的主角被自己的貪心所噬，嘉義市〈目金銀做人〉則警戒世人不能只以金錢來衡量人的價值，而忘記人間真正的公理與正義。另外，東石鄉〈撿到錢不是福〉除了勸人不拾不義之財之外，還奉勸世人做事要腳踏實地。最後，嘉義市〈十二甕銀〉本故事除了隱含人應知足，也警戒世人不可輕易顯示自己財力的道理。

第二節　嘉義地區閩南族群民間故事的價值

　　嘉義地區的民間故事豐富多樣，在在流露出傳統與當地的獨特風貌，人民的愛鄉情懷更是蘊含其內，其價值不言可喻。筆者試就文學、娛樂、教育與觀光四方面的價值性加以探討。

一、文學價值

　　民間文學取材於人民的日常生活，是自然、親切而不加雕琢的，有其古樸眞實的特色。高國藩曾就文學創作的層面，認爲民間文學提供其四大意義，分別是完美的藝術形象、歷代文體興起的來源、通俗而生動的語言以及歷代作家汲取的養料〔註2〕。同樣的，民間故事既屬於民間文學中的一支，它同樣也提供了鮮明的人物形象，通俗且活潑生動的語言，以及天馬行空的創意給文人作家，讓他們得以創作出動人的文學作品。

　　譬如在人物傳說中，朱元璋對待農婦與牧羊小兒的仁愛，王得祿兄嫂欺凌鄰人的惡形惡狀，嘉義人捍衛己身權利的機智；在生活故事中，巧女拙夫故事中的機靈聰明與憨傻耿直；在笑話中，笨人的可笑行徑，這些不加修飾，活在民眾口中的人物形象，顯得生動活潑，都可以成爲文人作家最好的創作材料。

　　又如〈選翁婿〉中，入贅婿藉對對子說明自己悲哀的處境：「天啊地啊！各遮我進無步退無路，我三日若去趁五百箍耳，阿攏交因父子团，今仔日各偷賒毋好，卜各共我趕出去」；又如〈巧媳婦〉中，媳婦爲避諱不說九，而說：「雨傘四支五支倚厝邊，四個五個入內坐」、「四個、五個人啦，舉四支雨傘，五支雨傘，米咱此，講欲買彼隻幼毛啦！」；科舉故事〈繪用咧強求〉，江西考生不服與福建考生，而出題考他：「江西一片鐵。」福建考生答：「中原火爐熱。」江西考生再說：「眞金不怕火。」狀元答：「見火便消失。」，江西考生自知技不如人而退走等等。儘管這些皆非正統的詩詞，讀來卻更爲親切通俗，充滿民間趣味，亦可成爲創新文學語言的絕佳來源。

　　嘉義地區擁有許多獨特的故事情節與內容，譬如〈葫蘆墩阿九舍〉、刺尾風的由來，羅安、徐林二公的故事、〈鋤頭架龜〉、〈大聖爺作天窗〉、朴子市〈周成過台灣〉的特殊情節等，這些具獨創性的故事都可以成爲文學的新養

〔註2〕　《中國民間文學》：25～29。

料，讓文人作家創造出更動人心弦、震人心魄的文學作品。

二、娛樂價值

民間故事不似正統文學般，必須以「載道」、「明志」為目的。相反的，許多時候，只是人們在閒暇之餘，用來消愁解悶，自娛或娛人的最佳良方。因此，人們經常可從中得到安慰、得到快樂，甚至抒發怨氣，具有心理治療的功能。

譬如，機智人物故事中，嘉義地區的白賊七、邱罔舍與賊女婿的內容中，獨漏懲罰情節，故事重點僅放在作弄他人的情節上，顯示嘉義人對此類故事傾向以娛樂為主，並不帶有說教目的，甚至希望可以從主角刻意挑戰傳統禮制的作法當中獲得樂趣的心理現象。

又如笑話中，〈新塭囝仔遠足〉嘲弄了老師的多烘，〈漢文用之有所，毋通讀死冊〉、〈講好話〉、〈兩個查某人〉等，取笑了只會鸚鵡學舌的愚人等，都可令人莞爾一笑，解煩去悶。

再如幻想故事中，六腳鄉〈三兄弟〉神奇的狗兒帶來財富，〈蛇郎君〉孝順的三女兒最後得到幸福，〈七粒田螺〉送給好心的夫婦會生東西的碗，天生神力的〈三兄弟〉成功反抗縣官等，都反映了人們對現實生活的不滿，並且填補了人們心中的願望與想像。

三、教育價值

民間故事，表面上看起來，雖有其荒誕不經或是不科學的成分存在，但深入瞭解後，會發現其中充滿了百姓對生活的描述，對歷史的記載，對環境的理解，加上本身具有娛樂的性質，因此是教育下一代最佳的利器。筆者認為，嘉義地區的民間故事具有下列三種功能，亦即傳遞知識、培養人格以及激發愛鄉的情懷。

（一）知識的傳遞

嘉義屬於一級產業都市，對大自然的觀察與變化自然特別敏銳，譬如刺尾風、日追月、虹的由來等傳說，雖然看似不科學，其實說明了當地的自然現象，讓子孫習得本地的地理知識，並知道如何反應或防範。

又如傳說中，王得祿、黃奠邦、楊桂森、吳鳳等歷史名人，其事蹟不見得為真，但足以讓學童在閱讀歷史的同時，瞭解到民間不一樣的說法，如此

有趣新鮮的傳說，定能加深學童的印象，進而豐富其想像力。

　　再如史事傳說中的〈庄拼庄〉講述當地械鬥的情形；地名傳說中的桃仔尾、猿樹港以地理環境命名；或是地名傳說中與當地事蹟結合或以拓墾祖先的姓氏命名的「新厝內」、「張竹仔腳」等，這些都蘊含著豐富的地理及歷史知識，讀來不僅親切動人，更可藉此深入瞭解我們的家鄉與先人足跡。

（二）人格的養成

　　目前，政府正在大力提倡品格教育，各界撻伐聲四起，大多數學者認為有其名無其實，對學童幫助不大。筆者在教學現場任教多年，陋見認為品格教育的確有其實施的必要性，而各地區的民間文學應是最好的教材，融入於課堂中，甚至編印成冊，將對於落實品格教育有其助益。

　　像是嘉義地區的民間故事中，有許多感人的情節與內容，這些故事具有濃厚的道德觀念與立身行事的準則，對於下一代品格教育的培養，應有相當的提升作用。

　　譬如，嘉義名人羅安，俗諺曾說：「羅安救萬人，無人能救羅安」，講的就是羅安挺身救助村莊百姓的義舉。又如，幻想故事中，〈尿桶內雞腿〉、〈蛇郎君〉弘揚孝順的美德；〈七粒田螺〉、〈蛇子〉、〈人心不足〉隱含著人們應善待動物及知足感恩的道理。再如生活故事中，〈烏籃〉、〈柴箱裡的金角〉、〈乞的得雙份〉、〈三個查某囝較輸一個肉豆〉說明孝順的重要；〈豬肚燉蓮子〉、〈跳未過蚊罩〉、〈留我一個就好〉講述待人處事的道理；〈一下好卜各較好〉教人感恩；〈目金銀做人〉、〈擷到錢不是福〉隱含著對財富應有的態度；〈擔醃缸的老人〉、〈未食攏無穩〉則告訴人們看清局勢的重要。

　　學習要有效，首重情境的建立，這也是學習語言最好的方法就是身處當地的原因。同樣地，這些故事也許並不出色，有的甚至流傳頗廣，未有特殊之處，但因為是在自己的家鄉發生，讓自己的子孫讀到這些故事，會感到特別親切溫暖，進而增進學童效法的意願。

　　然而，嘉義地區的民間故事並非沒有爭議的空間，很多故事，特別是幻想故事，如六腳鄉〈三兄弟〉、東石鄉〈替人儉錢〉等，都有許多命定的成分存在；傳說如王得祿、黃奠邦等人的發跡傳說，生活故事如〈目金銀做人〉等，這些民間故事都忽略了故事主角自身努力的過程；在笨人故事、生活故事中，婦女在家族中的形象與地位，與現代不合，實有其檢討的必要，因為這些民間故事很有可能讓人民在潛移默化下，認同這些觀念，因而影響了整個地區的進步與繁榮。不過，是否就該捨棄它們呢？

筆者認為，若能從另一個角度出發加以省視，或許可以得到更多的啟發。當我們教育下一代這些所謂「不合時宜」的民間故事的同時，若能提醒他們，早期人們的看法與作法儘管有其爭議性，然而這是文化的寶庫，應加以珍視，進而瞭解體諒祖先的作法，重新賦予故事新的意義。有些民間故事甚至可以讓學童自由討論，進而歸納出自己的想法或價值觀。筆者認為，如此作法不僅是一種尊重多元文化的展現，對保留文化遺產精神的提升亦有所助益，何樂而不為呢。

（三）愛鄉情懷的激發

嘉義外移人口的問題日益嚴重，並非土地之罪，常常是因為時代的變遷所導致。因此，如何讓我們的子孫更加珍愛這塊土地，為自己的家鄉付出貢獻，回饋鄉里，是相當重要的課題。

嘉義地區的民間故事中，不論傳說、故事抑或笑話，都融入了許多當地特有的物產，也描述了許多與地理、歷史環環相扣的情節，如朱元璋傳說中出現的花生乃嘉義地區的特產；〈驚雨漏〉中以豹代替虎，除了說明嘉義有廣大的山區之外，「豹」才是台灣山區會出現的動物。生活故事群更是大量的將本地的文化背景、風俗習慣皆融入情節當中，像是豬肚燉蓮子、竹青、阿里山檜木、紅蟳等，除了說明山林資源的富足，也包含當地漁塭的特產。而養子、入贅等台灣的風俗習慣也灌入情節內容之中。笑話類則有〈新塭囝仔遠足〉結合嘉義地區的地名、〈條條有理〉將官員改成和事佬，讓孩童瞭解過去的歷史。〈講好話〉的古早東石民間禁忌，以及結合天候狀況的「西北雨」與東石當地魚塭特產的〈近視的㾪田螺〉。這些民間故事都展現了嘉義特殊的風土情味，也饒富鄉土教育意義。

當孩子在閱讀這些與自己切身相關、發生在身邊的故事時，必定感到濃厚的人情味與親切感，並對家鄉有了深入的瞭解。當孩子知道自己是來自於有文化、有特色的族群時，便會興起愛家愛鄉的情懷，並懂得珍惜自己的寶貴資產，不論在何時何地，都會記得為自己的家鄉貢獻心力。

四、觀光價值

觀光價值，在民間文學中是頗富現代意義的一種社教功能。台灣各地對於觀光產業的打拚，也正如火如荼的進行。曾永義說：

> 傳說因具有歷史性與可信性，因此比起其他文類更具有社教功能。

對當地風物的來源加以解釋，……；更進一步的，這也就成爲拓展
旅遊觀光的一大利源。由於地方風物的傳說精彩動人，而吸引外人
年來遊賞，這便顯現了傳說在現今社會的實際價值。〔註3〕

因此，地方風物傳說其實相當具有現代性，而且能帶動當地的旅遊觀光
業。試看地名傳說常有其地理與歷史意義，如民雄、水牛厝等地名傳說與鄭
成功結合，甚至當蔣經國得知牛將軍的軼事之後，爲了肯定水牛對於台灣農
業的付出，還特地前來此地膜拜；另一種地名傳說則與當地事蹟結合，或是
以拓墾祖先的姓氏命名。如朴子市的「張竹仔腳」乃是因爲張姓祖先來台，
在竹叢下搭草寮居住而命名的。後來這位張姓祖先醫好了官員，得以跑馬圈
地，獲得大量田地，而將地租給佃農，因而此地也叫「頭家厝」。六腳鄉的「新
厝內」則是因爲祖先以抓盜賊名義私藏官銀因而致富，在此地蓋了許多新屋，
而將之命名爲「新厝內」。

又如，嘉義市叫「桃仔尾」，就是因爲築城爲木柵時，圍城了桃子的形狀；
龍過脈在今天龍山里一帶，傳說爲龍脈通過之處，掘井後水足、泉甘。

王得祿的墓園現爲國家一級古蹟，傳說也很多，相傳墓地的石像在夜間
會走動，毀人稻作，甚至調戲婦女等。這些可在介紹墓園時順帶提到，增加
趣味性；在朴子市〈土虱好食〉、布袋鎮〈塗虱魚〉中皆有記載土虱肥美的典
故；在六腳鄉〈九個日頭〉的傳說提到了嘉義地區隨處可見的馬齒莧，何以
不易枯死的原因。

旅遊導覽時，若能將地方上這些著名的景點或土特產的傳說順帶提上，
相信旅客對於嘉義的印象將更爲深刻，也能使遊興大增，對於提升本地觀光
產業來說，將有相當人的助益。

第三節 結 語

一、未來研究方向

筆者在嘉義地區閩南族群民間故事的資料蒐集、整理與分類上，雖有了
初步的整理與概略的規模，但因區域性的採集成果有限，無法得其完整的面
貌，而在背景資料的分析與運用上仍有不足之處，皆等待之後的研究者對本

〔註3〕 《俗文學概論》：362。

地有進一步的挖掘與研究。現以寫作過程中，筆者所發現之研究方向略敘於後，以供後人參考。

首先，本論文雖對嘉義地區的民間故事做了四大類的區分，亦即神話、傳說、故事與笑話，但每一大類皆可單獨探討成文，其相關的背景資料十分豐富，若能加以深入考究，必有可觀之處。

其次，每一大類中的次類，如生活故事、嘲弄愚笨等各地皆廣泛流傳的民間故事，又或者在各次類中的每一個小細項，甚至是各章節所含括的每一則神話、傳說、笑話等，都可獨立探討，若能將不同地區同類型的故事加以比較研究，發掘其呈現異文的原因，應該也是相當有趣且意義深遠的。

最後，是關於民間文學講唱者與民間文學的關係，這是一塊等待挖掘的處女地。民間文學的傳承本就靠著百姓口耳相傳，因此「變異性」本來就是民間文學的特色之一。而民間文學所呈現的異文，不僅與其地域有緊密的關連性，同時，也會受到講述人的影響，包含其相關背景經驗、教育程度，甚至是記憶力，都會影響異文的產生，在這一方面，便可以質性研究補足，相信對民間文學整體的瞭解會更有所本，意義也會更重大。

二、感想與期許

民間文學以說故事的方式，表達了對土地深厚的感情與百姓潛藏在心底的集體意識，他的樣貌是平易近人的，其所蘊積的力量卻深沈而飽滿。當筆者對研究對象越深入瞭解時，受其力量的震撼也越大。

嘉義地區的民間故事有其特殊性與價值性，值得保存與發揚。雖說本論文對其地區性的民間故事稍整理出一概略性的面貌，但因嘉義地區的民間故事尚有許多挖掘的空間，實難呈現出最完整的面貌，因此，在本論文寫作過程中，筆者只能要求自己克盡其力，若有遺漏或偏頗的地方，尚請先後進學者不吝指教，期使嘉義地區的口傳文學能以最真實完整的面貌保存下來。

嘉義地區的民間文學是一塊肥沃，等待開發的處女地，雖說地區型的民間文學研究正方興未艾，但與嘉義相關的民間文學討論篇幅仍然有限，等待學者專家們的勠力耕耘與關注，若本論文能引起後進學者對嘉義地區民間文學的繼續挖掘與討論，實屬萬幸了。

參考書目

一、專　書

1. 丁曰健，《治臺必告錄》，台北市：台灣銀行經濟研究室，1959。

2. 川合眞永，《台灣笑話集》，台北：台灣日日新報社，1915。

3. 片岡巖著，馮作民、陳金田合譯，《台灣風俗誌》，台北市：大立出版社，1981。

4. 王正雄主編，《民間文學的採錄與整理》，台中：台中縣立文化中心，1994。

5. 王吉清等編，《嘉義城隍廟 22 週年特刊》，嘉義市：嘉義市城隍廟附設慈善會，2007。

6. 台灣省文獻會，《嘉義市鄉土史料》，南投市：台灣省文獻會，1997。

7. 台灣省文獻會，《嘉義縣鄉土史料》，南投市：台灣省文獻會，2000。

8. 台灣銀行經濟研究室編，《安平縣雜記》，台北市：編者，1959。

9. 左倉孫三，《臺風雜記》，南投市：台灣省文獻委員會，1996。

10. 布袋嘴文化工作室，《布袋嘴》，嘉義縣：布袋嘴文化工作室，2003。

11. 平澤丁東，《臺灣の歌謠と名著物語》，亞洲民俗社會生活專刊 78～79，台北：東方文化，1976。

12. 田哲益，《十二生肖與動物信仰》，台北市：武陵，2002。

13. 伊能嘉矩著、臺灣省文獻委員會編譯，《台灣文化志》，台中市：台灣省文獻會，1991。

14. 江日昇，《台灣外記》，台北市：眾文，據民 49 年臺灣銀行發行之臺灣文獻叢刊第 60 種影印，1979。

15. 江肖梅，《台灣故事（下）》，台北市：中國民俗學會複印，台北市：東方文化，1987。

16. 江肖梅,《台灣故事（中）》,台北市：中國民俗學會複印,台北市：東方文化,1974。

17. 江寶釵,《從民間文學到古小說》,高雄市：麗文文化,1999。

18. 江寶釵,《嘉義地區古典文學發展史》,嘉義市：嘉市文化,1998。

19. 江寶釵主修,《嘉義市·卷九·語言文學志》,嘉義市：嘉義市政府,2002。

20. 江寶釵總編,《嘉義市閩南語故事（一）》,嘉義市：嘉義文化局,2000。

21. 江寶釵總編,《嘉義市閩南語故事（二）》,嘉義市：嘉義文化局,2000。

22. 江寶釵總編,《布袋鎮閩南語故事集》,嘉義縣：嘉義縣立文化中心,1998。

23. 吳育臻,《台灣地名辭書·卷二十·嘉義市》,南投市：台灣省文獻委員會,1996。

24. 吳嘉信、吳淑芬主修,《嘉義市志·卷十·宗教禮俗志》,嘉義市：嘉義市政府：2002。

25. 吳錦明、沈豐茂主修,邱奕松纂修,《嘉義縣志》,嘉義縣太保市：嘉義縣政府,1991。

26. 吳瀛濤,《台灣民俗》,台北：眾文書局,1980。

27. 李獻璋編著,《台灣民間文學集》,台北市：牧童出版社,1978。

28. 汪秋明、沈錳美,《日出東石》,嘉義縣：東石鄉公所,1996。

29. 周鍾瑄主修、臺灣史料集成編輯委員會編輯,《諸羅縣志》,臺北市：行政院文化建設委員會,2005。

30. 官朝泉,《鄉土芬芳：太保情》,嘉義縣太保市：太保祥和文化藝術基金會,2004。

31. 屈育德,《神話·傳說·民俗》,北京：中國文聯出版公司,1988。

32. 東石郡役所編,《台灣省東石郡要覽》,台北：成文,1985,根據東石郡役所編輯之翻印本。

33. 林曳《台灣民間傳奇》,台北市：聯亞,1979。

34. 林德政,《新港奉天宮誌》,新港：財團法人新港奉天宮董事會,初版,1993。

35. 林衡道、楊鴻博著,《鯤島探源》,第4冊,永和市：稻田出版社,1996。

36. 林濠,《東瀛紀事》,南投：台灣省文獻委員會,1997。

37. 林璽堅,《台灣省躍進嘉義近郊大觀》,台北：成文,1985。

38. 邱奕松,《朴子市志》,嘉義縣：嘉義縣朴子市公所,1998。

39. 邱淑麗,《大埔鄉志》,嘉義縣：嘉義縣大埔鄉公所,1993。

40. 金鈜,《康熙福建通志台灣府·卷一》,台北：文建會,2004年點校本。

41. 金榮華,《台灣桃竹苗地區民間故事》,台北縣新店市：中國口傳文學學

會，2000。

42. 姜彬，《中國民間文學大辭典》，上海：上海文藝出版社，1992。

43. 施琅，《靖海紀事‧下卷》，台北：台灣大通，1995。

44. 施翠峰，《台灣民譚探源》，台北市：漢光文化事業股份有限公司，1988。

45. 段寶林，《中國民間文學概要》，北京：北京大學，2005。

46. 洪敏麟，《台灣地名沿革》，台中市：台灣省新聞處，1985。

47. 胡萬川、黃晴文編，《台中縣民間文學集20》，台中縣：台中縣立文化中心，1996。

48. 胡萬川，《台灣民間故事類型》，台北市：里仁，2008。

49. 胡萬川，《民間文學工作手冊》，台北市：行政院文化建設委員會，1996。

50. 胡萬川，《民間文學的理論與實際》，新竹市：清大出版社，2004。

51. 胡萬川，《桃園縣民間文學集45》，桃園市：桃園縣文化中心，2006。

52. 胡萬川，《桃園縣民間文學集7》，桃園市：桃園縣文化中心，1993。

53. 胡萬川，《彰化縣民間文學集7》，彰化市：彰化縣立文化中心，1995。

54. 胡萬川、陳益源編，《雲林縣閩南語故事集（一）》，雲林縣斗六市：雲林縣文化局，1999。

55. 胡萬川、陳益源編，《雲林縣閩南語故事集（三)》，雲林縣斗六市：雲林縣文化局，1999。

56. 胡萬川、陳益源編，《雲林縣閩南語故事集（五)》，雲林縣斗六市：雲林縣文化局，1999。

57. 胡萬川、陳益源編，《雲林縣閩南語故事集（四)》，雲林縣斗六市：雲林縣文化局，1999。

58. 胡萬川編，《台中縣民間文學集20》，台中縣豐原市：中縣文化，1993。

59. 胡萬川編，《台南縣民間文學集2》，台南縣新營市：南縣文化局，2001。

60. 胡萬川編，《台南縣民間文學集4》，台南縣新營市：南縣文化局，2001。

61. 倪讚元，《雲林縣採訪冊》，《台灣文獻叢刊》三十七種，台北：台灣銀行研究部，1894。

62. 唐贊袞，《臺陽見聞錄》，台灣文獻叢刊第三〇種，第二冊，台北：臺灣銀行，1958。

63. 烏丙安，《中國民俗學》，瀋陽市：遼寧大學，1985。

64. 高國藩，《中國民間文學》，台北市：學生書局，2版，1999。

65. 婁子匡，《台灣民間故事》，台北：東方文化書局，1987。

66. 婁子匡、朱介凡，《五十年來的中國俗文學》，台北市：正中書局，1998。

67. 張昀浚，《民間地理風水傳說》，台北市：台灣書房，2008。

68. 張清池，〈梅仔坑民間宗教信仰〉，嘉義縣：財團法人梅山文教基金會，1999。

69. 連雅堂，《台灣通史》，台北市：編譯館中華叢書編審委員會，1985。

70. 連橫，《雅言》，台北市：台灣銀行，1963。

71. 陳元義，《嘉義安溪民俗》，臺北市：美欣圖書，1997。

72. 陳正祥，《台灣的人口》，台北市：南天，1997。

73. 陳益源，《民俗文化與民間文學》，台北：里仁，1997。

74. 陳益源，《嘉義縣文化藝術長期發展計畫成果報告書：嘉義縣寺廟雕繪暨傳說故事之調查與研究》，嘉義縣朴子市：嘉義縣立文化中心，1999。

75. 陳益源，《臺灣民間文學採錄》，臺北市：里仁，1999。

76. 陳淑均，《噶瑪蘭廳志》，南投市：台灣省文獻委員會，1993。

77. 陳慶浩、王秋桂，《中國民間故事全集》，台北：遠流，1989。

78. 鹿憶鹿，《中國民間文學》，台北市：里仁書局，1999。

79. 曾永義，《俗文學概論》，台北：三民書局，2003。

80. 曾敦香、楊照陽編，《台中市民間文學採錄集 4》，台中市：台中市文化局，1999。

81. 黃哲永總編輯，《六腳鄉閩南語故事集》，嘉義縣：嘉義縣立文化中心，1999。

82. 黃哲永總編輯，《太保市閩南語故事集》，嘉義縣：嘉義縣立文化中心，1999。

83. 黃哲永總編輯，《朴子市閩南語故事集》，嘉義縣：嘉義縣立文化中心，1999。

84. 黃哲永總編輯，《東石鄉閩南語故事集（一）》，嘉義縣：嘉義縣立文化中心，1999。

85. 黃哲永總編輯，《東石鄉閩南語故事集（二）》，嘉義縣：嘉義縣立文化中心，1999。

86. 傅素花編，《台中縣民間文學集 27》，台中縣豐原市：中縣文化，1999。

87. 楊亮才，《中國民間文藝辭典》，（蘭州：甘肅人民社，1989）

88. 楊萌芽，《民雄鄉志》，嘉義縣：嘉義縣民雄鄉公所，1993。

89. 葉至誠、葉立誠，《研究方法與論文寫作》。台北：商鼎文化出版社，1999。

90. 葉炳佔，《過溝與瓦厝——地方文史風情》，台北縣永和市：作者自印，2006。

91. 董天工，《臺海見聞錄》，南投市：台灣省文獻委員會，1996。

92. 董方苑，《探討台灣民間信仰》，台北市：常民文化，1996。

93. 鈴木清一郎《台灣舊慣習俗信仰》，台北市：眾文，1978。

94. 嘉義市主計處編輯，《嘉義市統計要覽》，嘉義市：嘉義市政府，2006。

95. 嘉義市玉川公學校編，《台灣省嘉義鄉土概況》，台北：成文，1985，根據昭和 8 年玉川公學校編輯之翻印本。

96. 嘉義市役所編，《台灣省嘉義市勢一覽》，台北：成文，1985，根據昭和 8、10、11、12、14 年嘉義市役所編輯之翻印本。

97. 嘉義縣主計處編，《嘉義縣統計要覽》，嘉義縣：嘉義縣政府，2006。

98. 嘉義縣布袋嘴文化協會編著，《嘉義縣濱海地區口傳文學：經驗/記憶/傳承》，嘉義縣太保市：嘉義縣政府，2006。

99. 廖毓文編，〈台灣神話〉，台北：生生，1967。

100. 臺灣銀行經濟研究室，《嘉義管內采訪冊》，台北市：台灣銀行，1959。

101. 臺灣銀行經濟研究室編，《臺案彙錄辛集》，南投市：台灣省文獻委員會，1997。

102. 趙璞、林家駒，《嘉義縣志·卷七》，嘉義縣：嘉義縣政府，1977。

103. 趙璞、林家駒，《嘉義縣志·卷九》，嘉義縣：嘉義縣政府，1977。

104. 趙璞、林家駒，《嘉義縣志·卷五》，嘉義縣：嘉義縣政府，1977。

105. 趙璞、林家駒主修，《嘉義縣志·卷二·人民志》，嘉義縣嘉義市：嘉義縣政府，1977。

106. 劉守華、陳建憲，《民間文學教程》，武漢：華中師範大學，2002。

107. 劉枝萬，《台灣民間信仰論集》，台北市：聯經，2002。

108. 蔡相輝編，《台灣民間信仰》，台北縣蘆洲市：空大出版，2001。

109. 鄭志明，《神明的由來·台灣篇》，嘉義縣大林鎮：南華管理學院，1998。

110. 鄭振鐸，《中國俗文學史》，台北：商務印書館，1986。

111. 賴萬發總編，《文化源頭的活水──民間文學的重要性》，彰化市：彰化縣立文化中心，1993。

112. 謝國興，《官逼民反──清代台灣三大民變》，台北市：自立晚報，1993。

113. 鍾敬文，《民間文學概論》，上海：上海文藝出版社，1998。

114. 羅問，《台灣民間禁忌》，台北：禾馬文化事業有限公司，2001。

115. 譚達先，《中國民間文學概論》，台北市：貫雅文化事業有限公司，1992。

116. 龔顯宗編，〈周成過台灣〉，《台灣小說精選》，台北市：五南，2005。

二、期刊與研討會論文

1. 王文良，〈馬公城隍廟十二生肖石雕藝術淺談兼記十二生肖的傳說及與干支的關係〉《西瀛風物》，6（1999）：44。

2. 成耆仁，〈戊子新春畫吉鼠〉，《歷史文物》，175（2008）：25。

3. 江寶釵，〈走過的痕跡——嘉義地區文學的採集、調查、整理與研究概述〉，《漢學研究通訊》，19-2（2000）：188～195。

4. 江寶釵，〈區域文學史的另類書寫——從「嘉義市志文學篇」的纂編說起〉，《文學台灣》，40（2001）：46～52。

5. 江寶釵，〈雲嘉地區的民間文學管見〉，《國文天地》，16-10（2001）：67～71。

6. 余蕙靜，〈狗耕田故事初探〉，《高雄師大學報》，14（2003）：281。

7. 宋全忠，〈媽祖信仰在台灣〉，《尋根》，4（2007）：7～8。

8. 李天鳴，〈林爽文事件中的諸羅戰役〉，《故宮學術季刊》，19.1（2001）：183。

9. 李進益，〈日治時期臺灣民間文學資料考索〉，中國口傳文學學會、南亞技術學院主編，《2006民俗暨民間文學學術研討會論文集》，臺北：文津出版社，初版，2006。

10. 汪志勇，〈從民間文學的歧異性看吳鳳傳說的真相〉，胡萬川總編，《台灣民間文學學術研討會論文集》，（南投市：省文化處，1998）。

11. 周恩典，〈清代漢人移墾台灣的原因與類型辨析〉，《皖西學院學報》，24.4（安徽：皖西學院，2008）：128。

12. 周榮杰，〈台灣諺語之社會觀的探討〉，《台南文化》，29（1990）：28。

13. 林文寶，〈台灣民間故事書目——並序〉，《東師語文學刊》，5（1992）：217～307。

14. 林思慧，〈美麗島的拓荒之歌：械鬥特輯——義氣與血氣交織的世界〉，《少年台灣》，10（2003）：28。

15. 林富士，〈醫者或病人——童乩在台灣社會中的角色與形象〉，《中央研究院歷史語言研究所集刊》，76:3（2005）：514。

16. 邱雅芳，〈越界的神話故事——吳鳳傳說從日據末期到戰後初期的承接過程〉，《台灣文獻》，56.4（2005）：121～153。

17. 胡萬川，〈土地・命運・認同——京官來台敗地理傳說之探討〉，《台灣文學研究學報》，1（2005）。

18. 胡萬川，〈工作與認知——台灣的民間文學〉，《台灣文藝》，155（1996）：27～37。

19. 胡萬川，〈台灣民間文學的過去與現在〉，《台灣史料研究》，1（1993）：23～30。

20. 胡萬川，〈台灣地區民間文學調查、採集、整理、研究〉，《文學台灣》，13（1995）：25～39。

21. 范姜炘欽,〈台灣方志中所收錄民間文學作品的內容與特色：以 1945 年後纂修之方志爲研究對象〉,《國立中央圖書館臺灣分館館刊》,10～2（2004）：94－107。

22. 翁佳音,〈吳鳳傳說沿革考〉,《台灣風物》,36.1（1986）：39～56。

23. 高國藩,〈唐朝人如何解夢〉,《歷史月刊》,39（1991）：29～30。

24. 張琬聆,〈「林投姐」故事鬼魂文化研究〉,《東華中國文學研究》,4（2006）：152。

25. 莊美方,〈中國南方民族的天地調整神話〉,《美和技術學院學報》,22.2（2003）：71。

26. 陳建中,〈民間之歌,民族之詩——日據時期民間文學採集與新文學運動之關係初探〉,胡萬川等編,《民間文學與作家文學研討會論文集》,新竹市：清大中文系,（1998）：24。

27. 陳益源,〈雲嘉地區民間文學的採錄與研究〉,《民間文化圖像——台灣民間文學論集》,南寧：廣西民族出版社,第一版,2001。

28. 陳健銘,〈從丘蒙舍故事看民間傳說的移植與變貌〉,《民俗曲藝》,61（1989）：96～97。

29. 陳鳳虹,〈朱一貴生平傳說考略〉,《史匯》,9（2005）：127～128。

30. 陳麗娜,〈台灣民間笑話之探析〉,《美和技術學院學報》,20（2002）：44。

31. 彭衍綸,〈白賊七故事在台灣的演變〉,《國立中央圖書館台灣分館館刊》,4:2（1997）：87。

32. 曾永義,〈民間文學、俗文學、通俗文學命義之商榷〉,《國文天地》,13-4（1997）：18～29。

33. 黃阿有,〈民間傳說與史料考證——以王得祿若干傳聞爲例〉《「嘉義研究」學術研討會論文集》,（嘉義縣：嘉大台灣文化研究中心,2008）：171。

34. 黃阿有,〈嘉義地區漢人開發與廟宇關係〉,《第二屆嘉義研究學術研討會論文集》,（嘉義縣：嘉大台灣文化研究中心,2007）：248～250。

35. 臺灣文藝協會,〈台灣民間故事特輯〉,《第一線》,（1935）：1。

36. 劉平,〈拜把結會、分類械鬥與林爽文起義〉,《史聯雜誌》,35（1999）：95。

37. 鄭阿財,〈台灣民間故事傳承與變衍的文化意義〉,《台灣民間文學學術研討會論文集》,南投、新竹：台灣省政府文化處、清華大學中國文學系,（1998）：31～40。

38. 戴寶村,〈B29 與媽祖：台灣人的戰爭記憶〉,《國立政治大學歷史學報》,22（2004）：265。

39. 簡齊儒〈台灣澎湖蛇郎故事之變異性——以兩姊妹角色人情化爲考察主

線〉，《澎湖縣文化局季刊》，29（2002）：48。

40. 蘇信維，〈台灣水師第一人——王得祿崛起〉，《嘉義縣文獻》，32（94）：172。

三、學位論文

1. 王馨瑩，《排灣族與魯凱族圖騰故事研究》，台東大學兒童文學研究所碩士論文，2003。

2. 林培雅，《臺灣地區邱罔舍故事研究》，清華大學中文系碩士論文，1995。

3. 李嘉惠，《台灣閩南語故事集研究》，市立台北教育大學應用語言文學研究所碩士論文，2001。

4. 李傳芳，《朱元璋的故事研究》，文化大學中文所碩士論文，2001。

5. 吳安清，《虎姑婆故事研究》，東吳大學碩士論文，2003。

6. 梁雅惠，《台中縣閩南語民間故事之研究》，台東大學兒童文學研究所碩士論文，2003。

7. 梁志輝，《嘉義地區漢人社會發展之研究（1683～1895）》，中正大學歷史研究所碩士論文，1995。

8. 黃淑卿，《林投姐故事研究》，文化大學中文所碩士論文，2005。

9. 陳佳穗，《台灣地名傳說研究》，文化大學中文所博士論文，2003。

10. 賴淑娟，《嘉慶君遊台灣故事研究》，市立台北教育大學應用語文研究所碩士論文，2004。

11. 謝瓊怡，《濁水溪相關傳說之研究》，逢甲大學中文所碩士論文，2001。

12. 蔡麗雲，《中國民間動物故事類型研究》，文化大學中文所碩士論文，1997。

13. 葉淑慧，《彭祖長壽故事研究》，中興大學中文所碩士論文，2003。

14. 簡齊儒，《台灣地區蛇郎君故事研究》，中興大學中國文學系碩士論文，1999。

15. 楊雅心，《台灣民間笑話研究》，高雄師範大學國文教學所碩士論文，2004。

16. 曹榮科，《民間故事采錄研究——以彰化縣爲探討中心》，中興大學中文所碩士論文，2005。

17. 彭衍綸，《台灣民間故事〈白賊七的趣話〉及其相關研究》，政大中文所碩士論文，1996。

18. 張素貞，《彰化縣民間文學集之研究》，台東大學兒童文學研究所碩士論文，2005。

19. 張百蓉，《高雄都會區台灣原住民口傳故事研究》，文化大學中文所博士論文，2003。
20. 張清榮，《中國民間童話研究》，高雄師範大學國文學系碩士論文，2000。
21. 姜佩君，《澎湖民間故事研究》，文化大學中文所博士論文，2000。
22. 唐慧韻，《金門民間故事研究》，文化大學中文所碩士論文，1996。
23. 劉玲妮，《清代台灣民變研究》，師大史研所，1983。

四、網　站

1. 作者不詳，人口統計新聞台，2006，http://mypaper.pchome.com.tw/news/fr123，瀏覽時間：2008/6/28。
2. 游昊鄗、莊智麟，國立鹿港高中水產養殖科，〈塘虱魚人工繁殖及養殖現況之介紹〉，http://www.fishworld-tw.com/article/arti0302_1.htm。瀏覽時間：2009/2/6。
3. 嘉義市政府民政處，http://163.29.100.10/web/civil/04affair/affair02_a.asp，瀏覽日期：2008/10/6。
4. 嘉義縣政府民政處宗教禮俗科，http://www.cyhg.gov.tw/eservice/service-01.asp?id=906，瀏覽日期：2008/10/6。
5. 維基百科全書，楊榮，http://zh.wikipedia.org/w/index.php?title=%E6%9D%A8%E8%8D%A3&variant=zh-tw，瀏覽日期：2008/05/04。

附錄　嘉義縣市地圖